'ㅎ'-말음 어간의 재구조화

배 영 환

충북 청원 출생
충북대학교 국어국문학과 졸업
한국학중앙연구원 한국학대학원 졸업(석·박사)
서원대, 충북대, 한국학대학원 강사
현재 한국학중앙연구원 어문생활사연구소 연구원
주요 논저_ 〈어미구조체에서의 ㄹ-탈락에 대한 고찰〉, 〈국어음운론에서의 '패러다임'에 대하여〉,
〈현종의 한글편지에 나타난 자기 지칭어 '신'에 대하여〉, 〈'오'불규칙 동사와 관련된 몇 가지 문제〉,
《청주 토박이말 조사·연구》(공저) 등

'ㅎ'-말음 어간의 재구조화

초판 제1쇄 인쇄 2011. 3. 17.
초판 제1쇄 발행 2011. 3. 21.

지은이   배영환
펴낸이   김경희
펴낸곳   본사 • 경기도 파주시 교하읍 문발리 520-12
　　　　　　전화 (031)955-4226 · 4227 팩스 (031)955-4228
　　　　　서울사무소 • 서울시 종로구 통의동 35-18
　　　　　　전화 (02)734-1978 팩스 (02)720-7900
　　　　　인터넷한글문패   지식산업사
　　　　　인터넷영문문패   www.jisik.co.kr
　　　　　전자우편   jsp@jisik.co.kr
　　　　　등록번호   1-363
　　　　　등록날짜   1969. 5. 8.

책값은 뒤표지에 있습니다.

ⓒ 배영환, 2011
ISBN 978-89-423-4056-9 93710

이 책을 읽고 지은이에게 문의하고자 하는 이는
지식산업사 전자우편으로 연락 바랍니다.

솔벗한국학총서 15

'허'-말음 어간의 재구조화

배 영 환

지식산업사

머리말

　이 책은 2005년 봄, 한국학중앙연구원 한국학대학원에 제출한 필자의 박사학위논문 〈ㅎ-말음 어간의 재구조화 연구〉를 수정한 것이다. 처음에는 학위논문의 다소 어색한 부분이나 지나치게 상세하게 설명되어 있는 부분 등을 크게 손질하여 책으로 낼 계획이었다. 그러나 처음의 생각과는 달리, 주변의 여러 가지 사정 때문에 원래의 모습과 크게 달라지지 않은 채 책을 내게 되어 아쉬움으로 남는다. 이에 필자는 학위논문의 오자를 포함하여 표현상 어색한 부분 등은 바로잡았지만, 전체적인 내용은 크게 달라지지 않았음을 미리 밝혀둔다.

　국어에서 'ㅎ'은 음소 가운데에서 가장 복잡한 음운 과정을 보여준다. 더구나 통시적인 모습으로 눈을 돌리게 되면, 어간 말음 'ㅎ'은 매우 역동적인 과정을 겪었다는 사실을 알 수 있다. 이는 체언의 경우에는 말음 'ㅎ'을 상실하는 과정을 겪어 왔지만, 용언의 경우에는 오히려 말음 'ㅎ'이 새롭게 형성되어 왔다는 것으로 설명할 수 있을 것이다.

이 점에 주목하여 이 책은 소멸과 형성의 관점에서 'ㅎ'-말음 어간의 재구조화 과정을 고찰하는 데 목적을 두었다. 체언의 경우, 어간 말음 'ㅎ'이 소멸되는 과정을 문헌자료를 바탕으로 면밀하게 살폈고, 용언의 경우에는 본래 'ㅎ' 말음이 아니었던 어형들이 음변화나 화자의 적극적인 개입으로 'Xㅎ' 어간으로 새롭게 형성된 과정을 살폈다. 또 재구조화를 겪으면서 각 시기별로 어떠한 양상을 보이며 그것을 어떻게 표시하느냐 하는 것도 이 책의 주요 내용이다. 따라서 이 책은 재구조화의 개념 등을 다룬 이론적인 부분과 'ㅎ'말음 체언의 재구조화 부분, 그리고 'Xㅎ'말음 용언의 재구조화 부분으로 나뉜다.

'ㅎ'-말음 체언은 '하ᄂᆞᆶ'이나 'ᄯᅡᇂ' 등이 '하늘'과 'ᄯᅡ'로 재구조화된 과정과 그 이유를 밝혔다. 'Xㅎ'말음 용언에는 '본래 말음이 'ㅎ-'에 기원하는 '만ᄒᆞ-, 아니ᄒᆞ-, 슬ᄒᆞ-, 올ᄒᆞ-' 등이 각각 '많-, 않-, 싫-, 옳-' 등으로 재구조화를 겪게 된 과정과 동인을 밝혔다. 그리고 본래 'ㅎ'-어간말 자음군이 아니었던 중세국어의 '긏-, 둛-'이 '긾-, 뚫-'로 재구조화된 과정과 동인은 무엇인가에 초점을 두었다.

　그런데 막상 책으로 나오게 되니 부끄러움이 앞선다. 무엇보다 필자로서는 당초의 목적에 맞게 충실하게 고찰하지 못한 부분이 있음을 인정할 수밖에 없기 때문이다. 다만, 필자가 늘 관심 가졌던 '패러다임'과 '재구조화'의 문제, 그리고 근본적인 문제인 '왜'라는 부분이 어느 정도 이 책에 녹아 있음을 위안으로 삼고자 한다. 그리고 이 책이 필자에게 학문적으로나 인간적으로 조금 더 성숙해지는 계기가 되었으면 하는 바람도 있다.

　부끄러운 책을 내놓으면서, 먼저 필자에게 도움을 주신 많은 분들이 떠오른다. 학부 때 국어학에 눈을 뜨게 해 주신 강창석 선생님과, 지금도 필자에게 늘 학문하는 자세와 공부하는 사람으로 살아가는 자세를 몸소 보여주시는 조항범 선생님은 평생 잊을 수 없는 분들이다. 대학원에서 늘 부족했던 필자를 학문의 세계로 이끌어 주셨을 뿐 아니라 언제나 따스하게 감싸 주시는 이광호 선생님과, 필자를 늘 일깨워 주시고 걱정해 주시는 황문환 선생님께는 송구스러울 뿐이다. 잠시나마 지도교수를 맡아 주신 송기중 선생님과 김완진 선생님은 필자를 음운론의 세계로 인도하여 훌륭한 가르침을 주셨다.

또, 박병철 선생님, 김진식 선생님, 정민영 선생님은 언제나 자애로운 모습으로 필자에게 힘을 주신다. 박사학위논문의 심사를 맡아서 논문을 꼼꼼히 읽고 부족한 점을 깨우쳐 주신 이익섭, 이태영, 김성규, 황문환, 이광호 선생님께도 특별한 감사를 드린다.

어렵고 힘들 때마다 힘이 되는 존재는 가족이다. 아직까지도 당신의 건강보다는 자식들이 잘되기만 바라는 부모님, 또, 언제나 바쁘다는 핑계로 집안일에 무관심한 필자였지만, 두 딸 아이를 예쁘게 키우고 고생하는 아내, 제대로 놀아 주지도 못하지만 늘 아빠를 따르는 유빈, 유정 모두에게 이 책을 바친다.

끝으로 보잘것없는 글을 솔벗총서로 선정해 주신 솔벗재단 이사장님과 관계자들, 그리고 복잡한 원고를 그나마 책답게 꾸며 주신 지식산업사 사장님과 임직원들에게 감사의 말씀을 드린다.

2011년 3월

배 영 환

차 례

서 론

1.1. 연구 목적

언어는 변하지 않는 안정된 구조라기보다는 언제나 변할 수 있는 가변적인 구조이다. 언어의 가변성이 미미할 경우 언어 변화의 동인으로 작용하지 못할 수도 있지만, 경우에 따라서는 언어 변화의 단초를 가져오는 중요한 역할을 하기도 한다. 또 언어의 가변성은 한 언어 속에서도 늘 똑같이 작용하지 않는다. 방언에 따라, 또는 주어진 환경에 따라 달리 적용되는 경우가 있다. 또 동일한 환경이라 하더라도 어형에 따라 서로 다르게 적용될 수도 있다.[1] 그러므로 불규칙적인 언어 변화일수록 언어 변화의 단초와 동인, 그리고 방향성

---

[1] 규칙에는 예외가 있고, 이러한 예외를 설명하기 위해서는 여러 가지 제약을 두기도 한다. 그러나 한 규칙이 모든 어형에 일률적으로 적용되었다고 가정하고 기술하는 것은 무리한 설명이 뒤따르게 된다. 이러한 점에서 하나의 어형은 각각의 역사를 가지고 있고, 어떤 규칙이 같은 환경을 가진 모든 어형에 일률적으로 적용되지 않는다는 '어휘 특이적'(lexical specific) 특성을 염두에 두어야 할 것이다.

을 확인하고 기술하는 것이 언어학자에게는 어려운 작업이 될 수 있다.

언어 변화를 기술하고 설명할 때는 변화의 과정뿐 아니라 변화의 원인을 설명하는 데에도 소홀해서는 안 된다. 'A>B'와 같은 변화가 있을 때 단순히 A가 B로 변화하는 시기나 환경만 기술해서는 곤란하다. 그와 같은 변화를 가져오는 이유나 원인, 나아가서 그러한 변화를 보이는 유형들이 가지는 공통성과 차이점, 그리고 변화의 방향도 함께 제시하여야 좀 더 완전한 설명이 될 수 있다. 그러나 국어의 경우 통시적인 연구에서 변화의 과정과 원인을 찾아내는 작업이 쉽지는 않다. 이것은 발화언어가 아닌 문자언어만 대상으로 할 수밖에 없는 국어 연구의 구조적인 한계에서 비롯되는 것이기도 하지만, 문자언어를 확인할 수 있는 자료가 풍부하지 못한 국어의 특수한 사정에서도 까닭을 찾을 수 있다. 그러므로 변화의 과정에 대한 기술은 어느 정도 이루어졌다고 하더라도, 변화의 원인에 대한 설명은 만족할 만한 수준에 이르지 못하였다 할 것이다.

어간의 재구조화2)에 대한 기술과 설명도 예외는 아니다. 현대국어를 대상으로 한 재구조화에 대한 연구는 자료 획득이 비교적 쉽기 때문에 재구조화의 여부, 그리고 재구조화의 과정에 대한 설명을 어느 정도 합리적으로 기술할 수 있다. 그러나 통시적인 연구에서는 재구조화 여부를 가늠하고 그 과정을 기술하는 데에 어려움이 있다.

---

2) '재구조화'의 개념에 대해서는 2.1.에서 다룬다.

재구조화는 공시적인 교체 양상, 즉, 곡용형이나 활용형을 통해서만 그 여부를 판단할 수 있는데, 통시적인 연구에서는 무엇보다 해당 어형의 다양한 곡용형이나 활용형이 잘 드러나지 않기 때문이다. 특히 국어의 경우에는 불경이나 유교 경전 등을 언해한 문어체나 번역체 문장이 대부분을 차지하기 때문에, 한 어형의 다양한 패러다임을 확보하기 어렵다. 그러므로 국어사적인 관점에서 본격적인 이전 시기의 재구조화 논의에 대해서는 부정적인 시각이 대부분이었고, 그 원인에 대한 설명은 제대로 이루어지기 어려웠다.

그러나 근본적인 자료 부족 문제와 문어체나 번역체 문장이라는 자료의 한계만 탓하고 제자리에 있을 수는 없다. 설령 그것이 완전한 기술이나 설명은 아니더라도 현재까지 확보된 자료를 토대로 재구조화의 과정과 그 단계성을 추적하는 작업은 나름대로 의의가 있을 것이다. 완전한 설명은 불가능하더라도 같은 성격의 어형들을 한데 모아 재구조화의 경향성을 찾아내고 그것을 귀납적으로 정리하는 것은 중요한 작업이 될 수 있다.

이 책은 형성과 소멸의 관점에서 'ㅎ'-말음 어간의 재구조화를 논의하려는 목적에서 씌어졌다. 국어에서 'ㅎ'-말음 어간은 '좋-'[好]과 같은 순수 'ㅎ'-말음 어간이 있을 수 있지만, '많-'[多]과 같은 어간말 자음군 /Xㅎ/에서의[3] 말음 'ㅎ'도 있다. 그런데 국어에서의 'ㅎ'-말음 어간 가운데 체언의 경우는 이른바 'ㅎ'-말음 체언[4]

---

3) Xㅎ에서의 'X'는 변수를 의미한다.
4) 'ㅎ-말음 체언'에 대한 용어는 'ㅎ-첨용어, ㅎ-곡용어, ㅎ-종성 체언' 등 다양하

의 'ㅎ'이 소멸의 과정을 거친 반면, 용언의 경우는 'ㄶ, ㅀ' 등 'ㅎ'을 말음으로 가지는 어간말 자음군은 새롭게 형성되거나 유지되는 과정을 거쳐 왔다.

(1) ㄱ. 않[內] : 안히, 안홀, 안콰

ㄴ. 안[內] : 안, 안에, 안을, 안과, 안마다

(2) ㄱ. 아니ㅎ-[不] : 아니ㅎ야, 아니ㅎ고, 아니ㅎㄴ니

ㄴ. 않-[不] : 안아, 안으니, 않고, 안는

ㄴ'. 아니하- : 아니하여, 아니하고, 아니하는

(1)은 중세국어⁵⁾에 보이는 'ㅎ'-말음 체언의 하나인 '않'[內]의 곡용 양상이다. (1ㄱ)에서 '않'은 '-이/의', '-올/을' 등의 격조사가 올 경우에 'ㅎ'이 직·간접적으로 그 모습을 드러내므로 어간 말음이 'ㅎ'임을 알 수 있다. 그러나 (1ㄴ)과 같이 현대국어에서는 어느

다. 이 가운데 'ㅎ-종성 체언'이 비교적 널리 쓰이는 용어지만 'ㅎ'이 무엇보다 종성에 나타나는 일이 없는 점을 감안하면 'ㅎ-말음 체언'이 적절하다고 판단된다. 또 이들의 표기도 '하눌ㅎ'[天] '따ㅎ'[地]와 같이 'ㅎ'을 종성으로 표기하지 않는 것이 관례지만, 이 책에서는 'ㅎ'-말음 체언의 교체형을 고려하고, 또한 인쇄의 편의상 '짷'[地]나 '하눓'[天]과 같이 'ㅎ'을 종성으로 쓰도록 한다. 그리고 이들을 표시할 때도 'ㅎ'이 있는 '하눓' 등을 대표형으로 삼는다.

5) 국어사의 시대구분은 이기문(1972)를 따른다. 다만 '후기 중세국어'를 편의상 '중세국어'로 쓰기로 한다. 또 필요할 경우 후기 중세국어를 '15세기 국어'와 '16세기 국어'로 세분해서 논의할 것이다. 각 시기를 세분하는 것은 근대국어의 경우에도 마찬가지로 적용된다.

환경에서도 어간 말음 'ㅎ'을 찾아볼 수 없다. 이러한 사실은 중세국어의 '않'이 어느 시기인가 말음 'ㅎ'이 탈락되어 '안'으로 재구조화되었다고 볼 수 있다. (2)는 용언의 경우로 (2ㄱ)에서 중세국어의 '아니ᄒ-'의 활용 양상은 'ᄒ-'[爲]와 크게 다르지 않다. 그러나 현대국어에서는 (2ㄴ')와 같이 '아니하-'로 나타나기도 하지만, (2ㄴ)과 같이 '않-'으로 실현되는 것이 일반적이기 때문에 어간 말음이 'ㄶ'으로 변화되었음을 볼 수 있다. 결국 체언의 경우는 어간 말음 'ㅎ'이 소멸하여 단순화 과정을 겪은 반면, 용언은 새롭게 'ㅎ'을 어간 말음으로 갖게 되어 단순하였던 어간 말음이 복잡하게 변한 것이다.

'ㅎ'을 어간 말음으로 갖는 어형은 'ㅎ'의 기원에 따라 몇 가지 부류로 나눌 수 있다. 첫째는 체언의 경우로 'ㅎ'-말음 체언의 'ㅎ'이 그것이다. 'ㅎ'-말음 체언은 'ㅎ'의 선행 환경에 따라 '하ᄂᆞᆶ'[天]과 같은 자음 선행 어형과 '웋'[上]과 같은 모음 선행 어형으로 나눌 수 있다. 이들의 형태소 구조를 살펴보면 전자는 'ㅀ'-어간말 자음군과 같은 양상을 보이고, 후자는 '낳-'[産]과 같은 'ㅎ'말음 어간과 큰 차이가 없다. 둘째는 용언 어간으로, 중세국어에서부터 'ㅎ'을 어간 말음으로 가지고 있는 어형이 있는가 하면, 근대국어의 시기에 'ㅎ'-말음 어간으로 재구조화를 겪은 어형이 있다. 또, 'ㅎ'-말음 어간으로 재구조화된 어형에도 기원적으로 'ᄒ-'에서 유래한 것이 있고, 그렇지 않은 것도 있다. 이들을 간단히 표로 나타내면 다음과 같다.

(3) 국어의 'ㅎ'말음 어간

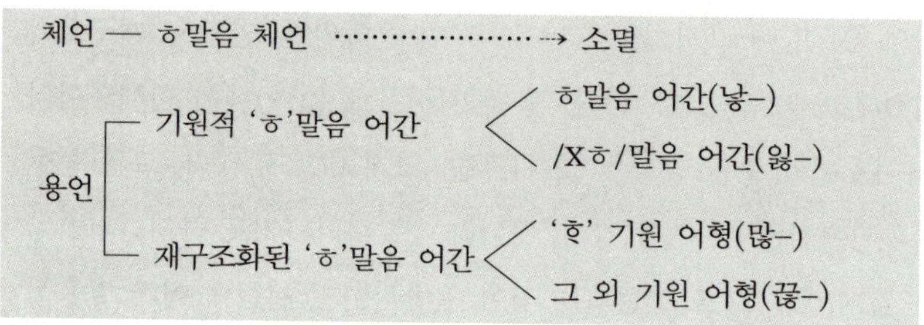

(3)에서 'ㅎ'-말음 어간은 체언의 경우, 소멸의 과정을 거쳤고, 용언의 경우는 중세국어에서부터 'ㅎ'을 말음으로 가지고 있던 '낳-'[産]이나 '잃-'[失] 등의 어형이 있다. 이들은 현대국어에까지 말음 'ㅎ'을 유지하고 있다. 그리고 본래 'ㅎ'이 아니었지만 새롭게 'ㅎ' 말음 어간으로 재구조화된 예들은 'ㅎ-'에 기원하는 어형도 있지만, '끊-'과 같이 'ㅎ-'에 기원을 두지 않는 어형도 있다. 그러므로 이 책에서는 이렇게 'ㅎ'말음이 소멸된 어형과 새롭게 'ㅎ'말음을 가지게 된 어형들에게 관심을 갖는다.6)

어간 말음 'ㅎ'이 탈락하는 과정을 겪은 체언과 'ㅎ'을 어간 말음으로 가지게 된 용언은 'ㅎ'을 매개로 하고 있다는 점을 제외하고는 공통성이 많지 않다. 그러나 이들의 형태소 구조와 재구조화 과정을 살펴보면 공통점이 발견된다. 즉, 'ㅎ'-말음 체언 가운데 '하놇, 앓' 등은 어간말 자음군의 형태소 구조와 큰 차이를 보이지 않는다. 이

---

6) 그러므로 중세국어 시기부터 현대국어까지 말음이 'ㅎ'인 어형들은 이 책의 주된 관심 대상이 아니다.

들은 '옳-'이나 '많-' 등과 기저 구조에서는 같다고 할 수 있다.7) 또
이들의 재구조화 과정에서 보이는 양상도 공통점이 많다.

    (4) ㄱ. 하늘히, 하늘ㅎ로, 하늘콰, 하늘토
       ㄴ. 하ᄂ래, 하늘로셔, 하늘와, 하늘도

    (5) ㄱ. 뚤고, 뚤우니, 뚤워
       ㄴ. 뚤코, 뚤으니, 뚤어

    (4), (5)는 각각 '하ᄂᆶ'과 '하늘', '뚧-'과 '뚫-'의 패러다임을 보인
것이다. 이들은 각각 어간 말음 'ㅎ'의 탈락과 'ㅸ'의 변화에 의해 새
로운 어형 '하늘'과 '뚫-'이 출현한 것으로 알려졌다. 그러나 (4), (5)
의 재구조화는 단순히 음운 변화에 의해 이루어졌다고 하기 어렵다.
우선, (4ㄱ)과 (4ㄴ)의 비교에서 단순히 'ㅎ'이 변화되어 재구조화
되었다고 보기에는 'ㅎ'-탈락의 성격이 동일하지 않다. 특히 '하늘
ㅎ로'와 '하늘로'의 곡용형은 '하ᄂᆶ'이 재구조화를 겪는 데 'ㅎ'-탈
락이 주된 요인으로 작용하지 않을 수 있음을 보여준다. (5ㄱ)과 (5
ㄴ)의 비교에서도 자음 어미와의 활용형 '뚤고'와 '뚤코'를 비교해
보면 역시 음운 변화 때문에 재구조화가 일어난 것이 아님을 알 수
있다.
    이들의 재구조화는 음운 변화 때문에 이루어진 것이 아니고 다른

---

7) 'ㅎ'-말음 체언의 형태소 구조에 대해서는 3장에서 다루기로 한다.

이유에서 이루어졌다. 즉, 이형태를 단일화한다든가 어간을 새롭게 재분석하는 화자의 노력에 의해 재구조화가 이루어졌다는 점에서는 같다. 그리고 이들의 재구조화는 근대국어에서부터 존재하였던 유성음 사이의 'ㅎ'-탈락이 중요한 역할을 한다. 즉, 'ㅎ'-말음 체언의 어간 말음 'ㅎ'은 19세기 국어에까지 남아 있는 어형이 있었지만, 18·19세기 국어에 있었던 유성음 사이의 'ㅎ'-탈락이라고 하는 음운 규칙에 의해 'ㅎ'이 완전히 소멸하였다. 반면 '쏧-'은 본래 어간 말음이 'ㅎ'이 아니었지만 'ㅎ'-탈락이라는 음운 규칙이 적용된 어형으로 인식하여 재분석되었다. 그러므로 'ㅎ'-어간 말음의 소멸과 형성에는 'ㅎ'-탈락이 중요한 매개가 되었다고 볼 수 있다. 따라서 이 책에서는 'ㅎ'-말음 체언과 'ㅀ, ㄶ' 용언 자음군을 가진 어형들이 통시적으로 어떠한 과정을 거쳐 재구조화를 겪었는가 살펴보고, 이들이 재구조화된 이유와 과정 등을 구명해 볼 것이다.

1.2. 연구 방법

어떤 어형이 재구조화를 겪었다는 것은 어간 기저형이 이전 시기에 비해 변화했음을 의미한다. 그러므로 재구조화에 대한 연구는 공시적으로 출현하는 교체형을 하나하나 살펴보고, 그들의 교체론적 성격을 밝히는 일이 중요하다. 즉, 재구조화가 되기 전의 기저형과 재구조화가 되고 난 뒤의 기저형을 설정하여 교체형에 대한 음운론적인 설명을 해야 한다.

(6) ㄱ. 길희, 길ㅎ로, 길콰, 길토

　　ㄴ. 길이, 길로, 길와, 길도

　(6ㄱ, ㄴ)은 15세기 국어 '길'[道]의 곡용 양상을 보인 것인데, (6ㄱ)과 같이 'ㅎ'이 모음 어미나 매개모음 어미일 때는 표면에 'ㅎ'이 나타나기도 하고, 자음 어미일 경우에는 '길콰, 길토'처럼 유기음화를 통해 간접적으로 'ㅎ'이 나타나기도 한다. 그러나 (6ㄴ)과 같이 'ㅎ'이 표면적으로나 간접적으로도 전혀 실현되지 않는 경우도 있다.　(6ㄱ)의 곡용형은 '긿'이 기저형이 될 수 있지만 (6ㄴ)에서는 '긿'이 기저형이 될 수 없고, 그 대신 '길'이 기저형이 되어야 한다. 또 '긿'과 '길'은 어느 한 어형에서 다른 어형을 도출할 수 없으므로 두 어형 모두 기저형으로 볼 수 있다. 그러므로 '길'은 어간이 새롭게 재구조화된 것이다.

　그러나 재구조화도 단계적으로 이루어지기 때문에 해당 패러다임을 면밀히 살펴보지 않으면 자칫 재구조화의 단초를 지나치는 경우가 많다. 흔히 '-아/어'와 같은 모음 어미나 '-고'와 같은 자음 어미, '-으며'와 같은 매개모음 어미 등으로 패러다임을 고찰할 경우, 패러다임의 불균형을 발견하지 못할 수 있다. 가령 중세국어에는 '만ㅎ-'와 '많-'이 공존하는 것으로 알려졌다.

(7) ㄱ. 만ㅎ- : 만ㅎ고, 만ㅎ야, 만ㅎ며, 만호더

　　ㄴ. 많- : 만코, 만터니

　(7)은 중세국어 시기의 '만ᄒ-'와 '많-'의 분포 양상인데, '만ᄒ-'는 (7ㄱ)에서와 같이 자음 어미나 모음 어미, 매개모음 어미 등 어떠한 환경에서도 제약 없이 나타날 수 있는 완전한 패러다임을 가지고 있었다. 반면, '많-'은 (7ㄴ)과 같이 자음 어미일 때만 결합될 수 있고, 모음 어미일 때 예상되는 '*만하'와 같은 활용형은 나타나지 않는다. 그러나 실제 중세국어 자료에는 '만ᄒ-'는 자음 어미와 결합할 때 '많-'보다는 자유롭지 못함을 알 수 있다. '만ᄒ-'에 '-거-'와 '-더-'가 결합되는 예는 극소수에 지나지 않고, 부사형 어미 '-게'와 '-디'가 결합된 '만ᄒ게'나 '만ᄒ디' 등의 용례도 찾아볼 수 없다. 이 환경에서는 '만케, 만티' 등으로만 나타나 '많-'만 가능하였음을 알 수 있다. 이렇게 특정 어미와 결합하는 용례가 나타나지 않는 것이 우연이라면 모르겠지만, 만약 어떠한 제약에 의해 실현된 것이라면 그 제약 조건을 찾아 기술함이 마땅할 것이다. 이러한 사실은 우리의 직관이 닿지 않는 중세국어의 기술에서는 자음 어미, 모음 어미, 매개모음 어미 등으로 단순하게 분류하여 기술할 경우 패러다임의 제약을 간과할 수도 있다는 암시를 주기에 충분하다.

　따라서 이 책에서는 각 문헌을 세기별로 나누어 해당 어형의 곡용형이나 활용형을 시기별로 최대한 확인하고, 이를 통해 공시적인 기술을 먼저 해보기로 한다. 공시적인 기술로써 해당 어형의 재구조화 여부와 재구조화의 단초들을 면밀하게 분석할 수 있을 것이다.

　이 책에서는 공시적 기술을 위하여 다음과 같은 기호를 사용하기로 한다.8)

{ } : 형태소 표시. 예: {입}[口]

/ / : 이형태 표시. 예: /아닣-/, /아닌-/, /아니-/

[ ] : 음성 층위 또는 성조 표시.

∽ : 음운론적으로 교체된 관계 표시. 예: 하늟∽하늘

~ : '교체하다' 표시. 예: /곱-/(자음 어미)~/고우-/(매개모음 어미)~/고오-/(모음 어미)

≈ : 쌍형어 표시. 예: 무엇≈뭐

1.3. 연구사

'ㅎ'-말음 체언의 재구조화와 'ㅎ'을 말음으로 갖는 어간말 자음군의 재구조화에 대해 그 동안 많은 논의가 있었다. 특히 'ㅎ'-말음 체언에 대한 논의는 이른 시기부터 관심의 대상이었는데, ㅎ-말음 체언에 대한 초창기 연구는 'ㅎ'의 성격을 구명하는 것이었다. 즉, 'ㅎ'을 어간의 일부로 보느냐, 어미의 일부로 보느냐가 주된 관심사였다. 물론, 마에마 교사쿠(前間恭作 1909)나 오구라 신페이(小倉進平 1924)도 'ㅎ'-말음 체언에 관심을 보였지만 'ㅎ'의 존재만 인식하였을 뿐, 이 'ㅎ'의 성격에 대해서는 결론을 내리지 않았다.

'ㅎ'의 성격에 대한 본격적인 논의는 양주동(1943)에 와서 이루어졌다. 양주동(1943)은 'ㅎ'이 명사의 일부(말음)가 아니라 단순히 격조사에 연음소(連音素) 'ㅎ'을 관용하던 고음의 관습으로 보았다. 그

---

8) 특별히 표시가 필요하지 않을 경우 편의상 ' '를 사용하기로 한다.

의 'ㅎ조사설'은 김영배(1963)에도 이어진다. 한편, 남광우(1957)은 조사에 나타나는 'ㅎ'을 체언이 곡용할 때 중간에 삽입되는 개입음으로 보았다. 'ㅎ'음은 동음충돌 회피나 동음이의어와의 분별을 하거나 또는 내파화를 통해 청각 효과를 증대시켜 원의를 두드러지게 하는 역할을 한다고 보고, 이들을 'ㅎ'-첨용어로 이해하였다.9) 부분적인 차이는 있지만 이들 논의는 'ㅎ'을 어미의 일부로 보았다는 공통점이 있다.10)

'ㅎ'을 어간의 일부로 파악한 최초의 논의는 김민수(1952)에서 찾을 수 있다. 김민수(1952)는 51개의 'ㅎ'-말음 체언을 제시하면서, 'ㅎ'음은 조사의 일부가 아니라 명사의 일부분으로 보아야 한다고 하여, 이른바 'ㅎ'-말음 명사설을 제시하였다. 김형규(1955ㄱ)도 'ㅎ'을 토의 일부로 보는 데에 회의를 갖고 'ㅎ'을 종성으로 보았다. 그리고 이들을 이른바 'ㅎ-종성 체언'으로 보았는데, 이 'ㅎ-종성 체언'이라는 용어는 그 뒤에 국어학계에서 암묵적으로 널리 쓰이는 용어가 되었다. 또 김형규(1963)은 이들을 기초 어휘와 관련지어 설명하였다.11) 200여 개의 기초 어휘에 속하는 어형 가운데 절반 정

---

9) 남광우(1957)에서는 '숲ㅎ'[林]이나 '닙ㅎ'[葉] 등으로 관찰되는 어간말 유기음을 가진 체언도 'ㅎ'-말음 체언에 포함시켰다.

10) 그러나 'ㅎ'을 조사의 일부로 처리하면 조사 '이/히', '의/희' 등을 쌍형으로 설정해야 하는 부담이 있고, 첨용어로 이해하면 똑같은 환경에서 'ㅎ'이 첨가되지 않는 어형들과의 차이점을 설명해야 하는 어려움이 있다.

11) 양주동(1943:292)에서 이미 'ㅎ'-말음 체언이 대부분 '天·地·山川·國土·上下四方·數詞' 등 기본적 '원시 어휘'라는 지적을 하였다.

도가 'ㅎ'말음 체언으로, 고대어(고대국어)에는 중기어(중세국어)보다 훨씬 많은 'ㅎ말음 체언'이 있었으리라고 가정하였다. 이것을 기후·풍토와 결부시켜 우리 원시어에는 'ㅎ'말음이 많았다가 차츰 탈락하였다고 하였는데, 한랭한 지방에서는 자연적으로 말끝에 'ㅎ'이 있었을 것이나 남쪽으로 오면서 'ㅎ'을 상실하였다고 보았다. 이기문(1972)는 이들 명사 어간의 'ㅎ'은 중세국어의 음운 규칙에 따라 나타나기도 하고 나타나지 않기도 하는 자동적 교체를 보이는 어간으로 규정하였다. 이들은 'ㅎ'을 어간의 일부로 보았다는 공통점이 있다.12)

한편, 자료의 성격은 다르지만 현용준(1953)은 제주 방언에 뒤칩(뒤+ㅎ+집), 뒤꾸석(뒤+ㅅ+구석) 등과 같이 합성어를 이룰 때 'ㅎ'이나 'ㅅ'이 끼어드는 경우가 있는데, 이들 'ㅎ'을 후행어의 두음을 강화시켜 주는 삽요음13)이라고 보았다. 그러한 논의는 중세국어를 대상으로 한 것은 아니지만 'ㅎ'을 어간이나 어미가 아닌 제3의 요소로 파악하였다는 점에서 특이하다고 하겠다.

'ㅎ'의 소멸시기와 이유에 대한 논의는 김형규(1955·1962)와 이기문(1978) 등에서 어두 경음화 현상과 함께 다루어졌고,14) 정연찬

---

12) 최근에는 'ㅎ'을 어간 말음으로 보는 데에 이견이 있는 것 같지 않다. 이광정(1983), 김정숙(1985), 박종희(1987), 이진호(2003) 등도 'ㅎ'을 어간 말음으로 보는데, 이 책도 같은 입장이다.

13) 현용준(1953)에서 지적한 '삽요음'이라는 개념은 직접적인 언급이 없어 파악하기 어렵지만, '합성어의 두 요소 사이에 들어가는 음운' 정도의 의미로 '접요사'(infix)와는 다른 개념으로 보인다.

(1978)에 이르면서 구체적으로 논의되었다. 특히 정연찬(1978)은 중세국어 자음체계에서 평음의 기능 부담량이 많아 불균형을 해소하는 차원에서 경음화나 유기음화가 일어났다고 보았다. 그리고 이기문(1978)에서 제시한 'ㅎ'의 역행동화에서 예외적인 어형들은 동음충돌 회피와 2음절어, 그리고 성조상 상성이라는 특징이 지적되었다. 한편 홍윤표(1994)는 'ㅎ'-말음 체언의 소멸 과정이 환경별로 다르다는 점을 지적하였다. 실제 변화 과정과는 다르지만 'ㅎ'-말음 체언이 단계적으로 소멸하였다는 지적은 매우 시사적이다. 이 밖에도 'ㅎ'-말음 체언에 대한 종합적인 논의로는 김정숙(1985), 박종희(1987) 등이 있다.

'ㅀ, ㅎ' 등 'ㅎ'말음 자음군에 대한 논의는 주로 어간말 자음군을 논의하는 자리에서 함께 다루어졌다. 안병희(1959/1978)이 중세국어의 어간말 자음군에 대한 논의를 처음 보인 이래, 홍윤표(1987), 허남렬(1991), 이진호(1997), 김유섭(2002) 등은 어간말 자음군 전체에 대해 논의하였다. 안병희(1959/1978)은 중세국어의 어간말 자음군으로 'ㅉ, ㄺ, ㄻ, ㄼ, ㅀ, ㄳ, ㅄ, ㄲ, ㄸ' 등을 들고, 이 가운데

---

14) 김형규(1955)에서는 '갏'[刀], '곻'[鼻] 등이 '칼', '코'로 변한 격음화 현상은 임진란 이후의 일로, 인간 사회 생활의 복잡화와 격화 때문으로 보았다. 이기문(1978)에서는 '뷿'[臂]이나 '곻'가 '팔', '코'로 변화되는 것은 임진란 이전의 자료에서 발견되므로 사회적 심리적 상황과 하등 관련이 없고, 오히려 어간 말음 'ㅎ'의 역행동화에 의해 유기음화가 실현된 것으로 보았다. 김형규(1962)에서는 'ㅎ'의 역행동화에 의한 유기음화를 인정하면서도 '갏'이 '*칼'로 유기음화하지 않은 이유를 들어 여전히 심리적 요인을 강조하였다.

'ㅭ'-어간말 자음군의 교체 양상에 대해 언급하였다. 홍윤표(1987) 은 중세국어와 근대국어의 어간말 자음군 목록을 확인하고, 이를 통해 어간말 자음군의 변화를 논의한 것이다. 특히 홍윤표(1987)은 'ㅀ'과 'ㅭ' 어간말 자음군에 대해 논의하면서 18세기 이후에 나타나는 'ㅎ'-탈락과 결부하여 설명하고 있다. 허남렬(1991)도 홍윤표 (1987)의 어간말 자음군 목록과 큰 차이가 없다. 이들 논의는 중세국어의 어간말 자음군 가운데 'ㅀ'을 인정하지 않았다는 공통점이 있다. 이진호(1997)은 중세국어부터 현대국어에 이르기까지 각 시기의 어간말 자음군 목록을 확인하는 한편, 이들과 관련한 음운 현상도 함께 다루고 있다. 김유섭(2002)는 어간말 자음군 가운데 그 형성 부분에 관심을 두었다.

한편 개별 어사에 대한 논의는 허웅(1975), 남광우(1977), 곽충구 (1980), 이지영(2004) 등을 들 수 있다. 이 가운데 남광우(1977)은 '싫-'의 형성을 자생적인 음변화에 따른 것으로 보았다. 곽충구 (1980)은 '뚫-'과 '싫-'에 대하여 논의하였는데, 전자는 음변화에, 후자는 혼성에 따른 것으로 설명하였다. 그러나 이들 형성 과정을 음변화에 따른 것으로 보기에는 국어사에서 흔히 발견되지 않는 변화라는 점이 우선 문제가 되고, 또 변화의 이유가 분명하지 않다는 점도 지적될 수 있다.

어간말 자음군 가운데에서 'ㅎ-'에 기원하는 어형에 대한 논의 역시 개별 어사에 대한 연구가 주류를 이룬다. 이지영(2004)는 '아니ㅎ->안ㅎ->않-'의 형성이 부정부사 '안'의 형성과 밀접한 관련이 있음을 보였다. 한편 '흐-'의 특징과 관련해서는 이현희(1985·1993·1994) 등의 논의가 있다. 이현희(1985)는 '흐-'가 '*히-'에 소급될 수 있음을 밝혔다. 그리고 이현희(1993)은 '않-'의 형성에 대해 언급하였다. 그러나 이들은 자음군 전체에 대한 논의이거나 개별 어사에 대한 논의일 뿐, '흐-'의 말음 'ㆍ'탈락에 의해 형성된 어형과 그 밖의 'ㅀ'이나 'ㅀ'-어간말 자음군을 한자리에 놓고 형성 과정이나 재구조화 과정을 논의한 것은 없었다고 하겠다.

1.4. 논의의 구성

이 책은 크게 두 부분으로 이루어져 있다. 하나는 재구조화와 관련된 이론적인 부분이고, 다른 하나는 재구조화와 관련된 구체적인 분석을 보인 부분이다.

2장에서는 재구조화와 관련된 이론적인 부분으로, 재구조화의 개념, 패러다임의 성격, 재구조화의 유형, 재구조화의 어휘부 등재 양상, 그리고 재구조화의 단계성 등을 살펴볼 것이다. 재구조화의 개념은 서구의 개념과 국어 연구에서 받아들인 재구조화의 개념을 중심으로 다루고, 국어 연구에서 패러다임의 성격 등도 살펴본다. 또 재구조화의 결과 나타나는 교체 관계에 대한 어휘부 등재 방식도 다루기로 한다. 재구조화의 단계성에 대한 논의는 '공존-일반화'라는 과정을 통해 재구조화가 점진적으로 이루어지는 점을 드러낼 것이다. 그리고 공존의 구체적인 모습을 쌍형어와 복수 기저형 등을 통해 살펴볼 것이다. 이러한 내용은 2장에서 다루어진다.

3장에서는 'ㅎ'-말음 체언의 재구조화를 살펴본다. 'ㅎ'-말음 체언은 한 번에 재구조화된 것이 아니고, 'ㅎ'에 선행하는 음이 무엇이냐에 따라 차이를 두고 재구조화 과정을 겪었다. 그러므로 'ㄹ'-선행 어형과 'ㄴ'-선행 어형, 모음선행 어형 등으로 나누어 재구조화 과정을 살펴보기로 한다. 그리고 이들이 재구조화된 과정과 원인을 고찰해 보도록 한다.

4장에서는 현대국어의 'ㅎ'-말음 어간말 자음군 가운데에서 기원적으로 'ㅎ-'를 포함하는 어형들이 통시적으로 어간말 자음군을 가지게 되는 과정을 살필 것이다. 여기에는 기원적으로 말음이 'ㅎ-'에 유래하는 '만ㅎ-'[多], '아니ㅎ-'[不], '슬ㅎ-'[厭], '올ㅎ-'[是] 등이 '많-, 않-, 슳-, 옳-'로 재구조화되는 과정을 다루게 된다.

5장에서는 'ㅎ-'에서 유래된 것이 아니어서 '만ㅎ-'류와는 성격이 다른 '긇-'[斷]과 '뚧-'[穿] 등의 형성 과정에 나타나는 재구조화의 방향 및 과정 등에 대해 살펴보기로 한다.

6장은 결론 부분에 해당된다.

이 책에서 이용한 자료는 다음과 같다.(서명/간행연대/비고)[15]

훈민정음	1446	해례본
용비어천가	1447	

---

15) 이 책에서는 각 문헌의 통용명을 명칭으로 쓰기로 한다. 출전 표시 또한 통용명을 그대로 쓰기로 한다.

<table>
<tr><td>월인천강지곡</td><td>1447</td><td></td></tr>
<tr><td>석보상절</td><td>1447</td><td></td></tr>
<tr><td>월인석보</td><td>1459</td><td></td></tr>
<tr><td>능엄경언해</td><td>1461</td><td></td></tr>
<tr><td>법화경언해</td><td>1463</td><td></td></tr>
<tr><td>아미타경언해</td><td>1464</td><td></td></tr>
<tr><td>선종영가집언해</td><td>1464</td><td></td></tr>
<tr><td>원각경언해</td><td>1465</td><td></td></tr>
<tr><td>구급방언해</td><td>1466</td><td></td></tr>
<tr><td>삼강행실도</td><td>1471</td><td>런던대학본16)</td></tr>
<tr><td>몽산화상법어약록언해</td><td>1472</td><td></td></tr>
<tr><td>내훈</td><td>1475</td><td>봉좌문고본17)</td></tr>
<tr><td>두시언해</td><td>1481</td><td></td></tr>
<tr><td>금강경삼가해</td><td>1482</td><td></td></tr>
<tr><td>남명천계송언해</td><td>1482</td><td></td></tr>
<tr><td>관음경언해</td><td>1485</td><td></td></tr>
<tr><td>구급간이방언해</td><td>1489</td><td></td></tr>
<tr><td>진언권공</td><td>1496</td><td></td></tr>
</table>

16) 《삼강행실도》는 현재까지 원간본이 발견되지 않았는데, 성암고도서본이 원간본에 가장 가깝다고 보고 있다. 그러나 이것 역시 공개가 되지 않았는데 志部昭平(1990)에 제시된 내용을 참고할 수 있다. 이 책에서는 런던대학본을 중심으로 논의하고 필요할 경우 志部昭平(1990)을 인용하기로 한다.

17) 김지용(1969)에서는 원간본으로 보고 있지만 안병희(1972)에 따르면 그것은 1573년에 중간된 간본 같다고 하였다. 그러나 원간본의 모습도 어느 정도 나타난다고 한다.

육조법보단경언해	1496	
개간법화경언해	1500	
속삼강행실도	1514	가람문고본
번역소학	1517	
이륜행실도	1518	옥산서원본
여씨향약언해	1518	존경각본
정속언해	1518	이원주 교수본
번역노걸대	16세기 초	
번역박통사	16세기 초	
훈몽자회	1527	예산문고본
우마양저염역병치료방	1541	
분문온역이해방	1542	
칠대만법	1569	
여씨향약언해	1574	일석본[18]
삼강행실도	1579	도쿄대학본
광주천자문	1575	
신증유합	1576	
백련초해	1576	도쿄대학본
선가귀감언해	1579	
중간경민편	1579	도쿄교육대학도서관본[19]

---

18) 《여씨향약언해》 가운데 일석본은 1574년에 교서관에서 간행한 중간본으로 알려
졌다. 그러나 교정이 가장 잘 되어 있고 중앙 방언을 반영한 문헌이므로 초간본인
존경각본보다 적극적으로 이용한다.

19) 안병희 교수의 《경민편》 해제에 따른 것이다.

마경초집언해	1682
역어유해	1690
진주하씨묘출토간찰	17세기 초·중반
오륜전비언해	1721
여사서언해	1736
어제내훈언해	1737
어제상훈언해	1745
동문유해	1748
개수첩해신어	1748
어제자성편언해	18세기 중반
지장경언해	1752
어제훈서언해	1756
천의소감언해	1756
종덕신편언해	1758
어제경세문답언해	18세기 후반
어제경세문답속록언해	18세기 후반
어제조훈언해	18세기 후반
어제백행원	1765
박통사신석언해	1765
몽어유해	18세기 후반
삼역총해	1774 중간본
팔세아	1777
소아론	1777
명의록언해	1777

방언유석	1778	
속명의록언해	1778	
윤음언해	18세기 후반~19세기	
자휼전측	1783	
첩해몽어	1790	
인어대방	1790	
무예도보통지언해	1790	
증수무원록언해	1792	
중간노걸대언해	1795	
경신록언석	1796	
전설인과곡	1796	
오륜행실도	1797	
태상감응편도설언해	1852	
성교결요	1864	
의종손익	1868	
규합총서	1869	
이언언해	1875	
남궁계적	1876	
삼성훈경	1880	
과화존신	1880	
한불자전	1880	
조군영적지	1881	
교린수지	1881	부산도서관본
경석자지문	1882	

관성제군명성경언해	1883	
관성제군오륜경언해	1884	
잠상집요	1886	
예수성교전서	1887	문광서원판
천로역정	1894	
국한회어	1895	
한영자전	1897	
가곡원류	19세기	국악원본

어간 재구조화와 관련된 이론적 논의

2.1. 재구조화의 개념

재구조화(restructuring)는 문자 그대로 '새롭게 구조가 짜이는 현상'으로, 언어학에서는 '이전 시기와는 그 구조가 달라지는 현상' 정도로 받아들였다. 이것은 문법의 여러 층위, 가령 음운·형태·통사1)·의미 등 모든 부분에 적용될 수 있는 개념으로, 특별히 음운론에서는 '기저형의 변화'로 쓰인다. 여기서 기저형은 어간과 어미를 아우르는 것이나, 어미 부문은 그다지 관심의 대상이 되지 못하고 주로 어간 부문에 관심이 집중되었기 때문에2) 일반적으로 재구조화라 하면 어간의 재구조화를 뜻한다.3)

---

1) 형태론적 통사론적 재구조화에 대한 논의는 Bybee(1985)를 참조할 수 있다.

2) 어미 부분의 재구조화를 다룬 논의는 최명옥(1991)을 특히 참고할 만하다.

3) '재구조화'는 어미의 재구조화도 포함되므로 어간의 경우에는 '어간 재구조화'로 쓰는 것이 적합할 것이다. 그러나 국어 연구에서는 '재구조화'와 '어간 재구조화'를 엄격히 구분해서 쓰지는 않았다. 이 책에서도 '재구조화'를 주로 쓰되 '어간 재

국어 연구에서 재구조화라는 개념에 관심을 가진 것은 그리 오래되지 않았다. 김완진(1973)에서 부분적인 인식이 보이지만 재구조화를 처음 논의한 것은 이병근(1975/1979)가 아닌가 한다. 이병근(1975/1979)에서는 '화석화'와 관련된 통시적 현상을 규칙들의 재조정에 의한 재구조화라고 보았다. 그 뒤 이병근(1978/1979)에서는 재구조화가 좀 더 명확하게 쓰였는데, '모으-'[兎]가 제2음절 '으'의 축약으로 보상적 장음화를 겪어 재구조화된 새로운 어간 '모-:'(모아서~뫄:서)로도 실현된다고 하였다. 그러나 이러한 논의에서는 재구조화가 주된 관심사가 아니었다.

재구조화가 국어 연구에서 본격적으로 조명된 것은 생성음운론 초기의 논의에 대한 반성에서 시작되었다. 음운 변화 등에 의해 발생한 교체형들을 공시적인 음운 규칙으로 설명할 수 없는 경우, 이들 교체형을 추상적이고 단일한 기저형에서 도출하려는 시도를 극복하는 과정에서 재구조화가 자연스럽게 대두되었다. 즉, 교체형을 공시적인 음운 규칙으로 설명할 수 없다면 교체형을 어휘부에 등재해 재구조화된 경우로 인정해야 한다는 것이다(최명옥 1982/1998·1985/1998, 한영균 1985, 김성규 1988). 이러한 논의는 최명옥(1991/1993), 곽충구(1994ㄴ/2000) 등에 와서 더욱 정밀하게 논의되었고, 송철의(2001ㄴ)에서는 그동안의 논의를 정리하기에 이르렀다. 특히 최명옥(1991/1993)에서는 재구조화를 '기저형의 변화'로 규정하고

구조화'로도 사용하기로 한다.

어미의 재구조화 및 어간의 재구조화를 다루었는데, 어간의 재구조화에는 음운 변화와 음운 과정 등에 의한 음운론적 재구조화와 형태·통사론적 재구조화가 있다고 파악하였다. 또 이러한 재구조화는 어간에만 한정된 것이 아니고 어미 부분에도 적용될 수 있음을 보였다. 곽충구(1994ㄴ)에서는 어간 재구조화의 이유를 심리적인 요인에 따른 것, 즉, 어간과 어미의 패러다임 속에서 교체 어간의 단일화에 따른 요인을 다루었다는 점에서 주목된다. 이러한 논의에서는 재구조화를 "한 어형이 음운론적, 형태·통사론적, 또는 심리적 요인으로 인해 이전과는 다른 모습으로 재구성되는 현상" 정도로 받아들이고 있다.[4]

그런데 재구조화는 그 개념이 분명하지만은 않다. 최명옥(1982) 이래 국어 연구에서 받아들인 재구조화는 킹(King 1969)에서 제시된 개념이다. 킹(1969)는 재구조화를 '기저형의 재구조화'로 보았는데, 재구조화에 대한 구체적인 언급이나 예가 없이 조금은 모호하게 사용되었다. 이에 비해 바이논(Bynon 1977/1992)는 재구조화를 킹(1969)와는 달리 '문법 구조[5]에서 일어나는 모든 수정(modification)' 이라는 개념으로 사용하였다. 생성음운론에서는 언어 개신 가운데

---

4) 송철의(2001ㄴ:287~289)은 재구조화에 대한 사전적인 정의와 국어에서의 다양한 예를 제시하고 있는데, 이 책도 이에 힘입은 바 크다.

5) 여기서 '문법의 구조'란 규칙의 체계와 기저형을 포함하는 개념이다. 이것은 형태소의 기저형이 변화하는 것뿐만 아니라 생성음운론의 주된 관심사였던 규칙 첨가, 규칙 재배열 등에 의해서 변화하는 것도 재구조화에 포함된다는 점에서 King(1969)에서 제시된 '기저형의 변화'와는 서로 다르다고 볼 수 있다.

해당 언어 음운부의 마지막에 규칙을 첨가시키고, 이 수정된 문법은 다음 세대의 언어 습득자에게 언어 습득의 자료로 이용된다고 이해한다. 그리고 언어 습득자들은 가장 적합한, 또는 가장 간단한 문법을 구성해 낼 만한 능력을 갖고 있기 때문에 이 과정에서 재구조화를 겪는 것으로 설명한다(Bynon 1977/1992). 재구조화에 대한 이러한 관점은 넓은 의미의 재구조화에 해당되고, 좁은 의미의 재구조화, 즉, 형태소의 기저형이 변화하는 것에 대해 바이논(1977)은 '어휘적 재구조화'(lexical restructuring)라고 하였다.6) 이 어휘적 재구조화가 킹(1969)의 재구조화에 해당된다고 할 수 있다.

한편 재구조화를 '재어휘화'(relexicalization)라 부르기도 한다. 박창원(1986)이나 곽충구(1994ㄴ)에서 이러한 기술이 보이고, 제퍼스와 레이스테(Jeffers and Lehiste 1979)의 경우에도 '재어휘화'라는 용어를 사용하였다. 제퍼스와 레이스테(1979)는 재구조화를 '음운론적 체계의 구성에서의 변화'로 보고, 재어휘화는 '형태소의 음운 구조에서의 변화'라고 하였다. 그러므로 킹(1969)의 '재구조화'는 이 경우의 '재어휘화'에 해당된다고 볼 수 있다.

결국 재구조화는 재어휘화라고도 불리는데 '기저형의 변화' 정도의 의미를 담고 있다고 하겠다. 또 재구조화의 대상은 어간뿐 아니

---

6) 바이논(Bynon 1977/1991:156~157)에서는 재구조화를 체계적으로 언급하지는 않았다. 다만 중세 고지 독일어의 초기 문법에 첨가된 어말 무성화 규칙은 'Weg'이 [ve:k]~[ve:gəs] 등과 같이 교체를 하여 여전히 생산적이어서 이 변화는 '어휘적 재구조화'를 가져오지 못하였다는 언급에서 '어휘적 재구조화'라는 용어를 볼 수 있다.

라 어미에서도 가능하지만, 어미 부분은 크게 주목받지 못하였으므로 국어에서 재구조화는 보통 어간의 재구조화를 뜻한다. 이 책에서도 재구조화를 킹(1969) 이래 국어 연구에서 주로 사용한 '어간 형태소의 기저형의 변화'라는 의미로 사용하기로 한다.

2.2. 패러다임의 성격

하나의 어간이 보이는 다양한 패러다임[7]을 통해 변화 이전의 교체형과 변화 후의 교체형을 비교하여 교체 관계나 기저형을 판단하는 것은 재구조화의 논의에서 기초가 될 것이다. 패러다임이란 원래 인도유럽어 문법에서 하나의 단어에 속하여 성·수·격·시제 등의 문법 범주를 갖춘 굴절형들의 한정된 집합을 의미한다.[8] 그러므로 인도유럽어는 한 단어에 대한 패러다임이 비교적 간단하다.[9] 하지만 굴절어인 인도유럽어의 패러다임 개념을 교착어인 우리 국어에 그대로 적용할 수는 없을 것이다. 국어에는 다양한 조사나 어

---

7) '패러다임'(paradigm)이란 흔히 '어형 변화표'로 번역하여 사용하지만, '변화'라는 용어가 패러다임의 다양한 양상을 제대로 표현하는 데 적절하지 않다고 생각한다. 또 '계열, 범렬' 등의 예도 쓰이지만, 이 책에서는 기존의 연구에서 널리 사용해 온 '패러다임'이란 용어를 그대로 사용하기로 한다.

8) 패러다임은 그리스 유추론자(analogists)에 의해 발달한 개념으로 '모델'(model)이나 '예'(example)에 대한 그리스 단어일 뿐이다(Lyons 1971:6).

9) 물론 인도유럽어 가운데에서도 복잡한 굴절 양상을 가진 언어가 없지는 않다. 라틴어의 경우 하나의 동사에 대하여 125가지 굴절형을 가지고 있다고 한다 (Bloomfield 1935:223).

미 등이 어간과 결합하여 곡용형이나 활용형을 형성할 수 있기 때문이다.

재구조화를 논의하는 데에서 패러다임의 개념을 원용하면 유용한 점이 많다. 재구조화가 이루어지기 전의 어형과 이루어진 뒤의 어형은 곡용형이나 활용형 등을 통해서만 판단할 수 있기 때문이다. 즉, A>B, A>A·B, A>B·B' 등으로 변화될 때 변화의 전후는 패러다임을 통해서만 확인된다. 그런데 국어 연구에서 패러다임에 대한 언급이 일찍부터 있었던 것은 아니다. 패러다임의 전체를 통해 유음 탈락의 본질을 파악하려 한 이병근(1981)에 와서 비로소 패러다임에 대한 언급이 보이기 시작한다. 그러나 이병근(1981)에서도 패러다임이 구체적으로 무엇인지 분명하게 언급되지 않았다. 아마도 이병근(1981)은 패러다임을 선험적인 개념으로 생각한 듯하다. 패러다임에 대한 구체적인 논의는 송철의(1995)에 이르러서 두드러지게 나타난다. 송철의(1995·2001ㄱ)에서는 패러다임을 "하나의 어간으로부터 형성된 곡용형이나 활용형의 집합"으로 정의하면서, 국어에는 각각의 어미 형태소도 패러다임을 함께 고려해야만 한다고 하였다. 패러다임에 대한 논의는 박기영(1995)[10]나 김현(2003)에도 보이는데, 전반적으로 송철의(1995)의 논의를 크게 벗어나지 않는다.

---

10) 박기영(1995:60)에서는 Mcmahon(1994)의 정의에 따라 패러다임을 "굴절형태론이 접사의 규칙적 첨가 또는 어간 수정의 관점에서 이루어지는 언어에서 동일한 어간 형태소를 갖는 굴절형의 집합"으로 보았다.

　그런데 패러다임을 '하나의 어간으로부터 형성된 곡용형이나 활용형의 집합'이라고 할 때, 그 집합의 원소는 헤아리기 어려울 정도로 많을 것이다. 특히 활용의 경우, 어간에 올 수 있는 어미의 양상은 매우 복잡하다. 어간에 단순히 어말어미가 결합되는 경우도 있지만, 어간과 어말어미 사이에 다양한 선어말어미가 올 수도 있다. 또 어말어미도 종결어미와 비종결어미까지 고려한다면 한 어간의 패러다임을 총망라한다는 것은 쉽지 않은 작업이 될 것이다.

　그리고 패러다임을 총망라한다고 해서 문법 기술에 어떠한 득을 가져오는지도 불분명하다. 더구나 음운론적인 논의에서는 패러다임을 총망라한다는 것은 큰 의미를 가지지 못할 수 있다. 그러므로 송철의(1995)나 김현(2003)에서는 하나의 어형이 갖는 모든 패러다임을 고려할 필요가 없이 같은 부류의 어간과 어미를 묶어서 한정할 필요가 있음을 지적하였다. 특정 어미는 환경이 같은 어미들과 동일한 음운론적 양상을 보이기 때문이다. 즉, 어미의 두음이 같다면 어간 말음과의 음운 연쇄에서 동일한 음운 과정을 보일 것임을 예측할 수 있기 때문이다.

　그러므로 기존의 연구에서는 어미 두음의 음운론적 조건에 따라 몇 가지 부류로 나누어 그러한 어미와 결합한 대표적인 활용형만 가지고 패러다임을 제시하는 것이 일반적이었다. 활용의 경우 '-아/어'와 같이 모음으로 시작하는 어미와 '-고', '-더-'와 같이 평자음으로 시작하는 어미, '-으-'와 같이 매개모음 어미로 시작하는 어미, '-느-'(-는-)와 같이 비음으로 시작하는 어미 등으로 분류하여 활용 양상을 기술하였다. 이것은 어미의 두음이 같을 경우 동일한 음운 과정을 겪기 때문에 가능하였다.

(1) {입}[口]

ㄱ. 입이, 입에, 입에서

ㄴ. 입으로, 입을, 입은

ㄷ. 입짜, 입또, 입뽀다

ㄹ. 임만, 임마저, 임마다

ㅁ. 입처럼(cf. 입한테)

(2) {입-}[着]

ㄱ. 입어, 입어서

ㄴ. 입으면, 입으니, 입은

ㄷ. 입꼬, 입떠니

ㄹ. 임는

(1), (2)는 '입'[口]과 '입-'[着]의 패러다임을 부분적으로 보인 것이다. (1)에서 '입'이 갖는 곡용 패러다임은 다양하므로 이들을 일정한 환경에 따라 분류하여 이해한다면, 패러다임 전체를 고려하지 않고도 이들 곡용형이 보이는 음운 과정을 파악할 수 있을 것이다. (1ㄱ~ㄴ)과 같이 모음이나 매개모음으로 시작하는 어미 앞에서는 '입'으로 실현되고, (1ㄷ)과 같이 평자음 앞에서는 '입'11)으로 실현

---

11) 물론 '입'의 'ㅂ'은 중화를 거치므로 음성적으로는 미파음이다.

되면서 후행 평자음을 경음화시킨다. (1ㄹ)은 비음으로 시작하는 어미의 환경으로 비음동화를 통해 '임'으로 실현된다. 물론 (1ㅁ)과 같이 유기음으로 시작하는 어미가 올 수도 있는데 이때는 평자음이 올 때와 동일하게 어간 말음이 미파화되어 실현된다. 다만 이 경우는 어미의 두음이 유기음이기 때문에 평자음에서 보이는 경음화가 실현되지 않는다는 차이만 있다. 그러므로 평자음 외의 유기음으로 시작되는 어미나 경음으로 시작되는 어미의 환경은 크게 염두에 두지 않아도 음운 기술에 별다른 영향을 끼치지 않는다. 따라서 흔히 모음으로 시작하는 어미를 '모음 어미', 평자음 어미로 시작하는 어미를 '자음 어미', 매개모음 어미로 시작하는 어미를 '매개모음 어미',12) 비음으로 시작하는 어미를 '비음 어미'로 구분하여 곡용 어간

---

12) 국어에서 '으'를 매개모음 어미로 볼 수 있는가에 대해서는 많은 논의가 필요하다. '으'의 성격에 대해서는 '으'가 어미(어미 두음설)인지, 어간의 일부(어간 말음설)인지, 아니면 어간과 어미 사이에 끼어든 요소(제3요소설)인지 등과 같은 견해가 있을 수 있다. 또 '으'의 음운론적 기술과 설명에 대해서는 첨가설·탈락설·쌍형설 등이 있을 수 있는데, 생성음운론의 초기 논의에서는 '으'를 어미의 두음으로 보고 일정한 환경에서 '으'가 탈락하는 '으'탈락 규칙을 설정하여 설명하였다(김완진 1972ㄱ, 이병근 1978). 그러나 이러한 기술 방법에 대해 비판이 제기되기 시작하는데(강창석 1982, 김성규 1988), 이는 결국 추상성에 대한 비판이라고 할 수 있다. 그리고 그 대안으로 강창석(1982:32)에서는 '으'첨가 규칙을 설정하였고, 김성규(1988:31)에서는 복수 기저형을 설정하였다. 한편 같은 구체음운론적인 입장을 취한 논의 가운데 최명옥(1991/1998)에서는 매개모음의 쌍형설을 인정하지 않고 있다. 이 책도 '만흐며'[多] 등을 '만흐-+-으며'가 결합하여 매개모음 '-으-'가 탈락한 것으로 보기로 한다. 즉 매개모음을 어미의 두음으로 보고 특정한 환경에서 탈락한 것으로 보는 것이다. 이에 대한 자세한 논의와 연구사적 정리는 배주채(1993)을 참고할 수 있다.

의 패러다임을 이해하였던 것이다.13) 이와 같은 사정은 용언의 활용에서도 '-아/어'와 같은 모음 어미, '-고', '-더-'와 같은 자음 어미, '-으니, -으며'와 같은 매개모음 어미, '-는'과 같은 비음 어미 등으로 동일하게 적용될 수 있다.

그런데 위의 패러다임 설정에서 모음 어미나 매개모음 어미를 구분할 필요가 있는가 하는 의문을 가질 수 있다. 그러나 이들은 모음으로 시작하는 어미라는 점에서 동일한 음운 과정으로 나타날 것 같지만 (3)과 같이 상이한 음운 과정을 보여준다.

    (3) ㄱ. 다르고, 다르니, 달라
        ㄴ. 따르고, 따르니, 따라
        ㄷ. 푸르고, 푸르니, 푸르러

(3)은 불규칙동사로 알려진 어형들인데, (3ㄱ)에서 '다르-'는 자음 어미와 매개모음 어미일 때는 표면상 '다르-'로 실현되고, 모음 어미가 올 때는 '달르-'로 실현된다. (3ㄴ)에서도 자음 어미와 매개모음 어미일 때 어간의 모습은 표면상 '따르-'로 같지만 모음 어미가 올 때는 '따ㄹ'와 같이 어간 말음 '으'가 탈락한다. 반면 (3ㄷ)에

---

13) 이하 이 책에서도 기존의 논의에서처럼 '모음 어미, 자음 어미, 매개모음 어미, 비음 어미' 등으로 분류하여 부르기로 한다. 다만 필요할 경우, 이들을 좀 더 세분하기로 하는데, 자음 어미의 경우 'ㄱ'-계 어미나 'ㄷ'-계 어미 등으로 지칭하기로 한다. 또, 중세국어의 경우는 어미의 두음 실현에서 현대국어와 차이가 있지만 현대국어와 똑같이 구분할 수 있다. 가령, 매개모음 어미는 '-으-'뿐 아니라 '-ᄋ-'로도 나타나지만, 똑같이 매개모음 어미로 부르기로 한다.

서는 자음 어미와 매개모음 어미일 때는 역시 어간의 모습이 '푸르-'
로 같지만 모음 어미일 때는 '푸를-'로 실현된다. 따라서 어미의 두
음이 모음이라고 하더라도 매개모음 어미와 모음 어미의 환경은 구
별되어야 할 것이다.

　통시적인 연구에서도 사정은 비슷하다. 가령, 중세국어의 '아니ᄒ-'
의 활용 양상은 모음 어미와 매개모음 어미일 때에 분명한 차이가 있
다.14)

　　(4) ㄱ. 아니ᄒ야, 아니ᄒ얏도다(두시언해 9:1ㄴ)
　　　　ㄱ'. 아니ᄒ엿도다(두시언해 3:27ㄱ)
　　　　ㄴ. 아니ᄒ니, 아니ᄒ며, 아니ᄒ리라, 아니ᄒ시고
　　　　ㄴ'. 아니니, 아니며, 아니리오, 아니시면

　(4)는 15세기 국어에 나타나는 '아니ᄒ-'의 활용 양상인데, (4ㄱ)
과 같이 모음 어미가 올 때는 '아니ᄒ야'나 '아니ᄒ얏' 등으로 실현
된다. 물론 (4ㄱ')에서와 같이 '아니ᄒ엿'으로도 나타나기도 한다.
'아니ᄒ야'나 '아니ᄒ얏'은 형태소 경계에서 'j'첨가가 이루어지고
이 'j'가 어미 부분에 나타난 것이다. 반면 (4ㄴ)은 매개모음 어미
와의 결합 양상인데, 이때는 '아니ᄒ-'로만 나타난다. 모음 어미와
매개모음 어미의 활용 양상에서 차이를 보이는 것이다. 또 매개모음
어미가 올 때 (4ㄴ')와 같이 'ᄒ-' 전체가 탈락되어 표면상 '아니-'

---

14) '아니ᄒ-'의 활용 양상은 4.2.에서 자세히 다루기로 한다.

로도 나타나 이 시기에 '흥-' 전체의 탈락을 보이지 않는 모음 어미와의 결합 양상과는 차이가 있다.[15] 따라서 모음 어미와 매개모음 어미는 공시적으로나 통시적으로 서로 교체 양상이 다를 수 있기 때문에 각각 패러다임 속에서 고려의 대상이 되어야 한다.

한편 동일한 매개모음 어미의 환경이라고 하더라도 언제나 같은 음운 과정을 보이지는 않는다. 가령, 중세국어의 '-ᄋᆞ시-'[16]는 'ㄹ'-말음 어간에 후행할 때 '-ᄋᆞ며', '-ᄋᆞ니' 등이 보이는 음운 과정과는 서로 다른 모습을 보인다.

   (5) ㄱ. 알며(석보상절 6:12ㄱ), 알리며(석보상절 13:41ㄴ),

       아니(원각경언해 하1,2:21ㄴ)

    ㄴ. 아르시ᄂᆞ니잇가(석보상절 6:14ㄴ-15ㄱ)

(5)는 중세국어의 '알-'[知]과 매개모음 어미가 결합한 양상인데, (5ㄱ)과 같이 '-ᄋᆞ며, -ᄋᆞ리-, -ᄋᆞ니' 등이 뒤에 올 경우에 매개모음이 탈락하여 '알며, 알리며, 아니'[17] 등으로 실현된다. 이와 같은 활용 양상은 '잡-'[握]과 같이 자음으로 끝난 어간이 보여주는 양상(예 : 자ᄇᆞ며, 잡ᄋᆞ리며, 자ᄇᆞ니)과는 사뭇 다르다. 그런데 같은 매개모

---

15) 물론 16세기에 들면 "저티 아녀"(번역소학 9:64ㄱ)와 같이 '아니ᄒᆞ-'와 모음 어미의 결합에서 'ᄒᆞ-'가 탈락된 활용형을 확인할 수 있다.

16) 매개모음은 'ᄋᆞ/으'로 구분되지만 여기서는 편의상 'ᄋᆞ'형을 대표형으로 삼는다.

17) '아니'는 '알-+-ᄋᆞ니'의 결합에서 'ᄋᆞ'탈락에 이어서 'ㄴ' 앞의 'ㄹ'이 탈락되어 실현된 것이다.

음 어미라도 (5ㄴ)의 '-으시-'와의 결합에서는 '아ᄅᆞ시ᄂᆞ니잇가'처럼 매개모음이 탈락하지 않는다.18) 특히 성조상으로도 '-으-'는 전의적 성조를 보이는데 '-으며, -으리, -으니' 등의 제2음절은 고정적 거성을 보이는 데 비해 '-으시-'의 '시'는 전의적 성조를 보인다는 점에서 차이가 있다.19) 그러므로 같은 매개모음 어미라도 이들은 서로 구분되어야 한다.

또, 체언의 경우는 단독형20)도 패러다임 속에 포함시켜야 한다. 흔히 단독형은 음운론적으로 휴지(#)와 같은 기능을 하고, 이는 결국 자음 어미와 같이 묶이는 경우가 많지만, 중세국어에서는 사정이 다르다. 예를 들면 이른바 'ㅎ'-말음 체언의 경우 단독형과 자음 어미의 음운 과정이 서로 다르다.

(6) 나라히, 나라흘, 나라콰, 나라마다, 나라

(6)에서와 같이 'ㅎ'-말음 체언의 하나인 '나랗'[國]은 모음 어미와 매개모음 어미일 때는 'ㅎ'이 표면에 나타나고, 자음 어미일 때는

---

18) 'ㄹ'-어간 말음과 매개모음의 연쇄에서 매개모음이 탈락을 보이는 쪽을 이완모음(lax vowel), 탈락되지 않는 쪽을 긴장모음(tense vowel)으로 보기도 한다(김완진 1972ㄱ).

19) 결국 '-으시-'는 두 개의 전의적 성조, a_1a_2의 연쇄가 되는데 여기서의 'a_2'는 베타화가 된다. 이에 대한 자세한 논의는 김완진(1977:49~50)을 참조할 수 있다.

20) 단독형은 음운론적으로는 휴지(#)의 환경이다. 이 책에서는 특별히 음운론적인 환경을 논의하는 자리일 때만 '휴지'로 사용하고, 그 외에는 편의상 '단독형'으로 사용하기로 한다.

‘나라콰’와 같이 축약을 거쳐 유기음화 과정을 겪는다. 그리고 비음 어미일 때는 ‘나라마다’21)와 같이 ‘ㅎ’이 탈락되어 표면에 나타나지 않는다. 특히 단독형일 때는 자음 어미와는 달리 ‘ㅎ’이 탈락되어 비음 어미가 올 때와 같은 곡용 양상을 드러낸다. 이러한 사실은 단독형도 패러다임에서 고려해야 한다는 것을 보여준다.

이 밖에 중세국어의 연구에서는 선어말어미 ‘-오/우-’22)도 모음 어미와 같은 활용 양상을 보이지 않는다는 점을 염두에 두어야 한다. 가령, ‘ㅎ-[爲]에 ‘-오/우-’가 결합될 때에는 ‘ㅎ욤’과 같이 활용하여 표면상 ‘횪-’로 나타난다. 이것은 ‘j’가 첨가된다는 점에서 모음 어미가 올 때 활용형 ‘ㅎ야’와 같은 양상을 보이는 것이다. 그러나 ‘홈’과 같이 말음 ‘·’가 탈락하는 경우도 있어 ‘ㅎ욤’과 ‘홈’이 공존한다. 더구나 ‘ㅎ-’가 후행 요소인 ‘Xㅎ-’와 같은 어형들은 ‘-오/우-’가 올 때 ‘X홈’이나 ‘X호디’와 같이 ‘·’탈락만 보이는 어형이 있는가 하면, ‘Xㅎ욤, ‘Xㅎ요디’와 같이 ‘j’첨가를 보여주는 어형도 있고, 두 가지 양상이 모두 나타나는 어형도 있다.

---

21) ‘마다’와 ‘만뎡’ 등은 김성규(1994:84)에 따르면 성조 율동 규칙을 따르지 않고 언제나 첫 음절이 ‘상성’으로 실현되는 예외적인 존재로 알려졌다. 이렇게 성조 율동 규칙을 따르지 않는 예외적인 존재들은 어휘 형태소에서 온 것들이 많으므로 기원적으로 잠재적인 휴지를 재구할 수도 있다.

22) ‘-오/우-’는 이른바 의도법의 ‘-오/우-’와 ‘-옴/움’, ‘-오디/우디’ 등에서의 ‘-오/우-’가 있다. 이들의 형태·통사론적 성격은 같지 않지만, 이들은 동일한 음운론적 과정을 보여주기 때문에 함께 다루기로 한다. 이들 ‘-오/우-’에 대한 연구사적 검토는 한재영(1990)을 참고할 수 있다.

(7) ㄱ. 만ㅎ야

ㄱ'. 만호라, 만홈, 만호디

ㄴ. 올ㅎ야

ㄴ'. 올호라, 올홈, 올호디

(8) ㄱ. 딕ㅎ야(월인석보 18:57ㄱ), 딕희여(석보상절 9:12ㄱ)

ㄱ'. 딕ㅎ욤과(남명천언해 상:36), 딕희옴애(소학언해 4:51ㄴ)

ㄱ". 딕킈요문(삼강행실도 열:21ㄱ), 딕킈욤으로브터(소학언해 6:
48ㄴ)

ㄴ. 굴ㅎ야(석보상절 13:46ㄱ), 굴희야(석보상절 13:40ㄱ)

ㄴ'. 굴ㅎ요미(능엄경언해 2:114ㄱ), 굴희요문(두시언해 21:45),
굴희옴을(소학언해 2:47ㄴ)

ㄴ". 굴ㅎ요디(석보상절 19:16ㄱ), 굴희요디(능엄경언해 4:91ㄴ),
굴희오디(소학언해 1:3ㄱ)

(9) ㄱ. 됴하(석보상절 13:24ㄴ), 됴ㅎ야(번역노걸대 하:4ㄴ)

ㄴ. ㅈ 됴ㅎ요디[新愈](삼강행실도/런던대학본 충:11ㄱ)

ㄴ'. ㅈ 됴호디(삼강행실도/도쿄대학본 충:11ㄱ)

ㄷ. 됴호몰(월인석보 8:59ㄴ)

(7), (8), (9)는 기원적으로 '호-'가 후행 요소로 결합된 어형으로
인정되는 예들이다.23) 이들은 모음 어미 가운데 '-아/어'가 뒤에 올

---

23) '딕희-, 굴희-' 등의 말음이 기원적으로 '호-'에 유래한다는 논의는 이현희(1985)

경우 다양한 모습을 보인다. (7)의 예들은 중세국어 당시에 '*만하'[多]나 '*올하'[是] 등이 확인되지 않는 어형들이다. 또 (8)의 '딕ᄒᆞ-'[守]나 '굴ᄒᆞ-'[擇] 등도 '*딕하'나 '*굴하' 등으로는 실현되지 않는 어형이지만 'j'가 어간에도 나타난 '딕희여'나 '굴희야' 등은 확인되는 어형이다. 반면 (9)의 '됴ᄒᆞ-'[好]는 중세국어 시기에 이미 '됴하'와 '됴ᄒᆞ야'의 두 활용형으로 실현되던 어형이다. 그런데 이들은 모음어미 가운데 '-오/우-'가 뒤에 올 때도 서로 다른 양상을 보여준다. (7가', 나')에서 '만ᄒᆞ-'나 '올ᄒᆞ-'는 '-오/우-'가 올 때 절대로 'Xᄒᆞ욤'이나 'Xᄒᆞ요디' 등으로 나타나지 않고, 항상 어간 말음 'ㆍ'가 탈락되어 나타난다. 반면 (8)의 '딕희-'나 '굴희-'[擇]24) 등은 동일한 환경에서 'ㆍ'가 탈락된 '*딕홈', '*딕호디'25)나 '*굴홈', '*굴호디' 등으로 나타나지 않고 항상 'j'가 첨가된다.26) 즉 (8ㄱ')에서 '딕ᄒᆞ욤'처럼 'j'가 어미에 첨가될 수도 있지만 '딕희옴'처럼 어간에 첨가되어 나타날 수도 있다.27) 물론 (8ㄱ")에서처럼 '딕킈욤'도 확인된다.28) 이러한 사정은 '굴희-'도 비슷하다. (8ㄴ')에서 '굴ᄒᆞ요미, 굴

___

를 참조할 수 있다.

24) 이들도 기원적으로 'ᄒᆞ-'와 관련 있는 어형으로 보이지만 언제나 부음이 있는 '희(희)-'형으로만 나타난다. 또 '딕희-'는 '딕킈-'로도 나타난다.

25) 물론 '딕희-'와 '-오디'가 결합한 용례는 확인되지 않는다.

26) 물론 '굴희요디'처럼 'j'가 양음절에 모두 나타나는 경우도 있다.

27) '딕희-'에 '-오/우-'가 올 때는 '딕희욤'으로만 나타나고 '*딕희윰'은 확인되지 않는다.

28) '딕희-'에 '-오/우디'가 결합된 활용형은 '*딕희요디' 정도로 실현되었을 것이지만 문증되지 않는다.

히요문, 굴희옴을' 등은 기원형 '*굴ᄒᆞ–'를 고려하면 'j'첨가 양상을 보여준다. 다만, '굴희욤'과 같이 'j'가 어간과 어미 양음절에 걸쳐 나타나기도 하여 '딕희–'와 차이가 있다. (9)의 '됴ᄒᆞ–'는 '둏–'과 쌍형 관계를 이루고 있는 어형인데, '–오디'와의 결합에서 (9ㄴ)과 같이 '됴ᄒᆞ요디'로 나타나기도 하지만 (9ㄴ')와 같이 후대의 문헌에서는 '됴호디'로도 나타난다. 또, (9ㄷ)에서와 같이 '–옴'과의 결합에서는 '됴홈'만 가능하고 '*됴ᄒᆞ욤'은 실현되지 않는다.29) 이렇게 같은 '–오/우–'가 결합되더라도 'ᆞ'가 탈락하는 어형, 'j'가 첨가되는 어형, 'ᆞ'탈락과 'j'첨가가 모두 나타나는 어형 등으로 나누어진다.30) 그러므로 기원적으로 'ᄒᆞ–'를 말음으로 갖고 있는 어형이지만 같은 어미가 오더라도 음운론적 과정이 달리 실현될 수 있는 것이다.

그런데 어미를 두음에 따라 하나의 그룹으로 묶어 고찰하는 것이 경제적이기는 하지만 그렇다고 이렇게 묶여진 어미류들이 언제나 같은 음운 현상을 보인다고 기대해서는 곤란하다. 특히 통시적인 연구에서는 더욱 그러하다.

---

29) 가령 《월인석보》에는 '됴홈'이 3회 나타나지만 '*됴ᄒᆞ욤'이나 '*됴희욤' 등은 전혀 나타나지 않는다.

30) 이렇게 'ᄒᆞ–'를 포함하고 있는 어형이 똑같은 환경에서 다르게 실현되는 이유는 당시 언중들의 'ᄒᆞ–'에 대한 인식 여부와도 관련이 있을 것이다. 특히 'ᆞ'탈락을 거부하는 '굴희–'는 '올ᄒᆞ–'와 비교할 때 'ᆭ'–어간말 자음군으로 발달하지 못하고 현대국어의 '가리–'와 같이 2음절어로 발달되었다. 이와 같은 사실은 'Xᄒᆞ–'의 구조에서 'ᆞ'탈락을 보이는 '올ᄒᆞ–'와 같은 어형들은 'X'와 'ᄒᆞ–'가 긴밀하게 결합되었음을 보여준다.

(10) ㄱ. 퍼러ㅎ고, 퍼러ㅎ도다

　　 ㄱ'. 퍼러코, 퍼러커늘

　　 ㄴ. 퍼러ㅎ니, 퍼러흔(두시언해 11:51ㄴ)

　　 ㄴ'. 퍼런(두시언해 10:38ㄴ)

(10)은 중세국어의 색채 형용사 가운데 '퍼러ㅎ-'[碧]의 활용 양상인데, (10ㄱ)에서 자음 어미가 올 때는 '퍼러ㅎ고'나 '퍼러ㅎ도다'와 같이 '퍼러ㅎ-'로 실현되는 것이 일반적이다. 그러나 (10ㄱ')에서처럼 '퍼러코'와 '퍼러커늘'로 실현되기도 한다. '퍼러코'나 '퍼러커늘'은 '퍼러ㅎ-'로 분석될 수 없고 '퍼렇-'으로 보아야 한다. 반면에 같은 자음 어미라도 '-도-'와의 결합형이 *'퍼러토다' 등으로 실현되는 예는 중세국어에서 문증되지 않는다. 문헌의 실현 예를 통해서 있는 그대로 해석한다면 '퍼러ㅎ->퍼렇-'의 재구조화는 자음 어미 가운데에서 'ㄱ'-계 자음 어미에서부터 시작된 것으로 해석될 수 있다.

　한편, (10ㄴ)은 '퍼러ㅎ-'와 매개모음 어미의 결합형인데, '퍼러ㅎ니'나 '퍼러흔' 등이 확인된다. 그러나 중세국어에는 '퍼러흔'의 경우는 극소수에 불과하고 (10ㄴ')와 같이 '퍼런'으로 실현되는 것이 일반적이다.31) 그런데 '퍼런'은 '퍼러ㅎ-'나 '퍼렇-'에서 'ㅎ-' 탈락이나 'ㅎ'-탈락에 의해 나타난 어형이라고 볼 수 없다. 이 시기에 '-

---

31) '퍼런'은 《남명천언해》에 12회 나타나 비교적 많은 예를 접할 수 있다. 그러나 이 문헌에서 '퍼러흔'의 예는 확인할 수 없다.

온-'과의 결합에서 '호-'나 'ㅎ'이 탈락되는 규칙은 다른 환경에서
는 찾아볼 수 없기 때문에 '퍼러-' 자체가 기저형으로 설정되어야
한다. 그러므로 중세국어에서부터 재구조화된 '퍼러-'가 나타나는
것이다. 그러나 같은 매개모음 어미라도 '-으니'의 경우에는 '*퍼러
니'의 예가 확인되지 않는다. 이것은 같은 매개모음 어미라도 그 음
운론적 과정이 달리 실현된다는 것을 의미한다.

한편, 같은 부류가 음운 과정이 달리 실현되지는 않지만 분포상 심
한 제약을 겪는 경우도 있다. 가령, 중세국어의 '만호-'와 '많-'의 경
우는 특정 어미에서 분포상 제약을 가져온다.

    (11) ㄱ. 만호고, 만호더니, 만호야, 만호며
         ㄴ. 만코, 만터니, 만케, 만티

(11)은 중세국어의 '만호-'와 '많-'의 활용 양상을 보인 것이다.
(11ㄱ)에서 표면상 '만호-'는 자음 어미나 모음 어미, 매개모음 어
미 등 완전한 패러다임을 보이는 반면, '많-'은 (11ㄴ)과 같이 자음
어미 앞에서만 실현된다.[32) 그러나 실제로 중세국어 문헌을 살펴보
면 '만호고'와 '만호더니' 등은 극소수의 예에 불과하고, 같은 자음
어미라도 '-게'나 '-디'와 결합된 '*만호게', '*만호디' 등은 전혀 관
찰할 수 없다. 이와 같은 사실은 '만호-'는 자음 어미 가운데 부사형

---

32) 이때 매개모음 어미일 때의 실현형 '만호니'가 '많-'에 '-으니'가 결합되었다고
    본다고 하더라도 논지가 달라지지 않는다.

어미로부터 분포에 제약을 겪었음을 알려 준다. 그러므로 자음 어미나 매개모음 어미, 모음 어미 등으로 한정하여 언어 사실을 이해한다면 언어 변화의 단초를 간과할 수도 있다. 이는 결국 패러다임을 같은 부류로 분류하여 적절하게 한정하는 작업이 쉽지 않다는 사실을 말해 준다.

'ㅎ'-어간 말음이 체언에서는 소멸되었고 용언에서는 새롭게 형성되는 과정을 다루는 이 책에서는, 이러한 변화의 단초와 과정을 면밀하게 파악하기 위해 어미의 두음에 따른 활용형과 곡용형을 나누어 살펴보는 데에 일차적인 관심을 가진다. 나아가 하나의 어간이 어미와 맺는 다양한 곡용형과 활용형 가운데 나타나지 않는 어형이 갖는 의미에 대해서도 살펴보기로 한다.

2.3. 형성 과정에 따른 재구조화 유형

이전 시기에 비해 기저형에 새롭게 변화를 가져오는 양상에는 여러 요인이 있을 수 있다. 가장 흔한 경우는 한 어형에 음운 변화나 음운 과정이라는 요소가 개입하여 교체형이나 교체 관계가 변하고 결국 기저형도 새롭게 변하는 것이다. 이와는 달리 교체 이형태들을 단순화하거나 이형태를 새롭게 재해석하려는 화자의 심리적인 의도에서 비롯될 수도 있다. 이형태들이 많다는 것은 그만큼 화자에게 부담을 가져올 수 있고, 화자가 교체 이형태를 단일화시키려고 노력하는 것은 어쩌면 당연한 현상일 수 있다. 전자는 음운론적인 재구조화로 볼 수 있고, 후자는 화자의 심리적인 요인에 따른 재구조화로 볼 수 있다. 또, 이러한 요인 이외에도 혼효라든가 재분석이라든가 유추에 따른 재구조화가 있을 수 있는데, 음운론적인 요인에 따른 재구조화를 제외하고는 형성 기제가 명확하지 않은 경우가 많다. 그러므로 이 책에서는 음운론적 요인에 따른 재구조화와 비음운적 요인에 따른 재구조화로 크게 나누어 논의하기로 한다.33) 이들을 간단히 표로 나타내면 다음과 같다.

(12) 형성 요인에 따른 재구조화의 분류

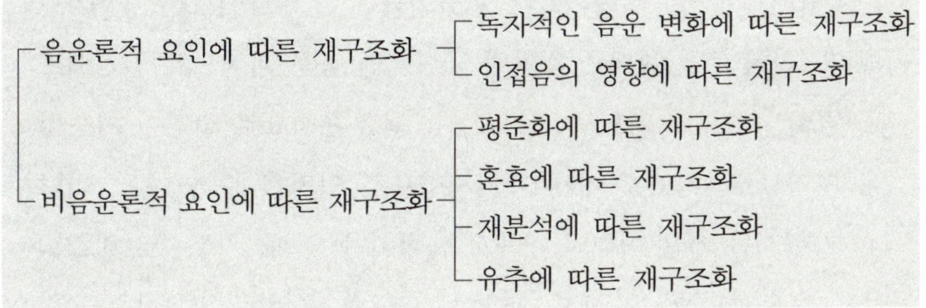

음운론적 재구조화란 음운론적 요인으로 일어난 재구조화를 말하는데, 독자적인 음운 변화에 따른 재구조화와 인접음의 영향에 따른 재구조화로 분류할 수 있다.34) 그 가운데 독자적인 음운 변화에

---

33) 재구조화의 유형에 대한 연구는 최명옥(1993/1998), 곽충구(1994ㄴ), 송철의(2001ㄴ) 등을 참고할 수 있다. 특히 송철의(2001ㄴ)는 이들을 종합적으로 다루어 국어의 다양한 예를 제시하였는데, 다만 곽충구(1994·2000)의 심리적 요인, 즉, 유추에 따른 것을 형태·통사적인 요인에 따른 것으로 처리하였다는 점에서 차이가 난다.

따른 재구조화는 어떤 음운이 인접한 음운의 영향을 받아 변화를 입은 것이 아니라 독자적으로 변화를 입어서 형태소의 기저형이 변화한 경우를 말한다.

(13) ㄱ. 가도-[囚] : 가도고, 가도니, 가돠
     ㄴ. 가두- : 가두구, 가두니, 가둬

(13ㄱ)에서 현대국어의 '가두-'는 이전 시기에는 자음 어미나 매개모음 어미가 올 때는 '가도-'로, 그리고 모음 어미가 올 때는 활음화를 겪어 '가돠'로 실현되었다. 활음화는 어간 말음이 '오'인 '비호-'[學]가 '비화'로 실현되는 것처럼 공시적인 음운 과정으로 인정되므로, 결국 /가도-~가도w-/의 교체는 음운론적으로 설명이 가능하다. 그러므로 '가도-' 자체가 기저형으로 인정될 수 있다. 그러나 (13ㄴ)에서는 자음 어미나 매개모음 어미가 올 때 '가두-'로 변화되었고, 모음 어미가 올 때도 활음화를 겪는다. '거두-'[收]의 활용형 '거둬'를 감안하면 활음화 현상 또한 이 시기의 공시적 음운 과정으로 설명될 수 있다. 그런데 이전 시기의 '가도-'에 비해 '가두-'는 공시적인 규칙으로 설명될 수 없으므로 기저형이 '가도-'에서 '가두-'

---

34) 최명옥(1993/1998)에서는 이들을 음운 변화에 따른 재구조화와 음운 과정에 따른 재구조화로 구분하였다. 그러나 음운 과정에 따른 재구조화는 공시적 음운 과정과 혼동될 염려가 있으므로 편의상 인접음의 영향에 따른 재구조화로 분류한 것이다.

로 변화되었다고 할 수 있다.35) '가도->가두-'의 변화, 즉, 비어두 음절에서의 '오>우'의 변화는 인접한 음운에 영향을 받아 변화를 경험한 것이 아니고 독자적인 음운 변화를 겪어 실현된 것으로 음운 변화에 따른 재구조화의 범주에 포함된다.

독자적인 음운 변화에 따른 재구조화가 있는 반면 이와는 성격이 다른 음운론적인 재구조화도 있다. 통시적인 음운 변화이지만 독자적인 변화가 아니라 인접음에 영향을 받아 재구조화를 경험한 경우가 있다. 가령, '믈>물'의 변화는 흔히 형태소 내부의 원순모음화라는 통시적 음운 변화에 따른 것이다.

(14) ㄱ. 믈에, 믈을, 믈도
      ㄴ. 물에, 물을, 물도

(14ㄱ)은 원순모음화를 겪기 전의 '믈'의 곡용 양상이고, (14ㄴ)은 원순모음화를 겪고 난 뒤 '물'의 곡용 양상이다. 원순모음화는 독자적인 음운 변화가 아니고 인접한 순자음(脣子音) 'ㅁ' 아래에서 '으>우'의 변화가 이루어진 것이다. 그러므로 '믈>물'의 재구조화는 인접음에 따른 재구조화로 볼 수 있다.36)

35) 어미 '오>우'의 변화는 19세기 국어에서 흔히 발견되는 현상이다. 또 어미 '-고>-구'의 변화 또한 현대 중부방언에서 일어나는 일반적인 어미의 재구조화 현상 가운데 하나이다.

36) 강창석(1985:52)에서는 먼저 음운 변화에 따라 조사와 새로운 '이형태와의 결합' 관계가 발생하고, 이어 기존 패러다임의 소멸이 이루어지면 재구조화가 완성되는

(13)의 '가도->가두-'의 재구조화나 (14)의 '믈>물'의 재구조화는 형태소 내부에서의 음운 변화 때문에 재구조화가 이루어진 것이다. 그러나 이러한 유형은 재구조화 논의의 중심에 있지는 않다. 형태소 내부에서의 재구조화는 기저형 자체에 변화를 가져오기는 하지만 단일한 기저형으로 재구조화를 겪는 것이 대부분이기 때문에 형태소 경계의 환경에서 실현된 재구조화가 논의의 초점이다. 가령, 'ㅸ>w'의 변화는 기저형에 재구조화를 초래하였는데, 그 환경에 따라 서로 다른 패러다임을 가져왔다.

    (15) ㄱ. 메ᄫᆞᆺ고, 메ᄫᆞ스시고, *메ᄫᆞ사37)

           ㄴ. 메왓고, 메와스니, 메와사

중세국어에는 'ㅸ'과 'w'가 대응을 이루면서 '메ᄫᆞᆺ-'[細]류와 '메왓-'류가 공존하는데, '메ᄫᆞᆺ-'은 'j'와 모음 사이에서 'ㅸ'이 'w'로 변화되어 (15ㄴ)과 같이 '메왓-'으로 재구조화를 겪는다. 'ㅸ'은 정음 초기 문헌에 잠시 나타났다가 'w'로 변하였는데, 이 시기가 'ㅸ>w'의 마지막 시기라고 볼 수 있다(김완진 1972/1996). 'ㅸ>w'는 인접음에 영향을 받아서 변화한 것이 아니고 독자적인 음운 변화로 간주된다. 음운 변화의 결과로 기저형에도 변화를 가져왔지만 교체 관계에서

것으로 보았다.

37) '메ᄫᆞᆺ-'에 모음 어미가 오는 예는 문증되지 않지만 존재하였을 것으로 가정한 것이다.

이형태를 발생시키지 않는다. 그러나 형태소 경계에서는 사정이 다
르다.

    (16) ㄱ. 눕고, 누븅니, 누뷩
        ㄴ. 눕고, 누우니, 누워

    (16)은 '눕-'[臥]이 'ㅸ>w'의 변화의 전후 관계에 나타나는 활용
양상이다. 'ㅸ'이 음운 체계 속에 존재하던 시기에 나타나는 /눕-~
눟-/의 교체는 자음 어미 앞에서 ㅸ→ㅂ에 의한 자동적 교체로 설
명된다. 그러나 'ㅸ'이 소멸된 뒤에는 (16ㄴ)과 같이 교체 관계가 /
눕-~누우-/로 변화되었다. 이들 교체는 공시적인 음운 규칙으로
는 설명할 수 없다. 그러므로 이들은 각각 어휘부에 등재하는 복수
기저형으로 처리되어야 한다. 동일한 음운 변화에 따른 재구조화라
고 하더라도 환경에 따라 서로 다르게 기술되어야 하는 단적인 예
로 볼 수 있다. 재구조화의 연구에는 이렇게 형태소 경계의 문제가
늘 관심의 대상이 되었다.
    한편, 재구조화는 독자적인 음운 변화나 인접음의 영향에 따른 재
구조화만 있는 것이 아니다. 공시적인 음운 과정에 따른 교체형이
재구조화의 단초가 되는 경우도 있다. 다만, 공시적 음운 규칙에 따
른 경우에는 이형태들을 공시적 음운 규칙으로 설명할 수 있기 때
문에 재구조화의 직접적인 이유는 되지 않는다. 이 경우에는 패러다
임 속에서의 단일화로 재구조화가 실현된다는 특징이 있다. 가령,
'무릎'[膝]의 경우는 중부방언에서 '무릅'으로 재구조화 과정에 있다.

(17) ㄱ. 무릅꽈, 무르플, 무르페, 무름만

     ㄴ. 무릅꽈, 무르블, 무르베, 무름만

(17ㄱ)에서 '무릎'은 자음 어미일 경우 '무릅'으로, 모음 어미일 경우 '무릎'으로, 그리고 비음 어미일 경우에는 '무름'으로 실현된다. 이들 이형태는 '무릎'을 기저형으로 하여 자음 어미 앞에서는 음절 말음 'ㅍ'이 'ㅂ'으로 중화되고, 비음 어미 앞에서는 비음화를 겪는다고 설명할 수 있다. 반면 (17ㄴ)에서는 자음 어미뿐 아니라 모음 어미 앞에서도 '무릅'으로 실현되어 기저형이 '무릅'으로 재구조화된 것이다. 이것은 자음 어미 앞에서의 이형태 '무릅'이 모음 어미에까지 분포가 확대된 것으로, 이형태를 단일화시키려는 화자의 노력에 따른 것이다. 그런데 (17ㄱ)의 활용형에서 재구조화의 1차적인 원인이 된 음절말 중화는 공시적으로 인정되었던 규칙이다. 공시적인 음운 과정도 재구조화의 요인으로 작용할 수 있음을 보여준다.38)

재구조화의 형성 요인에는 음운 변화나 음운 과정 등 음운론적인 요인만 있는 것은 아니다. 형태론적인 층위의 요인으로도 재구조화가 일어날 수 있다. 가령, 패러다임 속의 여러 교체 이형태를 '단일화'하려는 화자의 의도에서 비롯된 재구조화가 있을 수 있다. 여기

---

38) 물론, '무릎>무릅'의 결과만으로 본다면 '무릅'의 실현은 이미 통시적인 사실이 될 수 있다. 그러나 여기에서는 이러한 변화를 가져오게 한 동인이 된 음운 현상, 즉 중화가 공시적인 음운 현상이었다는 점에 관심을 둔 것이다.

서 단일화란 '패러다임의 평준화'(paradigmatic leveling), 또는 '평준화'(leveling)[39]라고도 하는데, 문법적이나 의미적으로 관련을 맺고 있는 어형들이 그 유사성 때문에 음운적으로도 같아지거나 비슷해지는 현상이라고 할 수 있다. 이것은 변화의 결과만 보면 패러다임 속의 형태음운론적 교체를 완전히 또는 일부 없애는 결과를 불러오기 때문에 교체 이형태를 제거한다는 의미로 받아들일 수 있다(박기영 1995, 김현 2003).[40] 평준화의 결과 이형태가 단일화되므로 '단일화'라고도 한다. 따라서 평준화의 기준은 변화 전과 변화 후의 관점에서 이형태의 수를 감소시켰느냐 여부로 판단할 수 있다. 평준화의 예로 자주 거론되는 '무릎>무릅'의 변화는 'ㅍ>ㅂ'과 같은 음운 변화로 보아서는 곤란하다. 이것은 평준화로 보는 것이 합리적이다(강창석 1985, 배주채 1989).

(18) ㄱ. 무릎 : /무릎/(모음 어미)~/무릅/(자음 어미)
     ㄴ. 무릅 : /무릅/(모든 환경)

(18ㄱ)에서 '무르피, 무르플, 무릅또'와 같이 곡용하여 /무릎~무

---

39) 'leveling'(또는 levelling)을 일반적으로 'analogical leveling'으로 사용하는데, 국어에서는 '유추적 평준화'나 '유추적 수평화'로 불러왔다. 그러나 서구에서도 'levelng'만으로 사용하고(Lediti 2000), 국어에서도 '유추적'이라는 수식어 없이 '평준화'나 '단일화'라는 용어로 많이 쓰인다. 또, 평준화에서 유추의 개념이 반드시 들어갈 필요가 없다는 점에서 이 책에서는 '평준화'를 주로 쓰되 경우에 따라서 '단일화'라는 용어도 쓰기로 한다.

40) '평준화'의 개념이나 국어에서의 예들은 김현(2003)에 잘 설명되어 있다.

릅/의 교체를 보인다. 이들 교체 관계는 음절말 중화라는 음운 규칙으로 설명할 수 있다. 그러나 (18ㄴ)에서는 모음 어미일 때의 이형태인 '무릎'이 나타나지 않고 어느 환경에서나 '무릅'으로 나타나는 것이다. 즉, (18ㄱ)과 (18ㄴ)을 비교해 보면, (18ㄴ) 시기에는 '무릎'이라는 이형태가 교체형에서 사라졌음을 볼 수 있다. 그러므로 교체형이 감소되었으므로 평준화가 실현되었다고 볼 수 있다.

그런데 평준화가 패러다임 속의 교체 이형태를 단일화하려는 의도에서 비롯되었으므로 형태론적인 요인에 따른 재구조화로 볼 수 있지만, 평준화의 직접적인 이유는 음운론적인 문제로 귀착된다. 즉, 음운 변화에 의해 교체 이형태가 발생하고, 이것이 일차적인 원인이 되어 결국 교체 이형태를 단일화하려는 화자의 심리적인 이유에서 이차적인 단일화를 겪는다.[41] 가령, 중세국어의 '빋'[債]은 ㄷ-구개음화에 따라 '빚'이라는 교체형을 갖는데, 이 새로운 교체형에 따라 단일화를 겪게 된다(곽충구 1995).

    (19) ㄱ. 빋이, 빋을, 빋에
        ㄴ. 빚이, 빋을, 빋에
        ㄷ. 빚이, 빚을, 빋에
        ㄹ. 빚이, 빚을, 빚에

---

41) 실제로 곽충구(1994ㄴ)은 교체 계열의 단순화를 음운 규칙에 의한 단순화와 음운체계의 변화에 의한 단순화, 비자동적 교체의 단일화, 오분석(meta-analysis)에 의한 단일화 등으로 나누어 제시하였다.

(19ㄱ)은 구개음화 규칙이 적용되기 전의 곡용 양상인데, 구개음화 규칙이 새롭게 첨가되면서 (19ㄴ)과 같이 주격의 '이' 앞에서 '빛'으로 교체되었다. 그리고 새로운 교체형은 (19ㄷ)에서와 같이 구개음화 규칙의 적용 환경이 아닌 '을'에까지 확대되고, 결국 (19ㄹ)에서와 같이 모음 어미 전체에까지 확대되어 '빋>빛'의 재구조화가 완성되었다. 이러한 재구조화의 일차적인 요인은 구개음화 규칙에서 비롯되었고, 새로운 규칙 때문에 생긴 /빋~빛/의 교체 관계를 단일하게 하려는 화자의 심리적인 요인에 의해 이차적으로 재구조화를 겪었다고 할 수 있다.

이형태를 단일화하려는 화자의 심리적인 동기는 비단 어간 부분에만 적용되는 것은 아니고 어미 부분에도 충분히 적용될 수 있다. 가령, 중부방언 가운데 청주 지역어에서는 어미구조체 '-어야'가 어간 말음이 모음에 후행할 경우에 '-야'로 재구조화되었다.

(20) ㄱ. 먹어야지[食], 잡어야지[握], 밀어야지[推]

ㄴ. 가야지[去], 자야지[宿]

ㄷ. 오야지[來], 보야지[視]

ㄹ. 쓰야지[用] 끄야지[消]

ㅁ. 기야지[伏]

ㅁ'. 마시야지[飲], 가시야지[去]

(20ㄱ)에서 어간 말음이 자음일 경우는 '먹어야, 잡어야'처럼 '-어야'로 실현된다. 그리고 (20ㄴ)과 같이 어간 말음이 '아/어'인 경

우는 '–어/아'가 탈락된다.[42] 이것은 중부방언에서 보이는 공통적인 현상이다. 그러나 그 밖의 개음절 구조에서는 결합되는 어미에 차이가 있다. (20ㄷ)과 같이 어간 말음이 '오'라든지 (20ㄹ)과 같이 '으'인 경우는 각각 활음화를 통해 '와야'나 '써야' 등으로 실현되는 것이 중부방언의 일반적인 양상임에 비해, 이 방언에서는 활음화나 '으'탈락을 겪지 않고 '–아/어'가 탈락하여 결국에는 '–야'만 어간에 결합되는 것이다. 이러한 양상은 (20ㅁ, ㅁ')와 같이 어간 말음이 '이–'인 경우나 선어말어미 '–시–'가 선행하는 경우에 활음화를 겪지 않는다는 점에서도 엿볼 수 있다. 이것은 (20ㄴ)과 같이 어간 말음이 '아/어'인 어형에 '–야X'가 결합되는 것에 이끌려 말음이 모음인 다른 어간에까지 확대된 것으로 설명된다.

평준화가 실현되는 데에 음운론적인 문제가 일차적인 요인으로 늘 작용하는 것은 아니다. 이전 시기에 비자동적 교체를 보이던 어형들이 단일하게 재구조화를 경험하기도 한다. 중세국어의 'ᄌᆞᆷ–' 와 '잠–'[鎖]은 각각 자음 어미와 모음 어미에서 실현되는 교체형이었다. 이들은 현대국어에 '잠그–'로 이어지는데, 충남의 서부지역에서는 다음과 같은 활용 양상을 보인다(곽충구 1995).

(21) 장가라, 장는다, 장찌 마라, 장꾸 있다.

---

42) 이때 탈락하는 음이 어간 말음인지 어미의 두음인지는 판단하기 쉽지 않다. 다만 어간 말음이 모음인 경우 모두 '–야지'로 실현되므로 이 환경에서도 어미의 두음이 탈락한 것으로 볼 수 있다.

(21)의 활용 양상에서 모음 어미에서는 '장ㄱ-'으로 자음 어미 앞에서는 '장ㅎ-'으로 실현되는데, 이들의 기저형은 /장ㄱ-/으로 보아 자음 어미 앞에서 자음군 단순화를 겪은 것으로 볼 수 있다. 그런데 이들 어간은 이전 시기에 보이던 /쥼-~ᄌᄆ-/의 교체형 가운데에서 '쥼-'형으로 단일화를 겪은 다음, 이 'ㅁ'의 연쇄에서 위치동화에 의해 /장ㄱ-/으로 재구조화를 겪은 것으로 보인다. 이렇게 본다면 결국 비자동적 교체를 보이던 어간이 단일한 교체형으로 변화되었음을 알 수 있다.

음운 변화나 음운 과정, 그리고 형태·통사론적인 유형 이외도 혼효(blending)와 재분석(reanalysis), 그리고 유추에 따른 재구조화가 있다.[43] 혼효에 따른 재구조화는 교체 관계에 있는 두 어형이 서로 혼합되어 새로운 어간형을 도출해 내는 것을 말한다. 가령 중부방언에서 나타나는 어형 '덥-'[暑]의 변화에서 찾을 수 있다.

(22) ㄱ. 덥고, 더보니, 더버서

　　　ㄴ. 덥고, 더우니, 더워서

　　　ㄷ. 더웁고, 더우니, 더워서

(22ㄱ)은 중세국어 시기의 활용 양상으로 /덥-~덯-/의 자동적

---

43) 이들 유형은 그 기제가 확실하지 않은 측면이 강하다는 공통점이 있다. 실제로 어떤 한 어형이 재구조화를 겪었는데, 그것이 혼효냐 재분석이냐를 구분하는 문제는 단순하지 않다. 여기에서는 널리 알려진 예 등을 중심으로 살펴보기로 한다.

교체를 보인다. 그러나 'ㅸ >w'의 변화에 따라 자음 어미 앞에서는 '덥-'으로, 매개모음이나 모음 어미 앞에서는 '더우-'로 교체된다. 이것은 중세국어에 어간 말음 'ㅸ'을 가진 어형과 동일한 성격을 갖는다. 그러나 (22ㄷ)에서는 자음 어미 앞에서는 '더웁-'으로 모음 어미 앞에서는 '더우-'로 실현되어, (22ㄴ) 단계와는 또 다른 교체 양상을 보여준다. /더웁-~더우-/의 교체형들은 모두 그 자체가 기저형으로 인정될 것인데, 이 가운데 '더웁-'은 모음 어미 앞에서의 '더우-'형과 자음 어미 앞에서의 '덥-'형을 단일화하려는 노력에서 비롯된 혼효형으로 볼 수 있다(한영균 1985).

재분석에 따른 재구조화는 흔히 유추로 인식되기도 하였다.[44] 재분석은 언중들이 어떤 어형에서 기저형을 이전과는 달리 분석하거나 형태소 경계를 이전과 달리 인식함으로써 기저형이 변화하는 현상이다. 가령, 장윤희(2002)에 따르면 근대국어의 '머므르-'는 '머믈우-'의 활용형 '*머무뤄'에서 '뤄'의 음절 구조상의 특이성 때문에 '머므러'로 실현되고, 이 '머므러'를 화자들이 '머므르-'의 활용형으로 재분석하여 재구조화가 실현된 것으로 보았다.

(23) ㄱ. 다숫 곶 두 고지 공중에 <u>머믈어늘</u>(월인석보 1:4ㄱ)

　　　ㄴ. 내 발을 <u>머므르고</u> 드른 즉(명의록언해 권수 상:34ㄴ)

　　　ㄷ. 아모 명식 사룸의 <u>屍首</u> <u>머무러</u> 둔 곳에 니르러(증수무원록언해 1:70ㄱ)

---

44) 김현(2002·2003)에서는 재분석을 유추와 구별하여, 재분석은 주로 불명추론(abduction)에 기반을 두는 것으로 보았다.

위의 예는 장윤희(2002)에서 인용한 것인데, (23ㄱ)은 중세국어의 예로 '머믈-'은 자동사적인 용법을 보인다. 반면 (23ㄴ)은 근대국어의 용법으로 이때의 '머므르-'는 타동사적인 용법을 보인다. 그런데 중세국어에서는 (23ㄴ)과 같은 환경에서 사동사 '머믈우-'가 사용되었으므로 '머믈-'이 '머므르-'로 재구조화되었다고 설명하기에는 용법의 차이가 있다. (23ㄷ)의 예는 근대국어에서 '머무러'가 타동사적인 용법을 보이는 것인데, 이때의 '머물-'은 모음 어미에만 한정되어 출현한다. 그러므로 이것을 '머무뤄'의 실현형으로 보는 것이다. '머무뤄'는 '뤄'가 국어의 음절 구조상 특이한 존재이므로 '머무러'로 실현되고, 이 '머무러'를 '머무르-'의 활용형으로 재분석한 것이다.

'유추'에 의한 재구조화는 어떤 형태소의 기저형이 다른 형태에 유추되어 변화를 겪은 경우를 말한다(송철의 2001ㄴ). 가령 중부방언의 '네모낳-'은 '동그랗-'에 유추되어 새롭게 형성된 어형이다.

(23) ㄱ. 동그라타, 동그라니, 동그래
     ㄴ. 네모나타, 네모나니, 네모나서

(23ㄴ)의 '네모낳-'은 이전 시기에 '네모나다, 네모나니, 네모나서' 같은 규칙활용을 보이는 어형인데, (23ㄴ)과 같이 어간 말음 'ㅎ'을 새롭게 가진 어형으로 재구조화되었다. 이것은 (23ㄱ)의 '동그랗-'의 활용 패러다임에 유추되어 불규칙적인 교체를 보이는 경우이다(김창섭 1996, 김봉국 2004).

2.4. 재구조화의 어휘부 등재 양상

하나의 어형이 재구조화될 때에는 다양한 양상으로 나타날 수 있다. 재구조화가 일어나는 결과만을 감안할 때 단일한 변화형을 보이는가 하면 복잡한 변화형을 보여주기도 한다. 단일한 기저형이란 한 어형의 교체 관계가 하나의 기저형으로 모든 교체형을 설명할 수 있는 경우이다. 이에 비해 복수의 기저형을 설정하는 경우도 있는데, 교체형을 공시적인 음운 과정으로 설명할 수 없는 경우에 해당한다. 여기에는 어휘부 등재 방식에 따라 복수 기저형도 있고, 쌍형어로 나타나는 경우, 그리고 활용형 자체를 어휘부에 등재해야 하는 경우도 있다.

재구조화된 어형이 시간에 따라 변화를 보이고, 그 변화가 변화 후에 존재하는 공시적 규칙으로써 설명할 수 없는 경우가 있는데, 이때에는 교체형들이 단일하게 재구조화된 경우에 적용될 수 있다. 가령, 현대국어의 '치-'[打]는 변화 후의 교체형들이 단일하게 재구조화된 예로 적절할 듯하다.

(25) ㄱ. 티- : 티고, 티니, 텨
     ㄴ. 치- : 치고, 치니, 처

현대국어의 '치-'는 이전 시기에는 '티-'였다. '티-'는 (25ㄱ)과

같이 자음 어미나 매개모음 어미가 올 때는 '티-'로 나타나지만, 모
음 어미가 올 때는 어간말 모음 '이'의 활음화 때문에 '텨'와 같이
상향이중모음을 형성한다. 이런 활음화 현상은 '이기-'[勝]와 모음
어미의 결합이 '이겨'로 실현되는 것과 같이 공시적인 현상으로 설
명할 수 있다. 그런데 중세국어의 '티-'는 ㄷ-구개음화를 겪어 (25
ㄴ)과 같이 '치-'로 변한다. '치-'는 '치고, 치니, 쳐'와 같이 '/치~
ㅊ/'로 교체되는데, '지고, 지니, 저서'[負]와 같이 구개음 뒤의 'j'
탈락과 관계있다. 그러므로 '치-'는 그 자체가 기저형이 되어야 하
므로 '티-'는 단일한 기저형 '치-'로 재구조화되었다고 할 수 있다.

　이와는 달리 변화 후의 교체형들이 공시적인 음운 현상으로 설명
할 수 없는 예들도 있다. 특히 교착어적인 특징을 가진 국어는 어간
과 어미가 결합하는 과정에서 다양한 교체 양상이 나타날 수 있는
데, 이 가운데 특히 불규칙적인 교체 양상을 띠는 경우가 있다. 가
령, 'ㅂ-불규칙 용언'으로 알려진 '곱-'[麗]의 경우를 살펴보자.

　(26) ㄱ. 곱고, 고ᄫᅳ니, 고ᄫᅡ서
　　　 ㄴ. 곱고, 고오니, 고와서
　　　 ㄷ. 곱고, 고우니, 고와서

　(26)은 'ᄀᆞᆲ->곱-'의 변화 과정을 나타낸 것이다. (26ㄱ)은 중세
국어 초기의 양상으로 'ᄀᆞᆲ-'은 자음 어미가 올 때는 '곱'으로 매개모
음 어미나 모음 어미가 올 때는 'ᄀᆞᆲ'으로 실현된다. 이들 교체형은
이 시기의 자음 어미 앞에서 'ㅸ→ㅂ'의 음운 과정으로 설명할 수

있다. 그러나 15세기에 있었던 'ㅸ'의 'w'로의 변화에 따라서 (26ㄴ) 과 같은 패러다임으로 변화하는데, 이때의 두 교체형 '곱-'과 '고오-' 의 관계는 어느 하나에서 다른 교체형을 도출할 수 없다. 이렇게 불 규칙적인 교체 양상을 띨 경우 이들 교체형을 단일한 기저형에서 도 출한다면 그 규칙은 필연적으로 추상성을 띨 수밖에 없다. 그리고 그것은 문법 기술을 복잡하게 할 뿐 아니라 언어 사실을 왜곡하는 결과를 불러올 것이다. 그러므로 이들 교체형들을 각각 어휘부에 등 재하여야 한다(최명옥 1980/1982).

여기서 교체 이형태들을 어휘부에 각각 등재한다는 것은 결국 기 저형을 복수로 상정한다는 의미이다. 즉, 재구조화는 어간이 발생하 는 환경에 따라 달리 일어날 수 있는데, 이럴 경우 기저형도 복수로 존재하고 화자는 필요에 따라 '선택적'으로 둘 가운데 하나를 사용 한다는 것이다. 결국 복수 기저형이란 "하나의 패러다임 속에서 음 운론적 환경에 따라 상보적인 분포를 보이며, 공시적인 규칙으로 도 출할 수 없는 이형태들"(김봉국 2004) 정도의 의미를 갖는다. 한편, (26ㄴ)과 같은 패러다임에서 이때의 교체형을 기술하는 방법에는 다음과 같은 경우가 있을 수 있다.

   (27) ㄱ. /곱-/(자음 어미)～/고w-/(모음 어미, 매개모음 어미)
       ㄴ. /곱-/(자음 어미)～/고오-/(모음 어미, 매개모음 어미)

(27)에서 문제가 되는 것은 모음 어미와 매개모음 어미가 올 때 기저형을 어떻게 설정할 것인가 하는 점이다. (27ㄱ)과 같이 복수

기저형을 설정하면 모음 어미일 경우 '고와'를 설명할 수 있지만, 활용형 '고우니'에 대해 'w+으→우'라고 하는 음운 과정을 설정해야 하는 부담이 있다. 그리고 이러한 규칙 설정의 타당성을 떠나 /고w-/와 같은 기저형을 인정할 경우, 국어에 하향성 이중모음을 인정해야 하는 부담이 있다(한영균 1984). 그런데 /고w-/와 같은 기저형은 결국 기저형 설정 조건을 만족시키지 못한다(이진호 2002). 반면 (27ㄴ)은 매개모음 어미나 모음 어미일 경우 모두 만족시키고, 모음 어미일 경우 활용형 '고와'는 활음화라고 하는 음운 과정에 의해 설명될 수 있으므로 적절한 기술 방법이 될 것이다.[45]

그런데 복수 기저형을 설정한다고 해서 반드시 기저형을 두 개로 한정할 필요는 없다. (27ㄷ)의 경우 역시 음운 규칙으로 설명할 수 없기 때문에 복수 기저형을 설정하여야 하지만, 복수 기저형을 어떻게 설정할 것인가에 대해서는 몇 가지 방법이 있다.

(28) ㄱ. /곱-/(자음 어미)~/고우-/(모음 어미, 매개모음 어미)
     ㄴ. /곱-/(자음 어미)~/고w-/(모음 어미, 매개모음 어미)
     ㄷ. /곱-/(자음 어미)~/고우-/(매개모음 어미)~/고오-/(모음 어미)

(28ㄱ)과 같은 방법은 '고우니'와 같은 활용형을 설명할 수는 있

---

45) 이하 이 책에서는 '듧-[穿]의 경우 /듧-/(자음 어미)~/들우-/(모음 어미 매개모음 어미)와 같은 기술을 원칙으로 한다.

지만, 어간말모음이 '우'인 어형 '배우-'에 모음 어미가 올 경우 활음화에 의해 '배워'로 실현되므로 '*고워'라는 잘못된 활용형을 도출할 수 있다. 그러므로 기저형을 /고우-/로 설정할 경우, 모음 어미가 올 때 실현형 '고와'를 설명할 수 없다. 그러므로 (28ㄴ)과 같은 복수 기저형의 설정도 타당하지 않다. 이러한 점을 극복하기 위해 김경아(1990)에서 제시된 것이 (28ㄷ)과 같은 방법이다. (28ㄷ)은 기저형이 세 개가 제시되었는데 각 환경에 나타나는 교체형을 충실히 반영하였다는 특징이 있다.46) 그러므로 복수 기저형은 기저형을 두 개로 한정할 필요가 없다.

한편, 재구조화된 어형과 기존의 어형이 각각의 패러다임을 가지고 있어서 두 어형이 공존하는 경우도 있다. 흔히 쌍형어47)(doublet)로 인식되는 예들이 그것이다. 가령, 현대국어의 '무엇'과 '무어'는

---

46) 현재까지는 다른 대안이 없으므로 가장 적절한 기술 방법이라 생각한다.

47) 쌍형어는 서구 언어학적인 개념으로는 "한 언어 내에서 동일한 기원에서 출발하였지만 상이한 도출적 역사를 갖는 단어들의 쌍"을 의미하는데(Palmatier:1972), 여기서의 '상이한 도출적 역사'라는 것은 한 언어 안에서 겪는 여러 음운 변화나 분열(split)을 의미할 수도 있지만, 인접 방언(언어)에서 차용(borrowing)된 경우를 의미하기도 한다. 한편 Bynon(1977/1992:309)에서는 쌍형어를 "하나의 단일한 문법 내부에서 똑같은 단어에 대한 몇 가지의 발음이 공존하는 것"으로 보기도 한다. 만약 전자의 개념으로 본다면 쌍형어의 가장 중요한 조건은 '동일한 기원'의 여부로 해석된다. 그러나 국어에서는 주어진 두 어형이 동일한 기원이라는 것을 확인할 방법이 마땅하지 않다. 예를 들어 중세국어의 '직직ᄒ-'[粗]와 '칙칙ᄒ-'[密]가 동일한 기원이어서 쌍형어로 처리되어야 할 것인지, 아니면 서로 다른 어형으로 처리될 것인지 판단하기는 어렵다. 그러므로 이러한 정의를 그대로 받아들일 수는 없고, 국어에서는 "의미가 동일하고 형태론적 통사론적 기능이 동일한 두 어형" 정도로 보는 것이 좋다.

'무엇'에 음운 변화가 일어나 '무어'가 나타난 것으로 보인다. 그런데 특정한 환경에서 교체형으로 쓰이던 '무어'는 다른 어미에까지 교체가 확대되어 현재는 독자적인 패러다임을 가질 뿐만 아니라, 오히려 '무엇'은 문어에서나 쓰일 정도로 '무어'(뭐)의 세력이 확장되었다.

(29) ㄱ. 무엇 : 무어시, 무어슨, 무어슬, 무어세, 무얼꽈
　　　ㄴ. 무어(뭐) : 무어가, 무어는, 무어를, 무어에, 무어와

(29)에서와 같이 기존의 어형인 '무엇'과 신형인 '무어'(뭐)는 서로 완전한 패러다임을 가지고 있다. 이들은 모두 어휘부에 등재하여야 할 것이다. 아직 완결된 변화는 아니지만 아마도 '무엇>무어(뭐)'의 변화를 가정한다면 '무엇'과 '무어'는 쌍형 관계로 볼 수 있다. 한편 공존형 가운데 한 어형이 특정 어미가 뒤에 올 때만 나타나 결국 부분적으로 중복 분포를 보이는 경우도 있다.

(30) ㄱ. 니르러니, 니르로미, 니를어나, 니르르샤ᅀᅡ, 니를면
　　　ㄴ. 니르거나, 니르더니, 니르시니, 니르며

(30)은 '니를-'과 '니르-'[조]의 분포를 보인 것이다. (30ㄱ)에서 '니를-'은 자음 어미가 뒤에 오든 모음 어미가 뒤에 오든 분포에 제약을 받지 않는다.48) 그러나 '니르-'는 '니르며', '니르거나', '니르시니' 등만 확인되지 '-아/어'나 '-옴/움' 등 모음 어미가 뒤에 올 때

는 분포에 제약을 가져와 '*니러'나 '*니롬' 등으로 나타나지 않는다.
특이한 것은 (30ㄱ)의 '니르르샤ᄉ'와 (30ㄴ)의 '니르시니'를 고려
할 때 '-ᄋ시-'와 통합하는 것은 두 어형 모두 가능하다. 중세국어
의 '-ᄋ시-'는 '아르시ᄂ니잇가'[知]처럼 ㄹ-어간말 용언과 통합할
때 어간 말음 'ㄹ'을 탈락시키지 않는다. 따라서 (30ㄴ)의 '니르시니'
는 '니르-'의 활용형으로 처리되어야 한다. 이렇게 본다면 '니를-'
은 활용상으로 완전한 패러다임을 갖는 반면, '니르-'는 자음 어미
가 올 때나 '-ᄋ시-'가 뒤에 올 때만 가능하다고 하겠다.

　어휘부에 등재되는 복수 기저형과 쌍형어는 어떠한 차이가 있는
가에 주목할 필요가 있다. 이들은 분포에서 차이를 보인다. 즉, 복수
기저형은 교체 이형태들이 상보적 분포를 갖는 반면, 쌍형어는 이형
태의 교체가 아니라 두 어형이 각각의 패러다임을 갖는 것이다. 쌍
형어는 두 어형이 서로 완전한 패러다임을 갖기도 하지만, 중복 분
포를 보이기도 한다. 가령, '무엇'과 '무어(뭐)'는 서로 완전한 패러
다임을 가지고 있는 반면 '니를-'과 '니르-'의 경우, '니를-'은 완전
한 패러다임을 가지고 있지만 '니르-'는 모음 어미가 올 경우 분포
상 제약을 갖는 불완전한 패러다임을 가진다. 그러므로 '니를-'과
'니르-'는 모음 어미를 제외한 경우에 중복 분포를 보인다고 할 수

---

48) 엄밀히는 자음 어미 가운데 'ㄷ'-계 어미와 '니를-'이 결합한 활용형은 보이지
　　않는다. 즉, '*니를더나', '*니를디' 등의 활용형은 없고, 이때에는 '니르더X, 니르디'
　　등으로만 실현된다. 이것은 어간 말음 'ㄹ'이 어미의 두음 'ㄷ' 앞에서 탈락되는
　　'ㄹ탈락' 규칙이 있었기 때문이다.

있다. 따라서 이들의 어휘부 등재 양식도 달라야 한다. 복수 기저형의 경우는 하나의 어휘 항목 속에 각각의 출현 환경을 밝혀야 하는 반면, 쌍형어는 각각의 형태가 개별 어휘 항목으로 어휘부에 등재되어야 하는 점에서 차이가 있다.

복수 기저형이나 쌍형어 등과 같은 어휘부 등재 양식이 아니라 활용형과 곡용형 자체를 어휘부에 등재해야 하는 경우도 있다. 복수 기저형으로 설정된 어느 하나의 출현 환경이 극도로 제한적이라든가 몇몇 환경에서만 나타나 일반화할 수 없는 경우에는 활용형이나 곡용형 자체를 어휘부에 등재해야 하는 것이다. 가령, '데리-'[率]는 활용형으로 '데리고, 데리러, 데려다(가)' 등만 가능한 불완전 동사이다. 그런데 중부방언 가운데 청주 지역어에는 이 어형이 다음과 같은 활용 양상도 보여준다.

(31) ㄱ. 델러 (와), 델쿠 (와), 델다가
ㄴ. 딜러 (와), 딜쿠 (와), 딜(디리)다가

(31ㄱ)에서 모음 어미가 올 때는 '델르-'로 자음 어미일 때는 '딣-'로 그리고 '-다가' 앞에서는 '델-'로 실현되는 패러다임이 있다. 또, (31ㄴ)과 같이 동일한 환경에서 '딜르-, 딣-, 디리-' 등의 패러다임도 보인다.49) 이들 활용형들은 그 기저형을 설정하기조차 어렵고, 또 활용형 자체가 특정 어미에만 한정된다는 점에서 어간과 어미가

---

49) '델르-'과 '딜르-'은 이 지역어에 나타나는 고모음화에 따른 수의적 교체형이다.

공시적인 결합에 의해 형성된 것으로 보기 어렵다. 그러므로 이들은 활용형 자체가 어휘부에 등재되어야 한다고 보는 것이 합리적일 것이다. 이상의 내용을 간단히 표로 보이면 다음과 같다.

(32) 재구조화의 어휘부 등재 방식

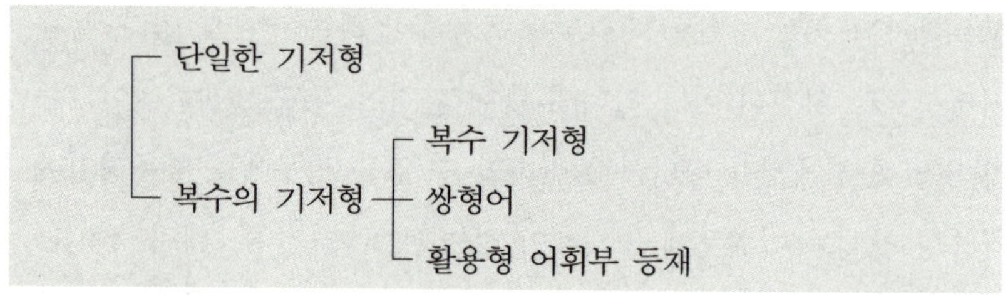

2.5. 재구조화의 단계성

언어 변화가 급진적인가 점진적인가에 대한 문제는 늘 관심의 대상이었다. 논의의 여지가 있지만 언어 변화는 급진적이라기보다는 점진적이라는 것을 인정하는 추세다. 가령 라스(Lass 1984)에서는 음변화가 급진적으로 일어나는 것이 아니라 점진적으로 일어난다는 '음성적 점진성'(phonetic gradualness)을 인정하고 있다. 그런데 언어는 안정적인 체계가 아니라 늘 변화의 요소를 내재한 불안정한 체계이므로 변화의 요소가 실제적으로 나타날 때 모든 요소를 한꺼번에 변화시키지는 않는다. 즉, 변화 이전의 흔적과 변화 후의 요소가 함께 나타날 수 있다.

변화 이전의 흔적과 변화 후의 요소가 함께 나타나는 단계는 흔히 중간 단계나 전이 단계로 생각할 수 있다. 즉, A가 B로 변한다고 할 때 중간 단계로서 전이 단계를 거쳐 비로소 변화가 완결된다는 것이 보편적인 언어 사실이다.[50] 여기서 중간 단계라는 것은 변화의 내용에 따라 여러 형태로 나타날 수 있는데, 대표적인 것은 변화 이전의 모습 A와 변화 후의 모습 B가 함께 관찰되는 '공존'의 단계이다. 이 공존의 단계를 거쳐 변화의 내용이 전체로 확산되어 변화가 완결되면 '일반화'된다고 할 수 있다.

(33) 변화의 일반적인 양상

		공존		일반화
		A/B		
A	>		>	B
		B/A		

(33)은 변화의 일반적인 양상을 간단히 나타낸 것이다. A는 변화 전의 비교적 안정된 상태라고 할 수 있다. 여기에 어떠한 이유로 해서 변화의 요소 X가 개입되면 변화 이전의 모습인 A와 변화 후의 요소 B가 공존하게 된다. 이 가운데 공존의 단계인 A/B는 변화의 초기에 해당된다. 이 시기는 A의 빈도나 세력이 우세하다. 반면 변화가 점차 확산되고 B가 세력을 확장하여 B가 우세를 점하는 시기

---

50) Hopper & Traugot(1993)에서도 문법화와 관련하여 중간 단계인 '공존'이 있음을 강조하였다.

가 B/A이다. 그리고 변화가 완결된 것이 '일반화' 단계인 B라고 할수 있다.

언어 변화에 대한 연구에서 '공존'의 단계는 늘 관심이 집중될 수밖에 없다. 변화의 시작과 과정이 '공존'에 있기 때문이다. 음운론적인 연구에서 공존의 단계는 새로운 음운 규칙의 발생과 확산 등이 거론될 수 있을 것이다. 또, 새로운 규칙의 확산에 대한 화자들의 심리적 실제를 나타내는 내용, 특히 과도 교정 문제도 공존의 단계에서 왕성하게 일어날 수 있다. 국어의 구개음화의 양상은 이러한 예에 부합할 것으로 생각된다. 중세국어의 'ㅈ, ㅊ' 등은 구개음이 아니라 치음이었고, 이들이 구개음으로 실현된 뒤에야 'ㄷ'-구개음화가 가능하다는 인식은 음운 변화가 단계적으로 일어난다는 선험적 인식에 기초한 것이다.

형태론적인 변화에서도 변화의 단계성은 감지된다. 가령, 과거시제의 '-었-'은 기원적으로 [-어#이시(잇)-]의 통사적 구조체에서 근대국어에 '-엇-' 등을 거쳐 이것이 현대국어의 '-었-'으로 이어진다. 이 가운데 근대국어의 '-엇-'은 이전 시기의 통사적인 구조체에서 잘 드러나지 않던 '완료'의 의미를 보이기도 한다. 변화의 결과만 본다면 통사적 구조체에서 과거 시제 선어말어미로 변화되었다고 볼 수 있지만, 그 변화의 과정에서 '완료'의 기능을 보이는 중간 단계를 겪었음을 알 수 있다.

의미 변화에서도 변화의 단계성을 확인할 수 있다. 조항범(1996)에 따르면 중세국어의 '겨레' 또는 '결에'는 한자어 '족'(族)이나 '종족'(宗族), '친척'(親戚) 등에 대응하면서 '권당'과 함께 주로 '친척'의 의미로 많이 쓰였다. 이 '겨레'는 18세기에도 '권당'의 세력까지 흡수하면서 활발히 사용되었으나 19세기 이후 한자어 '친척'에 밀려 세력이 위축되었다. 그리고 급기야 20세기 이후에는 '민족'의 의미로 변화되었다. 의미 변화의 결과만 고려한다면 '겨레'는 '친척>민족'으로 적용 범위가 확대되었다고 할 수 있다. 그러나 변화의 중간 단계의 모습으로 '결에'가 '집단'이나 '무리'의 의미를 보이기도 한다. '소리겨레'[51]나 '바늘겨레'[52] 등은 '겨레'가 '집단'이나 '무리' 또는 '그러한 성격의 물건'의 의미로 사용되었음을 보여준다.

'기저형의 변화'인 재구조화도 점진적으로 변화한다는 것을 가정할 수 있는데, 재구조화도 한꺼번에 이루어지는 것이 아니라 단계적인 변화 과정을 거쳐 완성된다고 보는 것이 자연스럽다. 특히 재구조화는 결합되는 어미의 환경별로 변화의 속도가 진행된다는 것을 확인할 수 있다.

   (34) ㄱ. 가고, 가더라, 가머/모, 가도
       ㄴ. 하고, 하더라, 하머/모, 해애도(경북 영덕)

위는 최명옥(1980)에서 제시된 예[53]인데, 어간 말음이 '아'인 '가-'

---

51) '소리겨레'는 'phoneme'에 대한 번역어로 쓰였다.
52) '바늘겨레'는 '바늘을 꽂아 두는 물건'이라는 의미로 《한글학회 지은 큰사전》(1957)에 올라 있다.
53) 제시된 예 가운데에서 편의상 성조는 제외하였다.

[去]와 ‘하-’[爲]는 자음 어미나 매개모음 어미가 올 때는 똑같은 활용 양상을 보인다. 그러나 모음 어미가 올 때 ‘가-’는 ‘가’로 실현되지만 ‘하-’는 ‘해:’로 실현된다. /하-~해-/의 교체는 공시적인 음운 규칙으로 설명할 수 없으므로 이들은 복수 기저형으로 상정하여야 한다. ‘하-’가 ‘해-’로 재구조화된 것은 이전 시기부터 있었던 ‘ᄒᆞ야’와 같은 활용형에서 비롯된 재구조화로 볼 수 있다. 즉, ‘ᄒᆞ야>해’의 변화로 볼 수 있다. 이것은 통시적 변화의 결과이며 재구조화의 속도는 어간이 발생하는 환경에 따라 달라질 수 있음(최명옥 1980)을 보여준다.

또, 하나의 어형이 재구조화되는 데에는 어휘부 등재 양상에 따라 일정한 단계를 거쳐 완성되는 것으로 보인다. 즉, 재구조화의 과정도 ‘공존’의 단계를 거치는 것으로 보이는데, 여기에는 일정한 양상이 있다. 가장 흔한 경우는 변화 이전의 안정적인 체계에 변화 요소가 끼어들고 새로운 교체형과 교체 관계가 발생한다. 이들 교체 관계는 공시적인 음운 규칙으로는 설명되지 않을 때가 있는데, 이럴 때는 복수 기저형을 설정해야 하는 경우가 많다. 기존의 교체 관계에 변화의 요소가 개입하여 새로운 교체형이나 교체 관계가 발생한다. 널리 알려진 ‘밭’[田]의 재구조화 과정은 공존 단계에서 복수 기저형을 설정해야 하는 경우의 예로 적절할 듯하다.

   (35) ㄱ. 바티, 바톨, 바트로, 바터
       ㄴ. 바치, 바톨, 바트로, 바터

　　ㄷ. 바치, 바츨, 바츠로, 바테
　　ㄹ. 바시, 바슬, 바스로, 바테(바세)

　(35)는 '밭'의 곡용형을 중세국어부터 현대국어 일부 방언에 나타난 것을 모음 어미에 한정하여 대략적으로 제시한 것이다. (35ㄱ)은 중세국어의 일반적인 '밭'의 곡용 양상인데, 근대국어에 시작된 '이'와의 통합에서 구개음화가 적용되어 (35ㄴ)과 같이 '바치'의 교체형이 새롭게 등장한다.54) 그런데 새로운 교체형 '바치'는 (35ㄷ)에서와 같이 '바츨'이나 '바츠로'처럼 다른 어미에까지 어간 말음이 'ㅊ'으로 확대되는 동인이 된다.55) 한편, '밫'은 19세기 이후에 'ㅊ>ㅅ'의 마찰음화에 의해 (35ㄹ)처럼 '밧'으로 재구조화되었다(곽충구 1984, 최명옥 1993).

　(35)에서 변화의 결과만 본다면 '밭>밫>밧'으로 단순히 기술할 수 있지만, 그 과정을 보면 중간 단계를 거쳐 변화가 이루어졌음을 알 수 있다. (35ㄴ)에서의 교체형56)은 '밭'과 '밫'인데, 이들은 음운 규칙인 구개음화가 적용된 것으로 설명할 수 있다. 반면, (35ㄷ)은 교체형이 '밫'과 '밭'으로 이들의 교체 관계는 공시적인 음운 규칙으

---

54) 위에 제시된 예들이 실제 문헌에서 관찰되는 표기형을 모두 나타낸 것은 아니다. 실제 나타난 표기 양상과 그것에 대한 해석은 곽충구(1984)를 참조할 수 있다.
55) 현대국어 방언을 고려하면 이때 처격조사와의 통합에까지 'ㅊ'이 확대되어 '바체'로 되었는지는 확실하지 않다. 아마도 방언에 따라 실현 여부가 달랐을 것으로 추측된다. 다만, '바체'의 실현 여부가 이 논의에 별다른 영향을 미치지 않는다는 점을 밝혀둔다.
56) 여기서는 논의의 편의상 모음 어미와의 통합에만 초점을 두기로 한다.

로 설명할 수 없다. 이들은 복수 기저형이나 '바체'의 곡용형이 어휘부에 저장되어 있는 것으로 설명할 수밖에 없다.

(36) 밭>밫

<table>
<tr><td>밭</td><td>></td><td>밫
밭</td><td>></td><td>밫</td></tr>
</table>

(36)은 '밭>밫'의 과정을 나타낸 것인데, 여기에는 그 중간 단계로 두 교체형이 복수 기저형으로 설정되어 화자가 환경에 따라 선택하는 것으로 설명될 수 있다.

한편, 공존의 양상이 쌍형어로 나타나는 경우도 있다. 중세국어의 '줗–'[拾]의 변화는 이러한 예로 적절할 듯하다.

(37) ㄱ. 줏고, 주ᅀᅳ니, 주ᅀᅥ도
　　　ㄴ. 주ᄭᅩ, 주우니, 주워도
　　　ㄷ. 줍ᄭᅩ, 주우니, 주워도

(37ㄱ)에서 'ᅀ'이 존재하던 중세국어의 '줗–'은 모음 어미일 때는 /줗–/으로 자음 어미일 때는 /줏–/으로 자동 교체되는 어형이었다. 그런데 'ᅀ'이 소실된 뒤에는 서로 다른 교체 양상을 보여주었다. (37ㄴ)에서 'ᅀ' 소실 이후 /줗–~주우–/로 교체 관계가 변화되었다. 교체형 /주우–/는 원순성 동화에 의해 수의적으로 실현되었으리라 생각하는데, 이와 같은 교체형들은 'β>w' 이후에 'β'를 말

음으로 가졌던 어형과 교체 양상이 같다. 결국 'β'를 말음으로 가졌
던 어형에 유추되어57) (37ㄷ)과 같이 '줍-'이라는 새로운 어형이
나타났다(곽충구 1994ㄴ). 이 가운데에서 '줍-'이 현대국어의 표준어
로 정착되는데, 변화의 결과만 고려한다면 '줒->줍-'으로 볼 수 있
지만, 근대국어 시기에는 /줒-~주우-/의 교체를 보여주는 어형이
있는가 하면 /줍-~주우-/의 교체를 보여주는 쌍형어가 있었음을
알 수 있다. 그러므로 쌍형어는 공존의 한 유형으로 볼 수 있다.

2.6. 소결

국어 음운론 연구에서 재구조화에 관심을 가진 것은 그리 오래
되지 않았지만, 최근 연구에서는 매우 활발히 다루어지는 주제 가운
데 하나다. 그 까닭은 언어 변화의 방향이나 변화에 대한 화자의 심
리적인 측면이 재구조화만큼 잘 반영되는 경우도 드물기 때문이다.
이 책에서는 재구조화에 대한 전반적인 내용을 다루었지만 재구조
화의 개념이나 유형 등 좀 더 치밀한 고찰까지는 이르지 못한 아쉬

---

57) 위의 예에서 '낳-'과 같은 어형은 'ㅿ' 소실 이후 보이는 일반적인 변화를 따라
재구조화되었음에 비해 '줒-'과 같은 어형은 일반적인 변화를 따르지 않은 어형
인데, 이들의 재구조화 과정은 서로 다른 기제에 의해 형성되었다. '낳-'은 음운
변화가 직접적인 재구조화의 요인이라면 '줍-'은 유추에 의해 형성된 것으로 보
인다. 또 이들은 재구조화의 결과 기저형의 양상도 차이가 있다. 전자는 /낳-/이
라는 단일 기저형으로 설명할 수 있지만 후자는 단일 기저형으로 설명할 수 없고,
/줍-~주우-/ 정도의 복수 기저형으로 설정해야만 한다.

움이 있다. 지금까지 다룬 내용을 간단히 요약하면 다음과 같다.

첫째, '재구조화'는 '재어휘화'라고도 불리는데, 국어 연구에서는 '기저형의 변화' 정도의 의미를 담고 있다.

둘째, 패러다임은 '하나의 어간으로부터 형성된 곡용형이나 활용형의 집합'이라고 할 수 있는데, 국어 음운론 연구에서는 이들을 적절하게 한정하여 '모음으로 시작하는 어미, 자음으로 시작하는 어미, 매개모음 어미로 시작하는 어미'로 나누어 패러다임을 살펴볼 수 있다. 모음 어미와 매개모음 어미는 비록 모음으로 시작한다고 해도 동일한 음운 과정을 보이지 않기 때문에 각각 고려의 대상이 될 수 있다.

셋째, 패러다임을 모음 어미, 자음 어미, 매개모음 어미 등으로 분류한다고 해도 이들이 늘 동일한 음운 과정을 보이지 않는다는 점도 염두에 두어야 한다. 모음 어미 가운데 '-아/어'와 '-오/우-'는 중세국어에서 서로 다른 음운 과정을 보여주고, 또 같은 매개모음 어미라도 '-으니, -으며'와 '-으시-'가 보여주는 음운 과정이 서로 다르다는 것을 고려해야 한다.

넷째, 재구조화의 요인에는 크게 음운론적인 요인에 따른 재구조화와 비음운론적인 요인에 따른 재구조화로 구분할 수 있다. 또 음운론적인 재구조화는 독자적인 음변화에 따른 재구조화와 인접음에 따른 재구조화로 구분될 수 있다. 또 비음운론적인 요인에 따른 경우는 화자의 심리적인 요인에 따른 것이 대부분이고, 여기에는 평준화 · 혼효 · 재분석 · 유추에 따른 재구조화 등이 있다.

　　다섯째, 재구조화의 결과, 단일한 기저형으로 변화된 경우가 있는가 하면 복수의 기저형으로 변화된 경우도 있다. 특히 복수의 기저형은 '복수 기저형, 쌍형어, 활용형 자체의 어휘부 등재' 유형의 양상으로 변화된다.

　　여섯째, 재구조화의 단계성에 대한 논의에서는 '공존-일반화'라는 과정을 통해 재구조화가 점진적으로 이루어진다는 것을 살펴보았고, 공존의 구체적인 모습으로 쌍형어와 복수 기저형 등의 유형이 있음을 보았다.

평준화에 따른 'ㅎ'-말음 체언의 소멸

3.1. 문제제기

중세국어에는 'ㅎ'을 어간 말음으로 가지는 체언이 존재한다는 점에서 현대국어와 차이가 있다. 가령, 15세기 국어의 '하늘'[天]과 '땅'[地]을 뜻하는 어형은 다음과 같은 곡용 패러다임을 갖는다.

(1) ㄱ. 하늟[天] : 하늘히, 하늘ㅎ로, 하늘콰, 하늘토, 하늘마다, 하늜,
　　　 하늘

　　 ㄴ. 짷[地] : 짜히, 짜ㅎ로, 짜콰, 짜토, 짜마다, 짯, 짜

(1ㄱ, ㄴ)은 15세기 국어의 '하늟'과 '짷'의 곡용 양상을 보인 것인데, 어간 말음 'ㅎ'이 다양한 모습으로 나타난다. 모음 어미가 올 때 'ㅎ'이 뒤에 오는 어미의 초성으로 연철되고, 자음 어미일 때에는 'ㅎ'이 뒤에 오는 자음과 축약을 거쳐 유기음화 과정을 겪는다. 그러나 비음 어미나 사이시옷이 뒤에 올 때, 그리고 단독형일 때에는

'ㅎ'이 탈락하여 표면에 나타나지 않는다. 어간 말음 'ㅎ'은 모음 또는 자음 어미가 올 때만 직·간접적으로 그 모습을 보일 뿐 그 밖의 환경에서는 탈락한다.[1]

그런데 15세기 국어 당시에도 어간 말음 'ㅎ'은 일부 동요를 보인다(이기문 1972, 허웅 1975). 가령 '하ᄂ래'나 '하늘로' 등이 나타나는 것이다.

> (2) 하ᄂ래(석보상절 6:36ㄴ), 하늘로셔(석보상절 6:17ㄱ),
>   하늘도(월인석보 7:14ㄱ), 하늘와(능엄경언해 8:131ㄴ)

(2)에서 모음 어미나 매개모음 어미, 자음 어미가 올 때 '하늟'의 어간 말음 'ㅎ'이 표면에 나타나지 않는다. 이것은 (1ㄱ)에서 보여준 '하늟'의 양상과는 사뭇 다르다고 할 수 있다. 후행 어미에 관계없이 '하늘'로 나타난다는 점에서 더 이상 이들 곡용형을 '하늟'이라고 볼 근거가 없어진다. 이들 용례가 15세기 국어에 적지 않게 관찰되는 사실로 보아 중세국어에는 '하늟'과 '하늘'이 독자적인 패러다임을 갖춘 채 공존하였다고 할 수 있다.

한편, 15세기 국어의 일부 어형에서 동요를 보이던 'ㅎ'-말음 체언의 어간 말음 'ㅎ'은 근대국어 말까지도 나타난다. 예를 들면, 19

---

1) 'ㅎ'이 종성의 위치에 올 수 없고 반드시 탈락해야 하는 독특한 성질 때문에 이들을 특별히 'ㅎ-종성 체언'으로 지칭하기도 하지만, 'ㅎ'이 종성에 올 수 없다는 점을 감안한다면 오히려 'ㅎ-종성 체언'은 어울리지 않는 용어이다.

세기 국어에서 '욯'[上]은 모음 어미와 결합할 때 다음과 같은 모습을 보인다.

> (3) 우희(교린수지 1:17ㄴ), 우흐로(교린수지 1:21ㄴ),
>   우희(규합총서 11ㄱ), 우흐로(규합총서 5ㄱ)

(3)은 19세기 문헌에서 나타나는 '욯'의 예이다. '욯'과 모음 어미와 매개모음 어미의 결합에서 어간 말음 'ㅎ'이 관찰된다. 그런데 이 시기에 자음 어미와의 결합형 '우콰', '우토' 등은 확인되지 않고 모두 '우와'나 '우도'로 나타난다. 이렇게 15세기 국어에 이미 동요를 보이는 어간 말음 'ㅎ'이 있는가 하면, 19세기 국어에까지도 유지되는 'ㅎ'이 있다는 사실은 어간 말음 'ㅎ'이 오랜 기간을 거쳐 점진적으로 변화하였음을 보여준다. 또 모음 어미와 자음 어미 등 뒤에 오는 어미의 환경에 따라서 'ㅎ'의 유지 여부가 다르다는 것은 'ㅎ'의 소멸 과정이 단순하지 않다는 사실을 암시한다.

이런 점에 착안하여 이 장에서는 이른바 'ㅎ'-말음 체언의 어간 말음 'ㅎ'의 소멸 과정과, 그에 따른 어간 재구조화의 과정을 살펴보기로 한다. 특히, 어간 말음 'ㅎ'이 일시에 소멸된 것이 아니고 어형에 따라, 또는 뒤에 오는 어미의 환경에 따라 단계적으로 변화하였다는 점에 주목한다. 이를 위해 15세기 국어에서 'ㅎ'-말음 체언의 음운론적인 특징을 고찰하고 이들의 기저 표시 문제를 먼저 논의하고, 이들의 구체적인 재구조화 양상도 살펴보기로 한다.

3.2. 'ㆆ'-말음 체언의 공시적 기술

15세기 국어의 'ㆆ-말음 체언'은 기존의 논의에서 약 80여 개가 있는 것으로 확인되었다. 그러나 동음이의어로 처리할 만한 예를 빼고 나면 실제로는 70여 개 형태가 있다고 하겠다. 이들 목록을 'ㆆ'에 선행하는 환경별로 나누어 제시하면 다음과 같다.2)

(4) ㄱ. 고ㆆ(鼻, 口)[거], 그르ㆆ(株)[평평], 나ㆆ(年齡)[평], 나라ㆆ(國)[평거], 나조ㆆ(夕)[평평], 노ㆆ(繩)[평], 니마ㆆ(額)[평거], 님쟈ㆆ[상평], 두서ㆆ(二三)[상거], 드르ㆆ(野)[평거], 싸ㆆ(地)[평], 마ㆆ(薯)[거], 모ㆆ(方)[거], 바다ㆆ(海)[평거], 보ㆆ(樑, 褓)[평], 소ㆆ(潭, 範)[거]3), 수ㆆ(雄, 林4))[거], 여러ㆆ(諸)[평거], 우ㆆ(上)[평], 쟈ㆆ(尺)[거], 조ㆆ(粟)[평], 터ㆆ(基)[거], 흐나ㆆ(一)[평평]

ㄴ. 내ㆆ(川)[상], 네(四)[상], 뒤ㆆ(後, 北)[상], 미ㆆ(野)[평], 모ㆆ(山)[상], 세ㆆ(三)[상]

ㄷ. 뎌ㆆ(笛)[평], 쇼ㆆ(俗人)[평], 수ㆆ(裎)[평]

---

2) [ ] 안은 성조형을 나타낸다. '평'은 평성을 '거'는 거성을, '상'은 상성을 각각 표시한다.

3) '소ㆆ'은 근대국어의 예지만 '裏'의 의미로도 쓰였다. "오는 눈물은 벼깃 소흐로 흐르도다"(가곡원류 76)가 그 예인데, 이전 시기에 '숩>속'의 변화 이외에 '소ㆆ'도 보인다는 점에서 흥미롭다.

4) '수ㆆ'은 '雄'의 뜻 이외에 '林'의 뜻도 가지고 있다. 이들은 성조도 거성으로 동일한데 '雄'의 의미는 현대국어에까지 남아 있는 반면 '林'의 의미는 근대국어에 소멸된 것으로 보인다. "藂林은 모다 난 수히오"(월인석보 10:69ㄱ)에서 '林'의 의미를 가진 '수ㆆ'을 볼 수 있다.

(5) ㄱ. 갏(刀)[거], 겨슳(冬)[평거], 구듫(炕)[평거], 긿(道)[거], ᄀᆞᄂᆞᆶ[거거], ᄀᆞᅀᆞᆶ(秋)[평평], ᄀᆞ옳(邑)[평평], ᄂᆞᄆᆞᆶ(蔬)[평평], ᄂᆞᆶ(刃, 經)[거], 돓(石, 梁)[상], 듫[5](野)[평], ᄃᆞᆶ(等)[거], ᄠᅳᆶ/ᄯᅳᆶ(庭)[거], ᄯᅩᆶ(奧)[거], 맗(橛)[거], 밇(麥)[거], ᄆᆞᅀᆞᆶ(里)[평평], 볋(崖)[6], 비므슳(雨水)[거거거][7], ᄇᆞᆶ(臂)[평], ᄇᆡᅀᆞᆶ(內臟)[평평], 셔욿(京)[상평], 스ᄀᆞ욿(鄕)[거평평], 스믏(二十)[거거], ᄉᆞᆶ(肌)[거], 앓(卵)[거], 엻(十)[거], 옳(今年)[평], 욿(籬)[8][거], 츓[9](根源)[거], 하ᄂᆞᆶ(天)[평거]

ㄴ. ᄀᆞᆭ[평], 않(內)[평], 얺(堤)[거], 위않[10](園)[거거]

ㄷ. 암ㅎ(雌), 움ㅎ(窨)[거][11]

---

5) '듫'[野]은 15세기 국어에 '드릏'과 공존한다. '듫'이 'ㄹ'-선행 어형이고, '드릏'은 모음선행 어형이라는 점에서 이 책에서는 함께 제시하였다.

6) '볋'[崖]은 'ㅎ'-말음 체언에 포함시켜야 할지 쉽게 판단하기 어렵다. '볋'의 출현 예가 "별해 ᄇᆞ룐 빗 다호라"(악학궤범, 동동), "삭삭기 셰몰애 별헤"(악장가사 정석가)와 같이 고려가요에서만 확인되기 때문이다. 이 책에서는 일단 《이조어사전》의 표제어에 따라 'ㅎ'-말음 체언의 목록에 포함시키기로 한다.

7) '비므슳'은 《이조어사전》의 표제어에 올라 있는 어형이다. 기존의 연구에서는 'ㅎ'-말음 체언으로 처리되지 않았다. 이 예는 "올히 비므슬히 ᄀᆞ장 하니"(今年雨水十分大; 번역박통사 상:9ㄱ)에서 유일하게 나타나는데, 《박통사언해》와 《박통사신석언해》에는 각각 '雨水'로 언해되었다. 그런데 '비므슳'은 '비[雨]+므슳(?)' 정도로 더 분석될 가능성이 있다.

8) '욿'은 《두시언해》에 집중해서 나타나고 근대국어 이후에는 확인되지 않는다.

9) '츓'은 '근원'의 의미를 갖는데, "믌 출히"(두시언해 5:36ㄱ), "岷江ㅅ 출ᄒᆞ로"(두시언해 8:7ㄱ) 등의 예가 있다. 그런데 이런 예는 근대국어 이후 확인되지 않는다.

10) '위않'의 '않'이 '內'의 의미인 '않'일 수도 있다. 그럴 경우 '위않'은 합성어로 보아야 할 것이다. 그러나 이와 같은 가설은 분명하지 않기 때문에 현재로서는 각각 이 어형으로 다룬다.

11) '움ㅎ'은 "안햇 움흘"(용비어천가 5)과 같이 한정된 예에서만 'ㅎ'이 확인될 뿐이고 그 외의 문헌에서는 단독형만 몇 예 확인된다.

(4), (5)는 중세국어의 'ㅎ-말음 체언'을 'ㅎ' 앞에 모음이 오느냐 자음이 오느냐에 따라 분류한 것이다.12) (4ㄱ)은 'ㅎ' 앞에 모음이 오는 어형들이다. 'ㅎ' 앞에 오는 모음은 다양하지만 'ㅎ' 앞의 모음이 '이'인 경우는 없다.13) (4ㄴ)은 활음 'j'가 앞에 오는 경우이고,14) (4ㄷ)은 상향이중모음이 오는 경우이다. (4ㄷ)에서 상향이중모음이 오는 경우에는 초성으로 설음이나 치음만 확인될 뿐 아음이나 순음, 후음 등 변자음은 확인되지 않는다. 그리고 이들은 모두 성조상 평성이라는 특징을 갖는다. 특히 이들은 기원적으로 한자음에서 비롯된 것이고 말음 'ㅎ'은 입성 운미(韻尾) 'k'에 대응된다고 알려진 어형들이다.15)

(5ㄱ, ㄴ, ㄷ)은 'ㅎ' 앞에 자음이 오는 경우로, 'ㅎ' 앞에 오는 자음은 'ㄹ'이 대부분이고, 'ㄴ, ㅁ'도 올 수 있다.16) 'ㅎ' 앞에 오는 자

---

12) 중세국어의 음절 구조가 현대국어의 음절 구조와 비교하여 자음, 모음 등으로 직접 대응할 수 없음은 주지의 사실이다. 그러므로 초성이나 중성, 종성 등으로 칭하는 것이 합당하지만 여기서는 논의의 편의상 자음과 모음 등으로 이르기로 한다.

13) 모음선행 어형에 '이'가 존재하지 않는 것이 우연한 것인지 아니면 '잏'과 같은 음절 구조가 가능하지 않았던 것인지 확실하지 않다.

14) 'ㅎ'에 활음이 선행하는 경우, 초성으로 연구개음이 오는 경우는 없다. 이것은 우연한 빈칸으로 생각된다.

15) 이기문(1991:232)은 '뎧[笛], 숗[俗], 숗[裼]'과 '붗[袱], 잟[尺]' 등이 해당 한자어, 즉 중국어에서 온 것으로 보고, 입성 운미 'k'가 중세국어에서 'ㅎ'으로 되었다고 하였다. 'ㅎ'의 기원이 어떠한 것이었는가 추정할 수 있다는 점에서 흥미롭다. 다만 이 책에서는 'ㅎ'-말음 체언의 공시적인 기술과 이들의 재구조화에 관심을 갖기 때문에 이들의 기원 문제에 대해서는 자세한 논의를 하지 않기로 한다.

16) 이하 논의의 편의상 'ㅎ'에 선행하는 환경에 따라 '모음 선행 어형'과 '활음 선행

음 'ㄹ, ㄴ, ㅁ'은 공명 자음이라는 공통점이 있는데, 폐쇄음이 앞에 오는 '폐쇄음+ㅎ'의 구조를 가진 'ㅎ-말음 체언'은 없다. '폐쇄음+ㅎ'의 어간말 자음군이 존재하지 않는 이유는 '폐쇄음+ㅎ'의 연쇄가 유기음으로 바뀌는 특징 때문이다(홍윤표 1994, 이진호 2003).

'ㅎ'-말음 체언의 음절 수는 합성어를 제외하고는 단음절이나 2음절로 구성되었다. 성조상으로는 1음절어에 평성·거성·상성이 모두 분포되어 있고, 2음절어는 '평평'형이나 '평거'형이 대부분이다. 2음절어에 거성으로 시작하는 성조형은 '거거'만 존재한다. 또 'ㅎ' 앞에 'ㄹ'이 올 경우 대부분 상성이라는 특징도 있다. 결국 중세 국어의 다른 어형과 비교할 때, 'ㅎ-말음 체언'만이 갖는 형태소 구조상의 특징은 없다고 하겠다.[17]

널리 알려진 바와 같이 'ㅎ'-말음 체언은 말음 'ㅎ'이 종성으로 나타나는 경우가 없다. 'ㅎ'-말음 체언의 어간 말음 'ㅎ'은 모음 또는 자음 어미가 올 때만 'ㅎ'을 상정할 수 있고, 휴지나 비음 어미가 올 때에는 'ㅎ'이 표면상 나타나지 않는다. 이들의 음운 과정을 공시적으로 기술하는 방법에는 먼저 순수 음운 규칙으로 설명하는 방법이 있다. 그런데 'ㅂ, ㄱ' 등의 자음 어미가 올 때 유기음화가 실현되는 것은 이 시기 용언의 활용에서도 나타나는 현상으로, 순수한 음운

어형', '자음 선행 어형'으로 구분하기로 한다. 특별히 자음 선행 어형은 'ㄹ'-선행 어형, 'ㄴ'-선행 어형 등으로 세분해서 부르기로 한다.

17) 다만 'ㅎ-말음 체언'의 음절 수가 대부분 단음절이나 2음절로 구성되어 있다는 점은 지적할 만하다.

규칙으로 기술될 수 있다. 그러나 'ㅎ'–말음 체언이 보여주는 휴지
와 비음 앞에서 말음 'ㅎ'의 탈락은 용언에서는 실현되지 않고 체언
에서만 발견되므로, 순수 음운 규칙이 아닐 가능성이 높다.

(6)

$$\text{ㅎ} \rightarrow \varnothing \ / \ \begin{bmatrix} \# \\ +\text{nasal} \end{bmatrix}$$

(6)과 같이 'ㅎ'–말음 체언이 보이는 'ㅎ'–탈락을 그대로 기술할
경우, 여기에는 몇 가지 문제가 발생한다. 먼저 휴지나 비음 어미 앞
에서 'ㅎ'이 탈락할 만한 음운론적인 동기가 분명하지 않고, 또 휴지
나 비음 어미가 하나의 환경으로 묶일 수 있는 음운론적인 공통성
이 보이지 않는다는 점이다. 일반적으로 휴지는 자음과 같은 기능을
하고 함께 묶일 수는 있어도, 휴지와 비음이 하나의 환경으로 묶일
만한 음성적인 유사성이 없으며, 휴지와 비음만 동일한 음운 과정의
환경이 되는 예는 국어사에서 좀처럼 발견할 수 없다.

더구나 'ㅎ' 말음을 가진 용언 '둏–'[好]의 활용형에서는 '둏ᄂ니,
둏ᄂ니라'[18] 등과 같이 어간 말음 'ㅎ'이 탈락하지 않고 'ㅎ→ㄷ→
ㄴ'의 음운 과정을 겪는다. 용언의 활용에서 어간 말음 'ㅎ'이 탈락하
지 않고 'ㄴ'으로 실현된다는 것은, (6)과 같은 규칙은 체언에만 적

---

18) 중세국어에는 '둏–'과 '됴ᄒ–'가 공존한다. 그러나 '됴ᄒ–'의 경우 비음 어미가
　　결합된 *됴ᄒᄂ니' 등과 같은 예는 문증되지 않는다.

용되고, 따라서 이 규칙은 순수 음운론적 규칙이 아니라는 의미이다.

휴지와 비음 앞에서 실현되는 'ㅎ'-탈락을 순수 음운 규칙으로 설명할 수 없기 때문에 다른 차원의 접근이 필요하다. 용언의 어간 말음 'ㅎ'은 비음 어미가 와도 탈락하지 않기 때문에 체언에만 적용되는, 비음운론적인 제약을 갖는 음운 규칙을 상정할 수도 있다. 그러나 이것은 왜 용언에는 적용되지 않고 체언에만 적용되어야 하는지에 대한 설명이 쉽지 않다는 문제가 있다.

비음운론적인 제약을 갖는 기술 방법도 마땅하지 않을 경우에는 복수 기저형 설정에 따른 방법과 곡용형 자체를 어휘부에 등재하는 방식을 고려할 수 있다(이진호 2002ㄱ). 그러나 복수 기저형을 상정하는 방법에도 음절에 대한 문제와 복수 기저형의 대표성 문제 때문에 공시적 기술이 성립될 수 없다는 단점이 있다(이진호 2003). 곡용형 자체를 어휘부에 등재하는 방식 역시 휴지와 비음 앞이라는 두 환경이 갖는 공통성이 없으므로 선뜻 내키지 않는 기술 방법이 될 것이다.

이와 관련하여 박종희(1987)은 'ㅎ'-말음 체언의 'ㅎ'이 잉여 음절적인 요소이기 때문에 종성으로 나타나지 않는다고 보았다.[19) 이진호(2003)에서는 비음운론적 제약, 즉, 체언 말의 'ㅎ'을 탈락시키

---

19) 박종희(1987)은 'ㅎ'-말음 체언은 기원적으로 어간말 모음을 가지고 있었고, 이 어간말 모음이 탈락하여 'ㅎ'-말음 체언이 되었다고 하였다. 그리하여 말음 'ㅎ'은 불완전한 음절을 갖게 되고, 따라서 종성의 위치에 나타날 수 없는 것으로 파악하였다. 박종희(1987:38)에서 파악한 'ㅎ'-말음 체언 '팋'[基]의 음절 구조는 다음과 같다.

는 음운 규칙을 설정하여 교체를 설명하는 방법은 음절 말의 'ㅎ'이 탈락해야 하는 필연적인 이유가 없기 때문에 의심스럽다고 하였다. 또 복수 기저형으로 표시하는 방법의 문제점도 지적하면서 박종희(1987)에서 제시한 유형이 가능성이 높다고 하였다. 그러나 체언 어간 말음을 잉여 음절적인 요소로 파악하는 것 역시 설명을 위한 임시방편이라는 인상을 지울 수 없을 뿐 아니라, 자칫 순환론적인 모순에 빠질 우려가 있다.

그런데 'ㅎ'-말음 체언 가운데 '자음 선행 어형'의 형태소 구조는 한편으로는 중세국어의 어간말 자음군과 유사한 점이 많다. 특히 'ㄹ'-선행 어형은 'ㄿ'-어간말 자음군과 비교될 수 있다.20) 이들이 체언과 용언이라는 형태론적인 범주 차이는 있지만, 이들의 교체 양상을 비교 검토하는 것은 'ㅎ'-말음 체언의 성격을 구명하는 데 적절할 듯하다.

(7) ㄱ. 하놀ㅎ : 하놀히, 하놀ㅎ로, 하놀콰, 하놀마다, 하놌, 하놀

　　ㄴ. 잃-[失] : 일코, 일터니, 일홀씨오, 일허, 일노니, 일쓥고

　　　　cf. 슬닷니21)

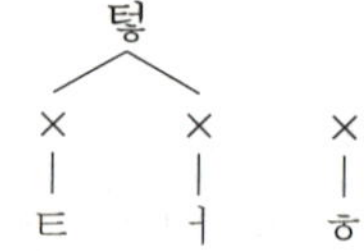

20) 'ㅁ'-계 어간말 자음군에는 'ㅁㅎ'이 존재하지 않고, 'ㄴ'-계 어간말 자음군 가운데 'ㄶ'-어간말 자음군은 이 시기에 완전히 정착되지 않았으므로 편의상 'ㄹ'-선행 어형과 'ㄿ'-어간말 자음군과의 비교에 국한하기로 한다.

(7)은 각각 중세국어의 'ㄹ-선행 어형'과 'ㅀ'- 어간말 자음군이 보여주는 패러다임을 간단히 나타낸 것이다. (7ㄱ)과 (7ㄴ)을 비교할 때, 체언에만 해당되는 휴지와 사이시옷,22) 그리고 용언에만 존재하는 'ㅅ-계 어미'와 같은 범주 고유의 결합 관계를 제외하면 그 밖의 환경에서 드러나는 음운 과정이 차이가 없음을 알 수 있다. 즉, 'ㅀ'-어간말 자음군도 모음 어미나 자음 어미가 올 때 'ㅎ'이 표면에 나타나지만, 비음 어미가 뒤에 올 경우에 'ㅎ'이 탈락한다. 또 표면에 나타나는 방식도 모음 어미일 경우 연철되고, 자음 어미일 경우 유기음화 과정을 겪는다는 점에서 같다. 따라서 형태음운론적인 교체의 관점에서는 'ㄹ-선행 어형'과 'ㅀ' 어간말 자음군을 구분할 만한 뚜렷한 차이가 없다.23) 이러한 사정은 다른 자음 선행 어형에도 똑같이 적용될 수 있다. 그러므로 'ㅎ'-말음 체언 가운데에서 자음 선행 어형의 경우 어간말 자음군으로 보아도 음운론적으로는 무리가 없다.

---

21) '슳ᄂᆞ니'에서의 'ㄹㄴ'이 실제 발음을 반영한 것이 아니고, 'ㅀ'의 'ㅎ'이 탈락한다는 해석에 대해서는 이진호(1997:68)을 참조할 수 있다.

22) 이른바 사이시옷은 체언과 조사가 결합하는 형태음운론적인 경계와는 경계의 성격이 다르지만 편의상 제시한 것이다.

23) 그럼에도 자음 선행 어형을 어간말 자음군에 포함시킨 기존의 논의는 배주채(1989) 정도에서 보일 뿐 그다지 많지 않다. 이는 음운론적 유사성보다는 'ㅎ'-말음 체언의 공통성을 고려했기 때문이다. 또한 'ㅎ'-말음 체언은 통시적으로 'ㅎ'을 상실하는 과정을 거친 반면, 용언의 'ㅀ'- 어간말 자음군은 'ㅎ'을 유지해 왔다는 차이도 있다. 그러나 국어사에서 체언과 용언이 서로 다른 변화 과정을 거쳐 왔다(송철의 1991)는 점을 고려하면, 이 경우에는 통시적인 면을 크게 고려할 필요가 없을 것이다.

그런데 ‘ᄚ’-어간말 자음군의 음운 과정은 중세국어의 다른 어간말 자음군과는 차이가 있다. 이 시기에 ‘ㄹ’-계 어간말 자음군은 자음 어미나 비음 어미가 올 때 ‘ㄹ’ 뒤의 자음이 탈락하지 않는다.

(8) ㄱ. 술마, 숪고, 숪는, 숪ᄂ니라

　　ㄴ. 붉ᄋ란대, 붉게, 붉고, 붉도다, 붉ᄂ니

　　ㄷ. 볼봐, 넓놋다, 넓더라

(8)에서와 같이 ‘ㄹ’-계 어간말 자음군’ 가운데 ‘숪-’[烹]과 같은 ‘ᆱ’이나 ‘붉-’[明]과 같은 ‘ᆰ’, ‘넓-’[踏]과 같은 ‘ᆲ’ 어간말 자음군은 자음 어미나 비음 어미가 뒤에 와도 ‘ㄹ’ 뒤의 자음이 탈락하지 않는다. 이 시기는 ‘ㄹ’이 선행하는 어간말 자음군 C_1C_2가 후행 어미의 두음과 함께 모음과 모음 사이에 적어도 3자음이 올 수 있었다(이기문 1972). 그런 점에서 ‘ᄚ’-어간말 자음군에 비음 어미가 올 때 ‘ㅎ’이 탈락하는 사실은 다른 어간말 자음군과 비교할 때 예외적이라고 할 수 있다. 또 모음 선행 어형과 ‘ㅎ’ 말음 어간 용언을 비교해 보면 더욱 복잡한 양상을 보인다.

(9) ㄱ. 쌓[地] : 짜히, 짜흐로, 짜콰, 짜마다, 짯, 짜

　　ㄴ. 둏-[好] : 됴코, 됴ᄒ니, 둏ᄂ니, 됴쎱고

(9ㄱ), (9ㄴ)은 중세국어의 ‘ㅎ’을 어간 말음으로 가진 체언과 용언의 활용 양상이다. 둘 사이의 활용 양상에는 분명한 차이가 있다.

(9ㄱ)에서 체언인 '쌓'은 'ㅎ'-말음 체언의 일반적인 곡용 양상과 같다. (9ㄴ)에서 '둏-'은 모음 어미나 자음 어미가 올 경우 'ㅎ'이 그 모습을 드러내지만, 비음 어미가 뒤에 올 경우에는 'ㅎ'이 'ㄷ'으로 실현된다. 용언의 활용에서 비음 어미가 올 때 'ㅎ'이 'ㄷ'으로 바뀌는 것은 'ㅎ'-말음 체언의 일반적인 곡용 양상과는 사뭇 다르다. 그리고 'ㄶ' 어간말 자음군과도 차이를 갖는다. 어간 말음 'ㅎ'이 보이는 교체 양상을 간단히 표로 나타내면 다음과 같다.

(10) 'ㅎ'의 교체 양상

	ㄹ선행		모음 선행	
	하눓	잃-	쌓	둏-
모음 어미	ㅎ 유지	ㅎ 유지	ㅎ 유지	ㅎ 유지
자음 어미	ㅎ유지(축약)	ㅎ유지(축약)	ㅎ유지(축약)	ㅎ유지(축약)
비음 어미	ㅎ 탈락	ㅎ 탈락	ㅎ 탈락	ㅎ→ㄷ
사이시옷, 휴지	ㅎ탈락	*	ㅎ탈락	*
ㅅ-계 어미	*	ㅎ→ㅅ	*	ㅎ→ㅅ
* 표는 해당 없음을 나타낸다.				

(10)에서 체언과 용언의 공통적인 환경만을 고려할 때 둘 사이의 차이를 살펴보면, 모음 선행 어형이 비음 어미가 올 때 체언에서는 'ㅎ'을 탈락시키지만, 용언에서는 'ㅎ'이 'ㄷ'으로 바뀌는 음운론적 과정을 겪는다. 그런데 (10)에서 주목할 점은 용언의 'ㅎ'-말음 어

간에 비음 어미가 올 때 'ㅎ'이 'ㄷ'으로 바뀌는 현상이 'ㅎ'-말음 체언이나 용언의 'ㅀ'-어간말 자음군에 적용되는 'ㅎ'-탈락과는 대조적이라는 것이다. 패러다임의 구조적인 측면을 고려한다면 이 시기에는 오히려 'ㅎ+비음'의 연쇄에서 'ㅎ'이 탈락하는 것이 더 일반적이었음을 보여준다. 그러므로 'ㅎ-말음 체언'이나 'ㅀ' 어간말 자음군에 휴지나 비음 어미가 뒤에 올 때 'ㅎ'이 탈락하는 음운 규칙을 상정하고, 'ㅎ'-어간 말음을 가진 용언의 경우 비음운론적인 제약을 두어 'ㅎ→ㄷ'의 음운 과정을 설명하는 것이 좀 더 나은 기술이 될 것이다.24)

한편, 'ㅎ'-말음 체언의 말음 'ㅎ'이 휴지와 비음 앞에서 탈락한다는 설명은 기술의 경제적인 측면에서 효과적이지 않다. 그만큼 비음과 휴지만으로 묶일 가능성이 적다는 의미이다. 그런데 중세국어에서 확인되는 보조조사 가운데 비음으로 시작하는 어미는 'ㅁ'-계 어미로 '마다, 만뎡, 만'25) 등이 있다.

'마다'와 '만뎡'은 상거의 성조를, '만'은 거성의 성조를 보인다. 또, '마다'와 '만뎡'은 김성규(1994)에 따르면 성조 율동 규칙을 따르

---

24) 현재까지 적절한 대안이 없다면 구조적인 면을 고려한 음운 규칙으로 설명하는 것이 좀 더 사실에 근접할 수 있으리라 생각한다. 다만 여기에 대해서는 더 많은 논의가 필요할 듯하다.

25) '논/는'은 'ㄴ'이나 '온/은'과 이형태의 모습을 보이는데, '논/는'에 올 수 있는 명사는 개음절 명사이므로 'ㅎ'-말음 체언 가운데 자음 선행 어형은 올 수 있고 모음 선행 어형은 가능할 것 같지만 실제로는 '우훈'[上] 등과 같이 '온/은'만 확인된다. 이것은 'ㅎ'의 성격을 가늠할 수 있는 곡용형으로 볼 수 있다.

지 않고 언제나 첫 음절이 상성이 되는 예외적인 존재로 알려졌다. 이렇게 성조 율동 규칙을 따르지 않는 예외적인 존재들은 어휘 형태소에서 온 것들이 많으므로 잠재적인 휴지[26]가 있다고도 하겠다. 그러므로 이러한 보조조사들은 'ㅎ'-말음 체언과 결합할 때 일반 격조사와 그 경계가 다르다고 하겠는데, 이들은 기원적으로 실사에서 형성되었거나 적어도 격조사가 갖는 경계와는 다르다고 볼 수 있다. 이것은 보조조사끼리도 선행 체언에 따라 그 경계가 서로 다르다는 사실을 암시하는데, 가령 '도'가 'ㅎ'-말음 체언 뒤에 올 경우에는 유기음화가 실현되는 반면, '브터'와 '드려'가 'ㅎ'-말음 체언 뒤에 올 경우 절대로 유기음화가 실현되지 않는 점은 보조조사 가운데서도 경계의 성격이 다름을 보여준다. 그러므로 '마다'와 '만뎡'의 경우는 일반 어미의 환경이 아니라 잠재적인 휴지가 있는 환경으로 처리할 수 있다.[27]

이전 시기에 잠재적인 휴지가 있어서 중세국어 시기에도 'ㅎ'이 이 환경에서 여전히 탈락한 것으로 볼 수 있다. 또, '만'[28]의 경우도

---

26) 잠재적인 휴지를 설정하는 것은 통시적인 정보를 통해 음운론적인 문제를 해결하려는 노력으로 볼 수 있다.

27) 물론 김성규(1994)는 '마다'와 '만뎡'이 어휘형태소에서 기원하였을 가능성만 남겨 놓고 그 기원에 대해서는 직접 언급하지 않았다. 그러나 '마다'와 '만뎡'은 성조상으로 볼 때 '말-[勿]과 관련 가능성이 있다.

28) 실제 중세국어에서 '만'과 'ㅎ'-말음 체언이 직접 결합된 용례는 생각보다 많지 않다. "둘만(석보상절 23:34ㄱ), 둘만(번역박통사 상:65ㄴ), ㅎ나만(두시언해 22:50ㄱ)" 정도가 '만'과 'ㅎ'-말음 체언이 결합한 예이다. 그러므로 '만'을 위하여 비음어미를 설정하는 것은 경제적이지 않다고 볼 수 있다. 그러므로 출현 예가 낮은

‘브터’나 ‘드려’류와 같이 격조사와 음운론적인 경계가 다르다. ‘ㅎ’-
말음 체언을 통해 중세국어의 격조사와 보조조사의 경계를 살펴보
면 다음과 같다.

> (11) 격조사와 보조조사의 경계의 긴밀 관계
> 격조사 > 도 > 만 > 마다, 만뎡, 브터, 드려… 등
> 높음　 ←　 긴밀도　 →　 낮음

위 (11)에서와 같이 일반 격조사류와 보조조사류는 경계에서 차
이가 나는데, ‘ㅎ’-말음 체언과의 결합에서 유기음화가 잘 반영된
‘도’의 경우에는 격조사와 같은 형태소 경계로 볼 수 있고, ‘브터, 드
려’ 등은 형태소 경계보다는 긴밀하지 않다고 할 수 있다. 그리고
‘ㅎ’-탈락 양상이 휴지와 동일하게 실현되는 비음 어미류 등도 형태
소 경계가 아닌 듯하다.29) 결국 이 시기의 음운 기술에서 비음 어미
앞에서 ‘ㅎ’-탈락은 공시적인 음운 현상이 아니고 이전 시기의 통시
적인 음운 현상을 반영한 것이라 하겠다. 이들 보조조사도 기원적으
로는 어휘형태소에 소급될 가능성이 높기 때문에 이전 시기의 ‘ㅎ’-

‘만’ 역시 비음 어미 목록에서 제외한다면 중세국어에서 명사에 후행하는 [+] 경
계를 가진 비음 어미는 없다고 할 수 있다. 이것은 언어 기술의 경제성 측면에서
도 효과적이다.
29) 조사류가 보여주는 경계의 차이는 이들의 형성 과정과 밀접한 관련이 있을 것으
로 추정된다. 보조조사 가운데 ‘도’의 형성이 비교적 이른 시기이고, ‘브터, 드려’
등은 비교적 후대에 형성되었다는 점이 이러한 사실을 뒷받침한다.

탈락을 반영한 것으로 볼 수 있다. 결국 중세국어에서 'ㆆ'-말음 체
언의 'ㆆ'-탈락은 휴지일 경우에만 실현되는 음운 현상으로 보는 것
이 합리적이다.30)

　'ㆆ'-말음 체언에 휴지가 올 때 'ㆆ'-탈락 규칙을 상정하는 데에
는 몇 가지 설명이 필요하다. 먼저 휴지 앞에서 'ㆆ'이 탈락하는 음
운론적인 동기를 찾을 수 없다는 점이다. 이에 대한 설득력 있는 해
답을 찾기는 어렵지만, 'ㆆ'의 음성적인 특징을 잘 살펴야 할 것이
다. 'ㆆ'은 후속음과의 음운 연쇄에서 그 본래의 모습을 드러내지 못
하고 언제나 후행음에 동화된 형태로 실현된다. 'ㆆ'의 독특한 특징
은《훈민정음》에서도 이미 암시되었다. 'ㆆ'에 대해《훈민정음》해
례 제자해에서는 후음의 차청음으로 규정하였다.

(12) ㄱ. 又以聲音淸濁而言之 ㄱㄷㅂㅈㅅㆆ 爲全淸 ㅋㅌㅍㅊㅎ 爲次
　　　淸 ㄲㄸㅃㅉㅆㆅ 爲全濁 ㆁㄴㅁㅇㄹㅿ 爲不淸不濁
　　ㄴ. 全淸並書則全濁 以其全淸之聲凝則爲全濁也 唯喉音次淸爲
　　　全濁者 盖以ㆆ聲深不爲之凝 ㅎ比ㆆ 聲淺 故凝而爲全濁也

　(12ㄱ)에서 후음 계열은 'ㆆ'을 전청자로, 'ㅎ'은 'ㅋ, ㅌ, ㅍ, ㅊ'와
함께 차청자로 분류되었다. 그러나 (12ㄴ)에서 'ㆆ'에 비해 'ㅎ'이
'소리가 얕아'(聲淺) '엉기기'(凝) 쉬우므로 다른 계열과는 달리 차

---

30) 중세국어의 곡용형이 보여주는 음운론적 과정은 음운론적 경계와도 밀접한 관
　련이 있을 것으로 기대되는데, 이에 대해서는 후속 글을 기대해 본다.

청자를 병서하여 전탁자를 삼았다는 기술은 후음 계열이 다른 계열과는 차이가 있음을 보여주는 것이다. 훈민정음 창제자는 정연한 방법과 논리로 초성 계열을 제자하였는데, 후음의 경우는 예외를 두었다. 그리고 이 예외의 이유를 'ㆆ'이 '소리가 깊어'(聲深) '엉기지'(凝) 않기 때문으로 설명하였다. 반면 'ㅎ'은 '소리가 얕아' '엉길' 수 있으므로 'ㅎ'을 병서하여 전탁자로 삼았다고 하였다. '소리가 얕음'(聲淺)의 의미를 정확히 파악할 수는 없지만 이것이 'ㅎ'음의 가장 대표적인 특징임을 알 수 있다.

그런데 'ㅎ'의 '소리가 얕은' 성질은 'ㅎ'이 후두음이 아니라는 점을 암시한다고 볼 수 있다(이기문 1977). 또, '소리가 얕은' 것과 관련하여 현대국어의 'ㅎ'은 구강 안에서 조음 위치가 일정하지 않다는 점도 염두에 두어야 한다. 허웅(1976)이나 이호영(1996)이 밝혔듯이 'ㅎ'과 모음과의 연접에서 'ㅎ'은 구강 안에 일정한 조음 위치가 없이 후속 모음에 따라 다른 음가의 변이음으로 실현된다. 또 자음과의 연쇄에서도 후속 자음과 축약을 이룬다든지, 마찰음화 과정을 겪는다든지, 비음동화를 보여 어느 경우에도 본래의 모습을 드러내지 않는 특징이 있다. 이렇게 'ㅎ'은 후속음에 따라 음성적으로 동화의 양상을 보이는 것이다. 특히 자음과의 연쇄에서는 후속 자음과 같은 위치로 바뀌려는 성질이 있음이 관찰된다. 이것은 'ㅎ'의 음성적 특징이 후속음으로 그대로 확산(spreading)이나 전수(傳授)되는 특징을 보인다고 할 수 있다.

현대국어의 'ㅎ'과 중세국어의 'ㅎ'이 음성적으로 같다는 보장은 없지만 'ㅎ'의 이러한 음성적 특징을 고려한다면, 'ㅎ'-말음 체언의 경우 휴지가 올 때 'ㅎ'이 탈락하는 사실을 어느 정도 설명할 수 있을 것으로 본다. 'ㅎ'-말음 체언에 휴지가 올 때, 뒤따르는 음운이 없는 휴지의 환경이 되므로 'ㅎ'이 똑같은 음운으로 바뀔 여지가 없어진다. 그러므로 'ㅎ'은 후행음으로 확산이나 전수되지 못하고 탈락하는 과정을 겪었다고 볼 수 있다.[31]

따라서 이 책에서는 이 시기에 휴지 앞에서 'ㅎ'이 탈락하는 공시적인 음운 규칙이 존재하였다고 보기로 한다. 이것은 이들의 음성적인 측면보다는 패러다임의 구조적인 측면을 중시한 기술이다. 'ㅎ'-말음 체언의 이형태를 출현 환경에 따라 표시하면 다음과 같다.

(13) 15세기 국어의 '天'
　　{하늟} : /하늟/(모음 어미, 자음 어미)∽/하늘/(휴지)

위에서와 같이 15세기의 {하늟}은 /하늟/과 /하늘/로 나타나는데, /하늘/은 휴지 앞에서 실현되는 이형태다. 그리고 /하늟/은 그 밖의 모든 환경에서 실현되는데, 이들은 음운론적으로 조건된 이형태로 볼 수 있다.

---

31) 이것은 이 시기에 음절 말 내파화가 아직 완성되지 않았다는 사실(이기문 1972)과도 어떤 관계가 있을 것이라 생각한다.

3.3.'ㅎ'-말음 체언과 관련 음운 현상

3.3.1. 유기음화 현상

'ㅎ'-말음 체언과 관련된 음운 현상은 유기음화와 'ㅎ'탈락이 있다. 먼저 유기음화는 'ㅎ'이 평자음 'ㄱ, ㄷ, ㅂ, ㅈ' 등과 결합하여 유기음 'ㅋ, ㅌ, ㅍ, ㅊ'으로 축약되는 현상을 말한다. 'ㅎ'-말음 체언의 경우에도 어간 말음 'ㅎ'과 자음 어미와 결합하는 데에서 유기음화가 관찰된다.[32]

    (14) ㄱ. 나라콰이(월인석보 12:9ㄴ), 나라토(월인석보 12:12ㄴ)
       ㄴ. 싸콰롤(석보상절 19:013ㄱ), 싸토(석보상절 6:23ㄴ)
       ㄷ. 돌콰로(능엄경언해 6:93ㄱ)
       ㄹ. 하늘콰(석보상절 23:52ㄱ), 하늘토(월인천강지곡 상:63ㄱ)
       ㅁ. 안콰(능엄경언해 1:63ㄴ)

(14)는 15세기 국어의 'ㅎ'-말음 체언과 자음 어미가 올 때 관찰되는 유기음화의 예이다. (14ㄱ), (14ㄴ)의 모음 선행 환경이나 (14ㄷ), (14ㄹ), (14ㅁ)의 자음 선행 환경에서 모두 유기음화가 실현된다. 비록 문헌상의 제약 때문에 '*돌토'나 '*안토'의 예를 확인할 수 없지만 이 시기에 'ㅎ'-말음 체언에 자음 어미가 올 경우 유기음화

32) 이 환경에서 'ㅂ'으로 시작하는 자음 어미가 없기 때문에 'ㅍ'으로 나타나는 경우는 없다.

가 적용된다는 점은 부인할 수 없는 사실이다. 또, 이 시기에 활용상
에서도 유기음화가 활발하게 실현된다.

(15) ㄱ. 됴하, 됴코, 됴커나, 됴케, 됴커늘, 됴타
     ㄴ. 올ㅎ야, 올커니와, 올타, 올타커니와
     ㄴ'. 일허, 일흐니, 일코, 일터라, cf. 곯디(구급방언해, 하:35ㄴ)
     ㄷ. 만ㅎ야, 만코, 만터니

   (15ㄱ), (15ㄴ), (15ㄷ)은 'ㅎ'-말음 어간이나 'ㅀ'-어간말 자음군
을 가진 용언에서 드러나는 유기음화 양상이다. (15ㄱ)에서 '둏-'
[好]은 자음 어미가 올 때 후행 어미의 두음이 유기음화를 겪는다.
(15ㄴ)의 '옳-'[是]이나 (15ㄴ')의 '잃-'[失] 등도 자음 어미와의 결
합에서 해당 자음과 축약되어 유기음화를 겪는다.33) 결국, 체언이
나 용언의 'ㅎ'-말음 어간이나 'ㅀ'-어간말 자음군을 고려하면 송철
의(1987)에서 지적한 바와 같이 유기음화는 15세기 국어의 공시적
인 음운 규칙으로 간주된다.
   합성어 형성이 공시적인 음운 현상으로 간주될 수 없지만, 'ㅎ'-
말음 체언이 합성어34)의 선행 어기로 참여하고 또 후행 어기가 평

---

33) 이런 점에서 표면상 유기음화가 반영되지 않은 '곯디'는 흥미롭다. 유기음화가
    실현되지 않은 것은 어간을 고정시켜 표기하려는 욕구에서 접근해야 될 문제로
    보인다.
34) 이 책에서 사용하는 합성어는 'compound word'에 해당하는 것으로 그 직접 성분
    이 모두 하나의 어휘 형태소인 어기이거나 그보다 큰 문법 단위인 단어로 이루어

음일 경우에는 유기음화가 실현되기도 하고 되지 않기도 한다.

    (16) ㄱ. 조ㅋ볼, 암카히, 수톩, 수티새, 안퐈
         ㄱ'. 나틀-[着], 고키리, 됴쿠줌[吉凶]
         ㄴ. 수개, 수갈, 수돌마기, 수둙, 수디새, 안집
         ㄷ. 나졋비, 묏부리, 묏골, 나랏말씀

'ㅎ'-말음 체언이 선행 어기이고 후행 어기의 두음이 평음일 때, (16)과 같이 세 가지 양상으로 나타난다. (16ㄱ)에서 후행어의 두음이 유기음화 과정을 겪었음을 알 수 있다. '좋'[栗]와 'ㄱ볼'[村]의 결합이 '조ㅋ볼'로 실현되고 '앓'[雌]이나 '숳'[雄], '앓'[內]에 뒤따르는 어형의 두음이 유기음화를 겪었다. 이와 같은 양상은 (16ㄱ')의 '낳[年]+들-[入]'과 같이 'ㅎ'-말음 체언과 동사의 결합이라든지 '둏-[好]+궂-[凶]'과 같이 동사의 어간과 어간이 직접 결합된, 이른바 비통사적 합성어에서도 확인되는 현상이다. 그러나 (16ㄴ)은 똑같은 환경에서 유기음화가 반영되지 않음을 보여준다. 또, (16ㄷ)과 같이 'ㅅ'이 개재하는 경우도 있다. 중세국어에는 유기음화가 반영된 예가 매우 적고, 유기음화가 반영되지 않은 예라든지 사이시옷이 개재하는 경우가 압도적이다.

    주목되는 점은 (16ㄱ), (16ㄴ)과 같이 '수톩'이나 '수둙'처럼 유기음화가 반영되는 어형과 반영되지 않은 어형이 공존하는 것이다. 이

진 것이다.

러한 공존의 양상을 의서류35)나 비교적 예가 많은 그 밖의 자료를 중심으로 살펴보면 다음 표와 같다.

(17) 'ㅎ'-말음 체언의 유기음화 실현 양상

	수개/수캐	수닭/수탉	암닭/암탉	안밖/안팎
구급방언해		1/4	0/2	
구급간이방언해		3/3	0/1	0/2
분문온역이해방		0/2		
소학언해			1/0	0/2
언해두창집요		2/0		10/4
언해태산집요	0/1			1/0
역어유해	2/0	4/0		

표에서와 같이 '수개'와 '수캐'36), '수닭'과 '수탉', '암닭'과 '암탉', '안밖'과 '안팎'37) 등은 유기음화에 따라 두 어형이 함께 확인된다. 그런데 이들 가운데 어느 것이 좀 더 고형인가는 쉽게 판단이 서지 않는다. 만약 '수탉'류가 더 고형이라면 기원적으로 합성어 경계에 서 유기음화가 실현되었고, 이러한 유기음화는 후대로 올수록 점점

---

35) 의서류를 중심으로 분포 양상을 살펴보는 이유는 다른 자료보다 해당 어휘의 예가 많기 때문이다.

36) 15세기 초기의 문헌에 '암카히'(월인석보 23:90ㄴ)와 같이 '암카이'가 나타나지만 '*수카히'는 문증되지 않는다.

37) 여기에서 다루는 어형들은 비교적 출현형이 많은 예들이다. 이 밖에도 '수디새'와 '수티새' 등의 예도 있지만 출현 예가 많지 않아 다루지 않는다.

약화되었다고 볼 수 있다. 무엇보다 일부의 예이지만, 앞의 표에서와 같이 15세기에는 '수툵'과 같이 유기음화가 반영된 예들이 우세한 반면, 17세기에는 '수둙'과 같이 유기음화가 반영되지 않은 예들이 더 우세하기 때문이다.[38]

반면 '수둙'류가 더 고형이라면, 합성어 사이에는 단어 경계[#]가 있고, 이 경계 앞에서 '숳'의 말음 'ㅎ'이 탈락한 것으로 볼 수 있다. 중세국어에 후행어의 두음에 유기음화가 반영되지 않은 예들이 많다는 점이 이러한 추정을 가능하게 하고, 또 후행 요소가 모음인 '안아히', '안옷숍', '수양' 등이 절대로 '*안하히', '*안홋숍', '*수향' 등으로 실현되지 않는다는 점에서도 이들 사이에는 기본적으로 단어 경계[#]가 있다고 보겠다.[39] 반면, '수툵'과 같이 유기음화가 반영된 예들은 중세국어 당시에 새롭게 형성된 합성어로 이해할 수 있다. 즉, 중세국어에 어간 말음 'ㅎ'이 있었다고 보고 유기음화를 반영한 것이라 해석된다.

이러한 설명 가운데 후자가 더 합리적이라 생각된다. 무엇보다 'ㅎ'-말음 체언은 휴지 앞에서 'ㅎ'이 탈락하고 '과'와 같이 형태소 경계의 환경에서는 유기음화가 실현되는 점을 염두에 두어야 하기 때문이다. 즉, 'ㅎ'-말음 체언이 합성어에서 보여주는 유기음화는

---

38) 그렇다고 유기음화가 반영되지 않는 '수둙'류가 점점 세력을 얻고, 반대로 '수툵'류는 소멸되었다는 의미는 아니다. 실제로 19세기 국어에도 여전히 '수툵'류는 세력을 가지고 있었고, 이들이 현대국어에까지 이어졌다.

39) 또 명사와 동사가 결합하여 통사적 합성어를 이루는 '길알외다', '길잃다', '길잡다', '안답끼다' 등도 'ㅎ'이 후행음으로 연철되거나 유기음화가 반영되지 않는다.

형태소 경계를 가질 때와 동일한 환경임을 나타낸다. 반면, 유기음화가 실현되지 않은 '수돍'류는 'ㅎ'이 탈락하는 휴지와 동일한 환경임을 보여준다.

> (18) '수톩'과 '수돍'의 형성
>
> 시기 1 [숳] # [돍] → 수돍
>
> ⇓
>
> 시기 2 [숳] + [돍] → 수톩

시기1에서는 '숳'와 '돍' 사이에 유기음화를 저지하는 강한 경계가 개재하는데, 이것은 휴지와 동일한 환경이다. 이에 비해 시기2는 유기음화가 실현되는 형태소 경계와 동일한 환경이다. 물론 '수톩' 류를 이현희(1991)에서 지적한 바와 같이 긴밀 합성어로 이해할 수도 있다. 합성어의 단어 경계[#]가 형태소 경계[+]로 약화되고, 이에 후행 요소의 두음이 유기음으로 실현되어 긴밀한 관계가 된 것으로 본다.

한편, 복수접미사 '-돐'은 그 자체가 'ㅎ'-말음 체언의 범주에 들면서 선행 명사에 밀접히 결합될 수 있다.[40] 선행 어형으로 'ㅎ'-말음 체언이 올 경우 유기음화가 실현되기도 하지만 실현되지 않는 예도 있다.

---

40) 이현희(1992)는 '돐'의 통시적 특징을 들어 명사임을 밝혔으나 이 책에서는 관례를 따라 접미사로 보기로 한다.

(19) ㄱ. 하늘톨히(석보상절 19:19ㄱ), 나라톨해(월인석보 2:31ㄴ)

　　 ㄴ. 나라돌해(석보상절 19:43ㄱ), 나라돌히(석보상절 21:49ㄴ),

　　　 ᄆᆞ술돌해(월인석보 13:9ㄱ), 하늘돌히(월인석보 서:2ㄱ),

　　　 하늘돌히(월인석보 1:37ㄴ), 돌돌히(능엄경언해 8:109ㄴ)

(19)는 'ㅎ'-말음 체언과 '-돓'의 결합 양상이다. (19ㄱ)에서 '하 늟'과 '나랗'에 '-돓'이 결합되어 유기음화가 실현되는 것을 볼 수 있다. 반면, (19ㄴ)과 같이 'ㅎ'-말음 체언과 '-돓'의 결합에서 유기 음화가 실현되지 않는 예도 있다. '하늟'이나 '나랗'이 '돓'과 결합하 면 유기음화가 실현되는 예와 탈락하는 예가 공존한다는 것은 합성 어 형성에서 유기음화가 특정 어형에만 적용되는 규칙이 아니라는 사실을 보여준다. 그런데 (19ㄱ)과 같이 유기음화가 실현되는 예는 매우 드물고, (19ㄴ)과 같이 유기음화가 실현되지 않는 예가 훨씬 많다. 이와 같은 사정은 'ㅎ'-말음 체언이 합성어의 제1어기로 참여 하고, 합성어의 제2어기의 두음이 평음일 경우의 합성어 형성 방식 과 같다. 그러므로 'ㅎ'-말음 체언과 '-돓' 사이의 경계는 합성어 경 계와 동일한 것으로 보인다.

안병희・이광호(1990) 등의 분류에서 흔히 여격조사로 알려진 '드려'나 보조조사 '브터' 등에 'ㅎ'-말음 체언이 앞설 때 조사의 두 음이 유기음화를 겪지 않는다.

(20) ㄱ. 弟子돌ᄃᆞ려(석보상절 23:40ㄱ), 大衆돌ᄃᆞ려(석보상절 21:33ㄱ),

　　　 海神돌ᄃᆞ려(석보상절 23:047ㄱ), 比丘돌ᄃᆞ려(월인석보 14:16ㄴ)

   ㄴ. 迦葉이 ᄃ려(석보상절 23:41ㄱ)

   ㄷ. 날 ᄃ려(월인석보 서:11ㄱ), 나ᄅᆞᆯ ᄃ려(능엄경언해 2:8ㄴ),

      세�§ᆯ ᄃ려(월인석보 8:94ㄴ)

   ㄹ. 子路로 ᄃ려(맹자언해 3:2ㄱ)

   ㅁ. 너ᄃ려(능엄경언해 1:45ㄱ), ᄯᅩᆯᄃ려(석보상절 6:14ㄴ)

   'ᄃ려'는 '니ᄅᆞ다'[謂]나 '묻다'[問]의 지배를 받는데 선행하는 명사에 직접 결합될 수도 있고, 격조사가 개재할 수도 있다. (20ㄱ)은 복수접미사 '-ᄃᆞᆶ'과의 결합인데, 언제나 '둘ᄃ려'로만 나타나지 유기음화가 실현된 '-*둘ᄐ려'로는 실현되지 않는다. 이것은 '-ᄃᆞᆶ'과 'ᄃ려' 사이에 단어 경계[#]가 개재한다고 볼 수 있다. 선행 명사와 'ᄃ려' 사이에는 여러 격조사가 올 수 있기 때문이다. 실제로 중세국어에서 'ᄃ려'는 아직 완전히 문법화되지 않았음을 볼 수 있다. (20ㄴ)은 'ᄃ려' 앞에 인명 지칭 접미사 '-이'가 온 경우이다. 물론 '-이' 뒤에는 대격이 생략되었다. (20ㄷ)은 대격조사 '올/을'이 오는 경우이다. (20ㄹ)에서는 구격조사 '로'가 올 수도 있음을 보여준다. 또 (20ㅁ)과 같이 격조사가 오지 않을 수도 있다.41) '브터'도 '-ᄃᆞᆶ'과의 결합에서 유기음화를 보이지 않는다.

   (21) ㄱ. 우브터(석보상절 24:48ㄱ), ᄒᆞ나브터(원각경언해 하,3,2:47ㄴ)

      ㄴ. 法을 브터(석보상절 23:23ㄱ), 우흘 브터(월인석보 11:83ㄴ)

---

41) 'ᄃ려'가 지배하는 구문에서 '나'는 항상 대격조사가 개재하여 '날 ᄃ려'나 '나ᄅᆞᆯ ᄃ려' 등으로 나타나고 '너'는 격조사의 개입 없이 '너ᄃ려'로만 나타난다.

    ㄷ. 比量으로 브터(월인석보 12:15ㄱ), 하늘로 브터셔(두시언해 3:55ㄱ)
    ㄷ'. 罪業이 일로 브터(석보상절 13:38ㄴ)

    (21)은 '브터'가 실현되는 양상인데, 선행명사에 직접 결합될 수도 있고, (21ㄴ)처럼 대격조사 '올/을'이 올 수도 있다. 그리고 (21ㄷ)에서처럼 구격조사 '으로/으로'가 올 수도 있다. 그런데 (21ㄱ)에서처럼 '옹'이나 '흐낳' 등과 같이 'ㅎ'-말음 체언이 선행할 경우 절대로 *'우프터'나 *'흐나프터' 등과 같이 유기음화가 실현되지 않는다. '-돓'과 '브터' 사이에는 역시 단어 경계[#]가 개재하는 것으로 보인다. 이렇게 '두려'나 '브터' 등이 'ㅎ'-말음 체언 뒤에 올 때 유기음화가 일어나지 않는 까닭은 기원적으로 이들 조사류가 실사에서 문법화 되었기 때문으로 이해된다.

    '두려'의 경우 '두리-'[率]에서, '브터'의 경우는 '븥-'[着, 依] 등에서 점차 문법화된 것으로 알려졌는데(이기문 1972), 중세국어에서는 이들이 문법요소로 완전히 굳어지지 않았고, 따라서 이들 사이에는 형태소 경계[+]가 아닌 단어 경계[#]가 개재한 것으로 볼 수 있다. 또는 합성어나 파생어가 이전 시기의 통사적인 구성을 반영한다고 가정하면, 유기음화는 형태소 경계까지만 적용되고 단어 경계를 넘어서는 적용되지 않은 규칙으로 보고, 이 시기는 유기음화가 약화되어 이미 문법화 된 '브터'나 '두려' 등에는 적용되지 않는 것으로 볼 수 있다.[42)]

3.3.2. 'ㅎ'-탈락

'ㅎ'-말음 체언과 관련한 'ㅎ'-탈락은 어간 말음 'ㅎ'이 휴지 앞에서 탈락하는 현상인데, 이것은 앞에서 말하였듯이 이 시기의 공시적인 음운 현상으로 간주된다. 그런데 이와는 성격이 다른 'ㅎ'-탈락이 보인다.

> (22) ㄱ. 하ᄂ래(석보상절 6:36ㄴ), 하늘로셔(석보상절 6:17ㄱ),
>   하ᄂ론(석보상절 6:35ㄴ), 겨ᅀᅳ랜(구급방언해 하:40ㄴ)
>   ㄴ. 돌와(구급방언해 하:53ㄱ), 하늘와(능엄경언해 8:131ㄴ),
>   갈와(능엄경언해 6:28ㄴ), ᄆᆞᅀᆞᆯ와(두시언해 3:52ㄴ),
>   벽돌도(구급간이방 2:39ㄱ), 하늘도(월인석보 7:14ㄱ)

(22ㄱ)에서 '하ᄂᆶ'이나 '겨ᅀᅳᆶ'에 모음 어미나 매개모음 어미가 올 때 말음 'ㅎ'이 탈락한다. (22ㄴ)에서는 '돓, 하ᄂᆶ, 갏, ᄆᆞᅀᆞᆶ' 등이 자음 어미와 결합하면서 유기음화가 일어나지 않았다. 위의 예에서 유

---

42) 한 어형이 실사에서 문법 요소로 문법화 되었는가 판단하는 기준은 여러 가지가 있을 수 있겠지만, 형태소 경계에 적용되는 음운 규칙이 문법화 된 요소에 동일하게 적용되는가를 통해 문법화 여부를 판단하는 기준도 중요하다. 현대국어의 '-보다'가 조사로 인정될 수 있는 것은 '-보다'가 보여주는 통사·의미론적인 이유도 있지만 '밥뽀다'와 같이 어간 말음이 중화에 이은 경음화 현상이 적용되어 형태소 경계에서 적용되는 음운 규칙이 그대로 적용되는 것도 하나의 이유가 될 수 있다. 물론 이 경우에 형태소 경계가 아닌 통사론적 구에도 적용되는 규칙이라면 이러한 기준은 성립될 수 없을 것이다.

기음화가 반영되지 않거나 'ㅎ'이 탈락한 어형들은 모두 'ㄹ'-선행 어형이라는 공통점이 있다. 모음 선행 어형이나 'ㄴ'-선행 어형에서는 유기음화가 철저히 지켜지고 있었다는 점과 비교하면, 'ㄹ'-선행 어형에서 관찰되는 'ㅎ'-탈락은 대조적이다. 또, 이 시기에 용언의 활용에서는 유기음화가 엄격하게 적용되었음을 감안할 때, 이렇게 체언에서 유기음화가 반영되지 않은 것은 특이한 현상이라고 할 수 있다.

표면상 'ㅎ'-탈락으로 보이는 위의 예들은 음운 규칙으로서의 'ㅎ'-탈락과 동일하게 처리해서는 곤란하다. 왜냐하면 'ㅎ'-탈락이라면 'ㅀ'에서 'ㅎ'이 탈락하였다고 보아야 하는데, 중세국어에서는 자음군 가운데 어말 위치에서 하나의 자음이 탈락하였다고 하더라도 후행 음절로 연철되지 않기 때문이다. 그런데 '하ᄂ래' 등과 같이 연철되어 나타난다는 점에서 'ㅎ'-탈락이라고 볼 수 없을 것이다. 또 이 시기에 용언의 활용에서는 '일허, 일흐니, 슬허, 슬흐니'처럼 'ㄹ'과 모음 어미 사이에서 'ㅎ'이 탈락하지 않는다는 점을 고려하면 이들을 'ㅎ'-탈락이라고 볼 근거가 없다.

그런데 기존의 연구에서는 위의 사실에 대한 지적만 있었을 뿐 국어사에서 관찰되는 유성음 사이에서 'ㅎ'-탈락과 같은 범주의 사실로 다루어 왔다. 김형규(1963)이나 김정숙(1985) 등이 '가히>개', '골회>고리', '빈혀>비녀' 등에서 'ㅎ'-탈락은 유성음과 유성음 사이에서 'ㅎ'이 활음(glide)과 같은 성격을 띠어 뒤에 오는 모음에 동화되므로 탈락한 것이라 하였다. 유성음 사이의 'ㅎ'-탈락을 'ㅎ'-

말음 체언에서 보이는 'ㅎ'-탈락과 동일한 현상으로 다룬 것이다. 그러나 국어사에서 'ㅎ'-탈락은 일반적으로 유성음 사이에서 'ㅎ'이 탈락하는 현상을 말하는데, 대부분 18세기나 19세기 국어에 존재하는 것으로 알려졌다(홍윤표 1994, 최명옥 1997).

(23) 여의매(경신록언해 26ㄴ), 싸올 제(삼역총해 10:12ㄱ),
血戰 피나게 싸오다(방언유석 서부방언:11ㄴ)

(24) ㄱ. 너어(규합총서 3ㄱ), 잡아 너으며(이언언해 3:12ㄴ)
ㄴ. 노오매(인어대방 10:2ㄱ), 버려 노아(규합총서 15ㄴ),
느러 노아(이언언해 2:52ㄴ), 불을 노아(과화존신 17ㄱ)

(25) ㄱ. 올으리라(태상감응편도설언해 3:25ㄱ), 올으니라(조군영적지 8ㄴ)
ㄴ. 만으니(관성제군명성경언해 11ㄱ), 만을시(관성제군명성경
언해 15ㄱ), 쓰너지는지라(관성제군명성경언해 13ㄴ), 쓰너
(관성제군명성경언해 14ㄴ)

(23)은 18세기 국어에서 발견되는 예로, '여의매'[離]와 '싸올'은 이전 시기에 각각 '여희-', '싸호(사호)-' 등으로 나타나던 것인데 형태소 내부에서 'ㅎ'이 탈락한 것이다. 반면, (24), (25)는 형태소 경계에서 'ㅎ'이 유성음 사이에서 탈락하는 예이다. (24ㄱ), (24ㄴ)은 어간 말음이 'ㅎ'인 경우인데, '넣-'(<넣-), '놓-' 등에서 'ㅎ'이 탈락한다. 그런데 이들은 대부분 19세기 자료에서나 확인된다. (25

ㄱ), (25ㄴ)은 'ㄿ'과 'ㄶ' 어간말 자음군의 예인데, 역시 19세기 국어에서나 확인된다. 그러므로 중세국어에서 'ㄹ'-선행 어형에서 나타나는 'ㅎ'-탈락은 근대국어 후기에 나타나는 'ㅎ'-탈락과는 성격이 다르다고 볼 수 있다.

또, 'ㅎ'-말음 체언의 어간 말음 'ㅎ'의 탈락을 유성음 사이의 'ㅎ'-탈락으로 처리한다면 'ㅎ'-말음 체언에 자음 어미가 올 때 유기음화가 일어나지 않은 예를 설명할 수가 없다.

   (26) ㄱ. 하늘쾌, 길쾌, 안쾌, 우쾌, 나라쾌
       ㄴ. 하늘와, 길와, 안과, 우와, 나라와

(26)에서와 같이 'ㅎ'-말음 체언의 곡용형 가운데 자음 어미일 때 유기음화가 일어나지 않은 예들은 유성음 사이의 'ㅎ'-탈락으로 설명하기 곤란하다. '하늘쾌'가 '하늘와'로 된 것은 유성음 사이의 'ㅎ'-탈락과는 성격이 다르기 때문이다. 유성음 사이의 'ㅎ'-탈락에 대한 반작용으로 판단되는 유성음 사이의 'ㅎ'-첨가의 예도 마찬가지로 근대국어에서 확인할 수 있다.

   (27) 步히며(증수무원록언해 1:22ㄴ), 가[邊]힌(가례언해 도:8ㄱ),
       초[醋]히라(증수무원록언해 1:19ㄴ), 쪄히(어제훈서언해 2:10ㄱ)

위의 예는 홍윤표(1987)에서 제시한 것이다. '步, 가, 초, 쪄' 등은 본래 'ㅎ'-말음 어간이 아니지만 이들의 곡용형에 'ㅎ'이 첨가되었다. 이러한 'ㅎ'-첨가는 17세기부터 보이는데, 모음 선행 어형의 경우 17세기부터 말음 'ㅎ'이 탈락하는 예들이 나타나, 이에 대한 반작용으로 본래 'ㅎ'이 없던 환경에 'ㅎ'이 첨가되었다고 할 수 있다. 따라서 중세국어의 'ㅎ'-말음 체언에서 보이는 'ㅎ' 탈락은 국어사에서 흔히 거론되는 'ㅎ'-탈락과 성격이 다르다고 할 수 있다.

특히, 19세기 국어에서 '하늟' 등은 이미 'ㅎ'이 18세기에 소멸되어 '하늘'로 재구조화되었다는 점을 들 수 있다. 또, 이 시기에 유성음 사이에서 'ㅎ'-탈락이 확산되고 있었음에도 여전히 'ㅎ'을 가진 어형도 보인다. 따라서 'ㅎ'-말음 체언의 'ㅎ'-탈락과 19세기 국어에서 나타나는 'ㅎ'-탈락은 그 기제가 다른 현상이라고 할 수 있다. 그러므로 15세기부터 보이는 'ㅎ'-말음 체언의 말음 'ㅎ'의 탈락은 순수 음운론적인 차원이 아닌 다른 차원에서 그 이유를 찾아야 할 것이다.[43]

3.3.3. 'ㄹ'-탈락과 유음화 현상

'ㅎ'-말음 체언 가운데 특히 'ㄹ'-선행 어형이 합성어의 제1어기로 참여할 때 후행 어미에 따라 다양한 음운 현상을 보인다. 먼저 후행 요소가 평음일 경우에는 다른 'ㅎ'-말음 체언처럼 'ㅎ'이 탈락하기도 하고 유기음화하기도 한다.

---

43) 'ㅎ'-말음 체언의 'ㅎ'-탈락의 이유에 대해서는 3.5.에서 다루기로 한다.

   (28) ㄱ. ㄴ물받(밭), 눌가래, 돌그릇[石器], 돌ㄷ리, 돌비늘[雲母], 볼
         독[肘], 스믈다슷
      ㄴ. 볼톡, 하눌ㅌ리 cf. 글탈노라[煎]
      ㄷ. 구듨곳, 깂거리, 깂ㄹ, ㄱ숤돌, ㄱ숤밤,

(28ㄱ, ㄴ, ㄷ)은 'ㅎ'-말음 체언과 후행 요소의 두음이 평음인 경우의 실현 양상이다. 이때는 (28ㄱ)과 같이 'ㅎ'이 탈락하거나 (28ㄴ)과 같이 유기음화하기도 한다. 그리고 (28ㄷ)과 같이 'ㅎ'이 탈락하고 두 어기 사이에 'ㅅ'이 개재하기도 한다. 이와 같은 사정은 다른 'ㅎ'-말음 체언이 합성어의 선행 요소로 참가하였을 때와 차이가 없다. 그러나 다음과 같은 예는 다른 'ㅎ'-말음 체언이 보여주는 것과는 차이가 있다.

   (29) 두셓, 두섫, 두셇44)
      cf. 뫼ᅀᅡ리(월인석보 11:47ㄱ)

(29)는 'ㄹ'-선행 어형의 합성어 형성의 한 양상이다. (29)에서 '두셓' 등은 표면상 'ㅀ'이 완전히 탈락한 양상을 보여준다. 이기문

---

44) 실제 중세국어에서 "*두셓'이나 "*두셇'은 문증되지 않고 항상 '두서'나 '두세'로만 나타난다. 이들이 'ㅎ'을 보여주지 않는 것은 이들의 출현 환경이 모두 단독형이기 때문이다. 그러나 "두서히"(월인석보 10:23ㄴ)와 같이 '두셓'은 문증되므로 '셓'은 말음 'ㅎ'이 있는 것으로 간주된다. 또 "*두셇'의 '셇'은 'ㅎ'-말음 체언이라는 점에서 문증되지는 않지만 "*두셇'을 상정한 것이다.

(1972)에 따르면 '두ᅀㅓ'[二三]는 '둟'[45]과 '서'의 합성인데, 13세기 이후 'ㄹ' 아래서 '*s>z'에 의해 '*둘ᅀㅓ'가 형성되고 이어 'ㅿ' 앞에서 'ㄹ'이 탈락하는 과정을 겪은 것으로 보았다. '*s>z'의 변화를 겪지 않은 방언형이 '두서'다. 그런데 이들은 기원적으로 [둟]#[셯]의 구조에서 합성어 경계가 형태소 경계로 바뀌면서 [둟]+[셯]의 구조로 바뀌고, 이어 계기적인 과정에 의해 '두ᅀㅓ'나 '두서'가 도출된 것으로 보인다. '뫼ᅀㅏ리'[響] 역시 [[[묗]#*살-]+-이] 정도의 구조에서 'ㅎ'이 탈락하고 'j' 아래에서 '*s>z'에 의해 '뫼ᅀㅏ리'가 형성된 것으로 볼 수 있다.

(30)	/둟/ +	/셯/
ㅎ탈락	둘셯	둘셯
*s>z	*둘셯	—
ㄹ탈락	두셯	두셯
표면형	두셯	두셯

위에서와 같이 'ㅅ' 앞에서 'ㅎ'-탈락이 먼저 적용되어 '*둘셯'이 된 것인데, 이는 '*s>z'[46)]의 입력부에 해당된다. 이 변화를 겪은 어

---

45) '둟'과 '셯'은 각각 'ㅎ'-말음 체언에 포함되므로, 엄밀히는 [둟]#[셯]의 구성으로 보아야 한다. 중세국어에는 '두셯'과 '두서(셯)'가 존재하고 이와 관련 있는 '두세'(구급방언해 하:2)도 존재한다.
46) '*s>z'의 변화는 변화의 초기에는 공시적인 변이로 인정되어야 할 것이지만 여기서는 편의상 '>'로 사용하였다.

형이 ‘둟솅’이고 이 변화를 겪지 않은 어형이 ‘둟셩’이다. 여기에 ‘ㅅ, ㅿ’ 앞에서 ‘ㄹ’-탈락을 거쳐 ‘두솅’과 ‘두셩’이 된 것이다. 그런데 ‘ㅎ’-말음 체언 가운데 ‘ㄹ’-선행 어형의 경우 ‘ㅎ’이 탈락하면 ‘ㄹ’-어간 말음과 똑같은 음운 과정을 겪는다. ‘ㅎ’-탈락의 결과 ‘ㄹ’-말음 어간과 같은 환경이 아니라면 위의 규칙은 공전하게 되고 결국 ‘두솅’이나 ‘두셩’은 내적 구성이 다른 것으로 이해해야 한다.

혹, ‘두솅’을 수관형사 [두]#[솅]의 구성으로 이해할 수도 있다. [두]#[셩]의 구조에서 [두]+[셩]의 구조로 바뀐 뒤에 ‘*s>z’를 거쳐 ‘두솅’이 형성되었다고 볼 수도 있다. 그러나 모음 사이는 *s>z의 환경이 아니므로(이기문 1972), ‘두솅’의 출현을 설명할 수 없다. 그러므로 ‘두솅’은 [둟]#[셩]에서 [둟]+[셩]을 거쳐 ‘*둟셩, *둟솅, 두솅’으로 이어져 왔다고 보는 것이 합리적이다. ‘두셩’에서 보이는 ‘ㄹ’-탈락은 ‘ᄂᄆ새’류에서도 확인된다.

(31) ㄱ. ᄂᄆ새(번역소학 9:103ㄱ), ᄂᄆ자기(악장가사, 청산별곡)

　　　ㄴ. ᄂ물밭(두시언해 7:39ㄴ), ᄂ물국(내훈언해 3:56ㄱ)

(31ㄱ)의 ‘ᄂᄆ새’와 ‘ᄂᄆ자기’[47]는 ‘ᄂ뭃’[菜]과 관련 있는 어형들이다. ‘ᄂᄆ새’는 《번역노걸대》에서 확인되는 어형인데, 그 내적

---

47) ‘ᄂᄆ자기’는 〈청산별곡〉에 나타나는 어형인데 나물 이름으로 알려졌다. 양주동(1947:323)에서는 ‘ᄂᄆ자히’에서 온 것[轉]으로 보아 ‘해조’나 ‘해초’로 보았고, 박병채(1994:231)에서는 들나무의 일종으로 보고 강화도에서는 ‘나마자기’라는 나물 이름이 쓰이고 있다고 하였다.

구성을 '[ㄴᄆ]+[새]'[茅]로 볼 수도 있고, '[ㄴ뭃]+[새]'의 구성으로 볼 수도 있다. 'ㄴᄆ+새'의 구조로 보면, 중세국어에 'ㄴᄆ'와 관련한 어휘가 보이고, 또 'ㄴ뭃'과 'ㄴᄆ새'의 의미차도 제대로 설명할 수 있을 것이다(이태영 2000). 그러나 중세국어에 단독으로 쓰인 '*ㄴᄆ'를 전혀 확인할 수 없고, 'ㄴᄆ'가 'ㅅ'이나 'ㅈ' 등 치음 앞에서만 분포된다는 점을 감안하면 오히려 '[ㄴ뭃]+[새]'의 구성으로 보는 것이 합리적일 수 있다. 이들의 성조도 'ㄴᄆ새'가 평평거인 반면 'ㄴ뭃'이 평평의 성조를 보인다는 점에서 'ㄴᄆ'와 'ㄴ뭃'이 관련이 있을 가능성을 보여준다.48) 'ㄴ뭃+새'에서 '두서(섥)'와 같이 'ㅎ'이 탈락한 다음 다시 'ㄹ'이 탈락하여 이루어진 것이 'ㄴᄆ새'라 할 수 있다. 또, '두섥'을 고려한다면 '*ㄴᄆ새'도 가능할 것으로 보이지만 문증되지 않는다. 'ㄴᄆ자기' 역시 '[ㄴ뭃]+[*자기]'의 구성에서 'ㅈ' 앞에서 'ㅎ'과 'ㄹ'이 탈락한 형태로 본다. 이러한 'ㄹ'-탈락은 'ㅿ, ㅅ, ㄴ, ㄷ, ㅈ' 등이 뒤에 올 경우에 이루어지는데,49) 중세국어의 매우 두드러진 음운 변화의 하나로 광범위하게 나타난다(이기문 1977). (31ㄴ)과 같이 후행음이 'ㅂ'이나 'ㄱ'일 경우에는 선행 어기의 말음 'ㄹ'은 탈락하지 않는다. 'ㅅ'이 후행 어기일 때는 다음과 같

---

48) 물론 성조가 같다는 것이 동일 형태소임을 보여주는 적극적인 증거는 될 수 없다. 그러나 '*ㄴᄆ'가 단독으로 쓰인 예가 전혀 확인되지 않고 합성어 형식으로만 나타나고, 그 환경도 'ㅅ, ㅈ' 앞이라는 특수한 환경에서만 보인다면 'ㄴ뭃'로 보는 것이 합리적이다.

49) '*ᄒᄫᆋ새[獨]＞ᄒᄫᆋ새, *ᄆᆞᆯ쇼[牛馬]＞마쇼, *ᄯᆞᆯ님(女)＞ᄯᆞ님, 날둘[日月]＞나둘, *바눌질[裁縫]＞바ᄂ질' 등에서 'ㄹ'-탈락을 확인할 수 있다(이기문 1977:34f).

은 양상도 나타난다.

  (32) ㄱ. 겨스사리(사성통해 하:13), 麥門冬 겨으사리 불휘(동의보감
         2:40ㄱ), 忍冬 겨으사리 너출(동의보감 2:48ㄱ)
      ㄴ. 겨슷석둘(三冬; 두시언해 7:31ㄴ), 겨슷 무수(두시언해 16:70ㄱ)
      ㄷ. 돌서리(石間; 두시언해 10:32ㄴ)

  (32ㄱ)의 '겨스사리'는 '겨슳'[冬]과 '사리'(살-+-이)가 결합된 것
인데, 역시 'ㅎ'과 'ㄹ'이 탈락하였음을 볼 수 있다. 그러나 (32ㄴ)에
서는 '겨슳'에서 'ᄚ'이 이른바 사이시옷 앞에서도 탈락할 수 있음을
보여준다. 물론 (32ㄷ)과 같이 'ㅅ'이 뒤에 온다고 해도 'ㄹ'이 탈락
하지 않을 수도 있다. 이것은 '밠바당'과 '밧바당', '믌결'과 '믓결'이
공존하는 것과 같은 범주의 사실이다.
  후행 어기의 자음이 'ㄷ'계일 경우에도 'ㄹ'-탈락이 관찰된다.

  (33) ㄱ. 겨스 동[冬](광주천자문 2ㄱ), 겨으 동(석봉천자문 2ㄱ)
      ㄴ. 하늧뜯(두시언해 19:17ㄱ), 하늧도래(훈몽자회 상:4ㄴ)
      ㄷ. 볼뎡[拱手](번역소학 10:13ㄱ), 돌덩이(동국신속삼강행실도
         열,7:1ㄴ)

  (33ㄱ)의 '겨스 동, 겨으 동'은 합성어가 아닌 한자의 훈과 음의
관계인데 후행 요소의 두음이 'ㄷ'일 때 'ㄹ'이 탈락할 수 있음을 보
여준다. (33ㄴ)은 합성어의 후행 요소가 'ㄷ'계50)이지만 이때는 'ㅅ'

앞에서 'ㄹ'이 탈락한 것으로 보아야 한다. (33ㄷ)의 '불뎡'은 합성어고, '돌뎡이'는 파생어로 볼 수 있는데, 'ㄷ'이 뒤에 올 경우 'ㄹ'이 탈락하지 않을 수 있음을 보여준다. 그러나 'ㄴ'이 뒤에 올 경우에는 'ㄹ'이 탈락하는 경우를 찾아볼 수 없다.

　　(34)　ㄱ. 鋒 갈놀 봉(신증유합 하:39ㄴ)

　　　　　ㄱ'. 鋩 갈롤 망(신증유합 하:54ㄱ)

　　　　　ㄴ. 갌놀해(두시언해 15:19ㄱ)

　　　　　ㄴ'. 갌롤해(중간두시언해 15:19ㄱ)

　　(35)　ㄱ. 길녀가ᄂᆞᆫ(몽산화상법어약록 간:38ㄴ), 길녈 사ᄅᆞ믄(두시언해

　　　　　　　3:3ㄴ)

　　　　　ㄴ. 길려ᄂᆞᆫ 사ᄅᆞᆷ을(백련초해 11ㄴ), 길려ᄂᆞᆫ 사ᄅᆞ미(중간두시언해

　　　　　　　12:10ㄴ)

　　(34)는 'ㄹ'-선행 어형에 후행 요소의 두음이 'ㄴ'인 어형이 온 것인데, 이때는 네 가지 양상으로 나타난다. (34ㄱ)의 '갈놇'[刀]로 나타날 수 있는가 하면, (34ㄱ')처럼 같은 문헌에서 음절 간 'ㄹ-ㄴ' 연쇄에서 유음화가 적용되어 '갈롤'로도 실현될 수 있음을 보인다. 또 (34ㄴ, ㄴ')와 같이 두 요소 사이에 'ㅅ'이 개재할 수도 있다. (34ㄴ)의 '갌놇'이 중간본에서는 (34ㄴ')와 같이 '갌롫'로 나타나 역시

---

50) 물론 'ㄸ'을 어두자음군으로 본다면 이러한 논의는 성립되지 않는다.

유음화가 실현됨을 볼 수 있다. (35)는 '르'-선행 어형에 후행 요소로 동사가 온 경우인데, '길녀-'[行]와 '길려-'로 나타날 수 있음을 보인다. 만약 '길려-'가 합성어라면 합성어 경계에서 유음화가 적용될 수 있다고 할 수 있고, 만약 통사적 구성이라면 단어 경계를 뛰어넘어 유음화가 적용되었다고 할 수 있다.[51) 그런데 이러한 음절 간 '르-ㄴ'의 '르-르'로의 유음화는 15세기 국어에서는 찾아볼 수 없고 16세기 중반 이후의 문헌부터 나타나기 시작한다. (34ㄱ, ㄱ')의《두시언해》초간본과 중간본의 예는 이러한 차이를 잘 드러내고 있다.

결국 '르'-선행 어형은 설음이나 치음 등이 올 때 수의적으로 '르'이 탈락할 수 있음을 보여주고, 'ㄴ'이 뒤에 올 경우에는 유음화가 수의적으로 적용될 수 있음을 보여준다.

3.4. 'ㅎ'-말음 체언의 재구조화 양상

'ㅎ'-말음 체언은 15세기 국어에서부터 어간 말음 'ㅎ'이 동요되는 어형이 있는가 하면[52) 그러한 동요를 보이지 않는 어형도 있다. 가령, '갏'[刀]과 '하늟' 같은 '르'- 선행 어형은 'ㅎ'이 나타나지 않는 '갈, 하늘' 등을 관찰할 수 있지만, 모음선행이나 'ㄴ'-선행 어형은

---

51) '길녀(길 녀)-'와 같은 구성이 합성어인지 통사적 구성인지 판단하기는 어렵다. 참고로《이조어사전》에서는 합성어로 처리한 듯하며,《표준국어대사전》에서는 '길 가다'를 표제어로 올려놓지 않은 것으로 보아 통사적 구성으로 본 듯하다.

52) 자료 확인은 되지 않지만 15세기 이전부터 어간 말음 'ㅎ'의 동요가 있었다고 가정할 수 있다.

'ㅎ'-말음 체언의 일반적인 교체 양상만 보여준다. 여기서는 'ㅎ'-말음 체언의 재구조화 양상을 구체적으로 살펴보기 위해서 이들을 '자음 선행 어형'과 '모음 선행 어형' 등으로 나누어 고찰해 보기로 한다.

'ㅎ'-말음 체언 가운데 모음 선행 어형은 30여 개에 이른다.53) 또 자음 선행 어형은 'ㄹ'-선행 어형과 'ㄴ'-선행 어형, 그리고 'ㅁ'-선행 어형이 있다. 이 가운데 'ㄹ'-선행 어형은 30여 개에 이르는데, 이들 모두의 재구조화 과정을 살펴보는 것은 어려운 일일 뿐만 아니라 그럴 필요성도 없다. 몇 개의 어형만으로 'ㅎ'-말음 체언의 재구조화 양상을 파악할 수 있기 때문이다. 그러므로 대상 어형을 적절히 한정하는 일이 필요하다.

대상 어형 선정의 일차적인 조건은 출현 빈도수가 높아야 한다는 점이다. 출현 빈도가 제한된 어형을 통해 재구조화를 논의한다는 것은 큰 의미가 없기 때문이다.54) 그리고, 출현 빈도가 단순히 높다고 하여도 특정 곡용형만 집중적으로 나타나고 그 밖의 곡용형은 제한적인 모습을 보인다면 이 또한 곤란하다. 가령, 자음 어미와의 결합 양상도 온전히 확인될 때 적절한 대상으로 처리될 수 있다. 또, 이러한 조건을 만족시킨 어형을 모두 다룰 수는 없기 때문에 이 책에서

---

53)'냏'[川]이나 '뎧'[笛]과 같이 하향이중모음이나 상향이중모음까지 아우른 것이다. 이에 대해서는 3.2. 예 (4) 참조.

54) 이러한 조건에 따라 자음 선행 어형 가운데 '앓'이나 '욹ㅎ'과 같은 'ㅁ—선행 어형'은 출현 예가 너무 적기 때문에 검토 대상에서 제외하였다.

는 음절 수와 성조 문제를 고려하여 검토해 보기로 한다.

3.4.1. 자음 선행 어형

자음 선행 어형 가운데 이 책에서 검토할 대상은 'ㄹ'-선행 어형으로 '하늟, 깊, 돓, ㄴ뭃' 등이고, 'ㄴ'-선행 어형으로 '않' 등이다. 이들은 출현 예도 비교적 풍부하고 곡용형 또한 상대적으로 다양하게 보여준다는 점에서 검토 대상이 될 수 있다.

3.4.1.1. 하늟

'하늟'은 'ㄹ'-선행 어형 가운데 2음절어에 속한다. 성조상으로 '평거'를 보이는데, 이 어형은 15세기부터 '하늘'이 나타나는 것으로 알려졌다.

> (36) ㄱ. 하늘해(석보상절 6:19ㄴ), 하늘히며(석보상절 9:3ㄴ), 하늘콰
> (석보상절 19:13ㄱ), 하늘토(월인천강지곡 상:63ㄱ)
> ㄴ. 하ㄴ래(석보상절 6:36ㄴ), 하늘로셔(석보상절 6:17ㄱ), 하늘
> 도(월인석보 7:14ㄱ), 하늘와(능엄경언해 8:131ㄴ)
> ㄴ'. 하ㄴ 뜨디[天意](두시언해 19:17ㄱ)

(36ㄱ)은 중세국어의 '하늟'의 일반적인 곡용 양상을 보인 것이다. 반면 (36ㄴ)은 이와는 사정이 조금 다르다. (36ㄴ)에서 보듯 모음 어미와 결합할 때 'ㅎ'이 표면에 나타나지 않고 후행 음절로 'ㄹ'이 연철되어 나타난다. 그러나 이때의 '하ㄴ래'는 '하늟'에서 'ㅎ'이

탈락하여 형성된 것이 아니다. 또, 자음 어미와 결합할 때 '하늘도'
와 '하늘와'가 관찰되는데 이들은 유기음화가 적용되지 않았다. 특
히, 공동격 어미 '과'와 결합할 때 '하늘콰'로 실현되지 않고 '하늘와'
로 나타난 것은 중세국어의 'ㄹ' 어간 말음의 곡용 양상과 똑같은
모습이다. 따라서 이때의 어간 말음은 'ㅀ'이 아니라 'ㄹ'임을 알 수
있다. (36ㄴ')는 《두시언해》(1481)에서 관찰되는 합성어의 예이다.
비록 곡용형과 동일선상에서 처리할 수는 없지만 '하놋'은 'ㅀ'의
'하놇'일 수 없다는 점에서 이 시기에 '하늘'이 존재하였다는 방증이
될 수 있다. 이것은 '밠바당~밧바당' 등과 같이 이른바 사이시옷 앞
에서 'ㄹ'이 탈락하는 중세국어의 합성어의 한 양상과 같은 범주의
사실이다. 그러므로 이때의 어간 말음도 'ㄹ'로 볼 수 있다.

　　결국 15세기 국어에 '하놇'뿐 아니라 'ㄹ' 어간 말음을 가진 '하늘'
이라는 어형이 있음을 확인할 수 있다. 이들은 각각 독자적인 패러
다임을 가지고 있고, 동일한 기원이므로 쌍형어로 보아야 한다. 즉,
구형인 '하놇'에 '하늘'이 새롭게 나타난 것이다. 이 시기에는 '하놇'
과 '하늘'이 독자적인 패러다임을 가지고 있었으므로 이들을 다음과
같이 기술할 수 있다.

　　(37) 15세기 국어의 '天'

　　　{하놇} : /하놇/(모음 어미, 매개모음 어미, 자음 어미)∽/하늘/(#)55) ≈

---

55) 휴지 앞에서 /하늘/은 이 시기의 공시적인 음운 규칙에 의해 도출된 것으로 다
　　른 환경에서 /하놇/과는 차이가 있다. 이것은 '하놇'뿐만 아니라 다른 'ㅎ'-말음

{하늘} : /하늘/(교체 없음)

16세기 들어서면 '하늘'의 세력은 더욱 커지는 반면 '하늟'은 점점 축소된다. 이는 신형이 점점 세력을 확장해 가고 구형은 위축되는 언어 일반적인 양상과 같다.

(38) ㄱ. 하늘홀(번역소학 8:2ㄴ), 하늘해(번역박통사 상:41ㄴ), 하늘 콰(칠대만법 4ㄱ)
　　 ㄴ. 하늘이(속삼강행실도 중,열:19ㄱ), 하늘을(속삼강행실도 중, 효:19ㄱ), 하늘도(번역노걸대 상:38ㄱ), 하늘와(번역박통사 상: 1ㄱ), 하늘과(효경언해 10ㄴ)

(38)은 16세기의 '하늟'과 '하늘'의 모습이다. (38ㄱ)에서 모음 어미가 뒤에 올 때는 'ㅎ'이 그 모습을 드러내지만 자음 어미가 올 때 유기음화가 실현되는 예를 찾기가 쉽지 않다. '하늘콰'를 《칠대만법》(1569)에서 확인할 수 있을 뿐이다. 그런데 이 자료가 지방에서 간행되었기 때문에 방언적인 요소가 개입되었을 가능성을 고려한다면 중앙 방언의 경우 이 시기에 자음 어미와 결합된 '하늟'의 예는 찾아볼 수 없다고 할 수 있다.

반면 (38ㄴ)은 '하늘'의 모습인데 '하늘이, 하늘을'처럼 연철이 아닌 분철을 보인다는 점을 제외하면 이전 시기와 큰 차이가 없다. 또

체언의 구조적인 측면을 고려한 기술이다.

'하늘와'와 '하늘과'와 같이 '과/와'의 결합이 두 곡용형으로 나타나
는 것은 'ㄹ'-어간 말음에 '과'가 결합할 때 'ㄱ'이 약화되었다가 16
세기 후반에 'ㄱ'이 복원되는 것과 같은 양상이다. 따라서 이 시기에
는 오히려 '하늘'이 일반형이 되고, '하늟'은 모음 어미와 매개모음
어미에서만 나타나는 불완전한 패러다임을 가진 어형으로 축소되
었다고 볼 수 있다. '하늟'이 모음 어미나 매개모음 어미에만 국한되
어 나타나고 이 환경에서 '하늘'도 나타나므로 역시 중복 분포를 보
인다. 그러므로 '하늟'은 '하늘'과 중복 분포를 보이면서 쌍형 관계
를 유지한다고 할 수 있다.

(39) 16세기 국어의 '天'

    {하늘} : /하늘/(교체 없음) ≈

    {하늟} : /하늟/(모음 어미, 매개모음 어미)

17세기 국어에는 자음 어미가 올 경우에 유기음화가 실현된 예가
거의 없다.56) 반면 모음 어미가 올 경우에는 'ㅎ'이 나타나는 어형
과 나타나지 않는 어형이 공존한다. 그러므로 이 시기에도 '하늟'의
어간 말음 'ㅎ'이 완전히 소멸되었다고 볼 수 없다. 'ㅎ'이 모음 어미
일 때에도 표면에 나타나지 않는 것은 18세기에 간행된 《삼역총해》

---

56) 17세기에 들어서면 《중간두시언해》를 제외하고 자음 어미가 올 때 유기음화가
일어나는 예는 보이지 않는다. 그러나 널리 알려졌듯 이 자료는 지방에서 간행된
자료라는 점에서 이 시기의 중앙에서 간행된 문헌과는 균질적이지 않다. 그러므
로 17세기 국어에서 유기음화가 실현되는 예가 없다고 보아도 크게 무리가 없을
것이다.

에서부터 두드러지는 양상이고, 19세기 중엽 이후의 문헌에는 모음 어미가 올 때에도 'ㅎ'이 나타나지 않는다. 따라서 19세기 중엽 이후가 '하눓'의 'ㅎ'이 탈락하여 '하늘'로 재구조화가 완성된 시기라 할 수 있다. '하눓'이 표면에 나타나지 않기 때문에 이 시기의 공시적 기술에서 '하눓'을 상정할 필요가 없다. 표면에 나타나지 않는 형태를 기저형으로 설정할 경우 추상성을 불러일으키기 때문이다. 그러므로 19세기 국어의 '하늘'[天]은 다음과 같이 표시할 수 있다.

(40) 19세기 국어의 '天'
　　　{하늘} : /하늘/(교체 없음)

3.4.1.2. 긿

'긿'은 1음절 어형이면서 성조는 '거성'이다. 그러므로 2음절어인 다른 'ㄹ'–선행 어형과는 재구조화 양상에서 차이가 있을 것이라 생각한다.

(41) ㄱ. 길콰(능엄경언해 5:68ㄱ), 길홀(석보상절 6:19ㄱ), 길ㅎ로(석보상절 23:40ㄱ), 길흐로(월인석보 8:100ㄴ), 길홀(번역소학 6:37ㄱ), 길헤(번역소학 6:37ㄱ), 길헤(선종영가집언해 상:68ㄱ)
　　　ㄴ. 길로(두시언해 3:22ㄴ), 길로(남명천언해 상:28ㄴ), 즐음낄로(소학언해 4:41ㄴ)

(41)은 중세국어에 나타나는 '긿'의 출현 양상이다. (41ㄱ)에서, '긿'은 자음 어미가 올 때는 후행 어미의 두음과 축약되어 유기음으로 실현되고, 매개모음 어미나 모음 어미가 올 때는 'ㅎ'이 후행 음절로 연철되어 나타난다. 이러한 양상은 'ㅎ'-말음 체언이 갖는 공통적인 곡용 양상과 같다. 다만, '♀로/으로'가 결합할 때 '길ㅎ로' 형과 '길흐로' 형이 공존함을 볼 수 있다. 그러나 (41ㄴ)은 '긿'로 볼 수 없다. 만약 '긿'이라면 (41ㄱ)에서와 같이 '길ㅎ로'로 실현되어야 하지만 '길로'로 나타난다는 점에서 어간 말음이 'ㄹ'인 어형과 똑같은 곡용형을 보이기 때문이다. 그러므로 '길'은 '♀로/으로'와의 결합형에서 처음으로 나타난다고 할 수 있다.

'길로'의 곡용형에서만 '길'이 보이고 다른 곡용형에서는 '길'이 확인되지 않기 때문에 '길'을 기술하기가 쉽지 않다. 특정 어미가 올 때만 나타나는 곡용형을 기술하는 방법으로는 그 곡용형을 어휘부에 등재하는 방식이 있을 수 있다. 그러나 동일한 환경에서 '길ㅎ로'(길흐로)도 나타난다는 점에서 이들은 중복 분포를 보이므로 어휘부에 등재하기가 쉽지 않다. 따라서 '긿'은 완전한 패러다임을 가진 어형으로 볼 수 있고, 새로운 어형 '길'은 '♀로/로'의 환경에서만 수의적으로 나타나는 어형으로 볼 수 있다.

(42) 중세국어의 '道'
　　{긿} : /긿/(모음 어미, 매개모음 어미, 자음 어미)∽/길/(#) ≈
　　{길} : /길/(로)

17세기에 들면 새로운 어형 '길'은 세력이 점차 확대된다. 자음 어미와 매개모음 어미에까지 분포 영역이 확대되는 것을 볼 수 있다.

(43) ㄱ. 길콰(중간두시언해 15:15ㄱ), 길흐로셔도(첩해신어 5:23ㄱ), 사흘 씰홀(첩해신어 8:5ㄴ), 七八里 씰히(노걸대언해 상:54ㄱ), 길희셔(가례언해 8:10ㄱ)

ㄴ. 묏길과(중간두시언해 8:46ㄴ), 사흘 길을(동국신속삼강행실도 열,4:52ㄴ), 빗길로(박통사언해 중:12ㄴ), 어늬 길로 온다 (打那路來; 역어유해 상:24ㄱ)

(43)은 17세기 국어에 나타나는 '긿'의 양상이다. (43ㄱ)은 '긿'이 자음 어미나 모음 어미, 매개모음 어미 앞에서 나타날 수 있음을 보여준다. 자음 어미와 결합하는 형태로는 (43ㄱ)의 '길콰'와 (43ㄴ)의 '길과'가 공존한다. 그러나 두 예 모두 《중간두시언해》(1632) 외에 다른 문헌에서는 찾아볼 수 없다. 《중간두시언해》가 지방에서 간행된 문헌이므로 다른 문헌과 균질적이지 않다는 문제점이 있다. 이 시기의 다른 문헌에서는 '과'와 결합하는 형태가 확인되지 않는다는 점에서 자음 어미 앞에서 어떻게 실현되었는지 확인할 수 없다. 다만 '길콰'와 '길과'가 공존하므로 이 시기가 자음 어미 앞에서 '길'로 재구조화되는 과정에 있는 과도기라고 하겠다. 한편 매개모음 어미 '을'의 결합형도 '길홀'과 '길을'이 공존한다. '을'의 결합형이 '길을'로 나타나는 예는 이 시기에 처음 등장한 것으로 여겨진다. '으로/로'의 결합형 또한 '길흐로'와 '길로'로 나타난다. 그런데 (43

ㄱ)의 '길흐로'는 이 시기의 다른 문헌에서는 찾아볼 수 없고 대체로 '길로'로 나타난다. (43ㄴ)과 같이 '길로'가 일반적이다. 따라서 이 시기에는 모음 어미의 예에서만 '길'이 확인되지 않고 다른 곡용형에서는 모두 '긿'과 '길'이 공존한다고 할 수 있다.

> (44) ㄱ. 이 길희(박통사신석언해 1:39ㄴ), 길흐로셔(개수첩해신어 5:34
> ㄱ), 길흘(명의록언해 상:13ㄱ)
> ㄴ. 살 씰이(경흥윤음 2ㄴ), 길에(當路—科㢱; 박통사신석언해
> 1:39ㄱ), 길에(오륜행실도 충:80ㄱ), 길과(경신록언석 76ㄱ),
> 길노붓터(경신록언석 34ㄴ), 큰 길로(삼역총해 2:8ㄱ)

(44)는 18세기에 나타나는 '긿'의 양상이다. (44ㄱ)에서 '긿'은 모음 어미나 매개모음 어미가 올 때 '긿'로 실현된다. 그런데 '으/으로'의 결합에서는 《개수첩해신어》에 하나의 예가 확인되고 대부분 (44ㄴ)과 같이 '길노'나 '길로'로 실현된다. 《개수첩해신어》가 《첩해신어》의 영향을 직·간접적으로 받았을 것으로 추정한다면 '길흐로'와 같은 예는 보수적인 표기로 처리될 수도 있다. 같은 매개모음 어미라도 '길흘'과 같은 결합형은 매우 넓게 퍼져 있는 반면 '길흐(ㅎ)로'는 '길로'로 대치되고 있었다. (44ㄴ)은 '길'의 예인데, 모음 어미나 매개모음 어미, 자음 어미 등에서 모두 실현될 수 있었다. 특히 이전 시기에 보이지 않던 '길에' 등과 같이 모음 어미와의 결합형이 확인되는 점에서 '길'은 모든 어미와 결합될 수 있음을 보여준다. 반면, '긿'은 자음 어미와의 결합형이 확인되지 않는다. 따라서 이 시

기에 '긿'은 모음 어미와 매개모음 앞에서만 제한적으로 실현되고
다른 환경에서는 실현될 수 없음을 보여준다. '긿'과 '길'은 다음과
같이 표시될 수 있을 것이다.

(45) 18세기 국어의 '道'
　　{길} : /길/(교체 없음) ≈
　　{길} : /긿/(모음 어미, 매개모음 어미)

19세기에도 '긿'과 '길'의 공존 양상은 이전 시기와 크게 다르지
않다. 다만 이 시기에는 '긿'이 모음 어미에서만 제한적으로 나타나
는데, 그 예도 '길'에 비하면 매우 적다.

(46) ㄱ. 길희(삼성훈경 13ㄱ), 길히(이언언해 발:7ㄱ),
　　　　　길희셔(태상감응편도설언해 5:48ㄱ)
　　ㄴ. 길과(관성제군명성경언해 7ㄱ), 길을(태상감응편도설언해 2
　　　　　ㄱ), 길로(천로역정 하:143ㄴ), 바다길에(이언언해 3:36ㄱ),
　　　　　벼슬길에(이언언해 4:34ㄴ)

(46ㄱ)과 같이 '긿'은 모음 어미 앞에서 나타난다. 그러나 매개모
음 어미 앞에서나 자음 어미 앞에서의 '긿'은 찾아볼 수 없다. (46
ㄴ)은 '길'의 양상인데 자음 어미나 매개모음 어미, 그리고 모음 어
미에까지 골고루 확인된다. 그러므로 이 시기에 '긿'은 모음 어미에
만 국한되었고, '길'은 완전한 패러다임을 갖춘 어형이라고 할 수 있

다. 그러므로 19세기의 '길'(道)은 다음과 같이 표시할 수 있다.

(47) 19세기 국어의 '道'
　　　{길} : /길/(교체 없음) ≈
　　　{길} : /긿/(모음 어미)

3.4.1.3. 돓[石, 梁]

'돓'은 'ㄹ'-선행 어형이면서 1음절어에 해당한다. '상성'의 성조를 가진다는 점에서 '긿'과 차이가 있다. 그런데 이 어형도 중세국어에서 어간 말음 'ㅎ'이 탈락한 '돌'이 확인된다.

(48) ㄱ. 돌히(두시언해 14:35ㄱ), 돌홀(월인천강지곡 상:10ㄴ),
　　　　　돌호로(석보상절 19:31ㄱ), 돌콰(월인석보 21:86ㄱ),
　　　　　돌홀(속삼강행실도 효:11ㄱ), 옥돌호로(번역박통사 상:69ㄱ)
　　　ㄴ. 돌와(구급방언해 하:53ㄱ), 벽돌도(구급간이방 2:39ㄱ)
　　　ㄴ'. 돌을(중간속삼강행실도 효:11ㄱ)

(48)은 중세국어에 나타나는 '돓'의 곡용 양상이다. (48ㄱ)에서 '돓'은 모음 어미나 매개모음 어미, 자음 어미와 결합하여 'ㅎ'이 직접 나타나기도 하고, 후행 자음 어미와 축약되어 유기음화 양상으로 나타나기도 한다. 이에 비해 (48ㄴ)은 '돓'로 볼 수가 없다. (48ㄴ)의 '돌와'는 어간 말음이 'ㅭ'이었다면 '돌콰'로 되어야 한다. 그러나 '돌와'로 나타났다는 것은 어간 말음이 'ㄹ'임을 보여준다. '와'는 어간

말음이 'ㄹ'이나 '모음'일 때 결합되는 조사이기 때문이다. 이 시기에 (48ㄱ)의 '돌콰'는 예가 많지만 '돌와'는 하나밖에 나타나지 않는다.57) 그렇다 하더라도 이 시기에 수의적으로 자음 어미 앞에서 '돌'이 가능하였음을 암시하는 예로 볼 수 있다. 또 (48ㄴ)의 '벽돌도'는 '돓'이 합성어의 후행 요소로 참여한 예인데, '벽돌토'가 아닌 '벽돌도'로 되었다는 점에서 역시 '돌'의 곡용형과 같은 양상을 보인다. 그런데 (48ㄴ)에서는 매개모음 어미 '을'의 결합형이 '돌을'로 나타난다. 같은 문헌의 초간본에서는 (48ㄱ)에서와 같이 '돌흘'로 나타나는 반면 중간본에서는 '돌을'로 나타난다는 점은 이 시기에 매개모음 어미 앞에서 '돌'이 가능하였음을 암시한다. 그러나 중간본 《속삼강행실도》가 평양 감영에서 간행되었다는 점을 감안한다면 방언형이 개입되었을 가능성도 있다. 그러므로 중앙 방언에서는 매개모음 어미 앞에서는 '돓'만 가능하였다고 보는 것이 합리적이다.

자음 어미 앞에서 '돌와'로 되는 것은 같은 환경에서 '돌콰'로도 나타난다는 점에서 중복 분포를 보인다고 할 수 있다. 이 시기의 다른 환경에서는 '돌'이 확인되지 않으므로 '돌'은 자음 어미 앞에서부터 재구조화를 보인다고 할 수 있다. 이들의 공시적인 기술은 다음과 같이 나타낼 수 있다.

---

57) 15세기 국어에서 '돓'에 '과'가 결합된 '돌콰'나 '돌쾌이라' 등은 총 20여 회 확인되는 반면, '돌와'는 《구급방언해》의 예 하나에 불과하다. 또 '돌과'로도 나타날 듯하지만 이러한 예는 이 시기에 확인되지 않는다.

(49) 중세국어의 '石'

　　{돓} : /돓/(모음 어미, 매개모음 어미, 자음 어미)∽/돌/(#) ≈

　　{돌} : /돌/(자음 어미)

17세기 국어에서는 '돌'의 환경이 점점 확대된다. 이전 시기에 보
이지 않던 매개모음 어미에까지 '돌'이 나타난다.

(50) ㄱ. 돌희(동국신속삼강행실도 열,8:60ㄴ), 돌흘(동국신속삼강행
　　　　실도 효,1:64ㄴ), 돌흐로(동국신속삼강행실도 열,5:80ㄴ), 돌
　　　　콰(가례언해 5:22ㄴ)

　　ㄴ. 돌로써(동국신속삼강행실도 열,6:82ㄴ), 돌로(노걸대언해 상:
　　　　32ㄴ), 돌롤 드러(동국신속삼강행실도 효,5:37ㄴ), 돌과(언해두
　　　　창집요 상:66ㄱ), 돌과(박통사언해 하:12ㄴ)

(50)은 17세기 국어에서 관찰되는 '돓'의 양상이다. (50ㄱ)에서
'돓'은 모음 어미나 매개모음 어미, 자음 어미의 결합에서 직·간접
적으로 실현된다. 다만 'ᄋ/으로'의 결합에서 이전 시기에 보이지 않
던 '돌흐로'와 같은 곡용형이 확인되는데, 이것은 16세기 국어에서
보이는 비어두에서 '·'가 '―'로 합류한 데에 기인한다. (50ㄴ)은
'돓'로 볼 수 없고 '돌'로 분석되는 예다. 특히 '돌로써'나 '돌로'는
'ᄋ로/으로'와 '돌'의 결합으로 이 곡용형은 이전 시기에는 확인되지
않던 어형이다. 또 (50ㄴ)의 '돌롤'은 '돌'과 '―올'이 결합된 어형으
로 어중에 'ㄹ'이 첨가되어 중철 양상을 보인다. 이 시기에 '돌'이 매

개모음 어미에까지 분포 환경이 확대되었음을 보여준다. 또 자음 어미의 결합형은 '돐콰'58)가 보이기는 하지만 대부분 '돌과'로 나타나, 이 시기의 일반적인 곡용형은 '돌과'라고 할 수 있다. 그러나 이 시기에 '돌'의 패러다임 가운데 여전히 모음 어미의 결합형은 확인되지 않는다. 그러므로 '돐'과 '돌'은 쌍형 관계를 이루면서 매개모음 어미와 자음 어미 앞에서 중복 분포를 보인다고 할 수 있다.

18세기 국어에는 '돌'의 분포가 모음 어미에까지 확대된다.

(51) ㄱ. 돌히(오륜전비언해 7:17ㄱ), 돌히(여사서언해 4:26ㄱ), 돌흘
(종덕신편언해 상:5ㄴ)

ㄴ. 돌이(어제자성편언해 외:6ㄴ), 돌롤(종덕신편언해 상:4ㄱ),
돌을(오륜전비언해 6:13ㄴ), 돌로(중간노걸대언해 상:32ㄴ),
돌과(증수무원록언해 3:17ㄱ), 돌도(박통사신석언해 2:38ㄴ),
돌도곤(여사서언해 3:18ㄱ)

(51)은 18세기에 나타나는 '돐'의 곡용 양상이다. (51ㄱ)에서 '돐'은 모음 어미나 매개모음 어미일 때 후행 어미의 초성으로 'ㅎ'이 나타난다. 그러나 이 시기에 매개모음 어미 가운데 '으로/으로'의 결합형은 모두 '돌로'로 나타나고 '돌흐로'나 '돌ᄒ로' 등으로 나타나는 예는 없다. 같은 매개모음 어미라도 '을'의 결합형은 이 시기에 '돌흘'로 확인되는 반면, '으로/으로'의 결합형은 모두 '돌로'로 나타

---

58) '돐콰'는 《가례언해》에 보이는 예 하나밖에 없고 '돌과'로 실현되는 것이 일반적이다.

날 뿐이다. 그리고 자음 어미의 결합형 역시 (51ㄴ)과 같이 '돌과'나 '돌도' 등으로 나타날 뿐, '돌콰'나 '돌토' 등은 확인되지 않는다. 한편, (51ㄴ)의 '돌이'는 이전 시기에 보이지 않던 '돌'과 모음 어미의 결합형이다. 이 시기에 들어 '돌'은 모든 어미에 제약이 없이 결합될 수 있었다고 본다. 반면 '돓'은 모음 어미와 매개모음 어미 '을' 앞에서만 실현될 수 있는 어형으로 축소되었다고 할 수 있다.

   (52) 밋돌에(규합총서 20ㄱ), 돌을(태상감응편도설언해 2:14ㄱ),
        돌과(천로역정 상:61ㄴ)

   (52)는 19세기의 예인데, 이 시기에는 '돓'은 확인되지 않고 '돌'이 모음 어미나 매개모음 어미, 자음 어미 등 어떤 어미가 올 때도 분포에 제약을 받지 않는다. 그러므로 이 시기에는 '돓'이 '돌'로 재구조화가 완성되었다고 할 수 있다.

   (53) 19세기 국어의 '道'
        {돌} : /돌/(교체 없음)

3.4.1.4. ᄂᆞᄆᆞᆶ[菜]

'ᄂᆞᄆᆞᆶ'은 '채'(采) 또는 '소'(蔬)와 관련이 있는데, 중세국어에는 '사람이 먹을 수 있는 풀이나 나뭇잎'을 가리키면서 '반찬'의 의미로도 사용되었다(이태영 2000). 이 어형은 '평평'의 성조를 가지는데 '*ᄂᆞ모+-*올' 정도로 더 분석될 가능성이 있다. 그런데 'ᄂᆞᄆᆞᆶ'은 이른 시기부터 'ㅎ'이 표면에 나타나지 않는 곡용형이 나타난다.

> (54) ㄱ. ᄂᆞ믈콰(구급방언해 하:45ㄴ), ᄂᆞ믈해(구급방언해 하:46ㄱ),
> ᄂᆞ믈홀(내훈언해 1:65ㄴ), ᄂᆞ믈호로(번역소학 10:32ㄱ)
> ㄴ. ᄂᆞ믈와(구급방언해 하:60ㄱ), ᄂᆞ믈와(남명집언해 8ㄱ),
> ᄂᆞ믈와(번역소학 7:11ㄱ), ᄂᆞ믈도(속삼강행실도 열:14ㄱ),
> ᄂᆞ믈올(속삼강행실도 효:16ㄱ)

(54)는 중세국어에 나타나는 'ᄂᆞ뭀'의 양상이다. (54ㄱ)에서 'ᄂᆞ뭀'은 자음 어미나 모음 어미, 매개모음 어미에서 확인할 수 있다. 그러나 중세국어 당시부터 (54ㄴ)과 같이 'ᄂᆞ믈와'와 'ᄂᆞ믈도' 등이 나타난다. 이것은 'ᄂᆞ믈콰'와 같은 곡용형에서 변화된 것이 아니고 어간 말음이 'ㄹ'로 이미 재구조화되었음을 보여준다. 그러므로 'ᄂᆞ뭀'은 공동격어미인 '과/와'에서부터 재구조화가 시작되었다고 볼 수 있다. 또 'ᄂᆞ믈'은 'ᄂᆞ믈올'과 같이 매개모음 어미의 결합형에서도 확인된다. 16세기 이후에는 'ᄂᆞ뭀'이 자음 어미와 결합된 용례는 확인되지 않는다. 그러므로 '나뭀'은 모음 어미나 매개모음에만 한정되어 나타났을 것으로 보인다.

17세기 국어에 들면 'ᄂᆞ믈'의 출현 환경은 더욱 확대되고, 반대로 'ᄂᆞ뭀'의 출현 환경은 위축된다.

> (55) ㄱ. ᄂᆞ믈홀(동국신속삼강행실도 효:13ㄴ), ᄂᆞ믈히며(가례언해 9:22ㄱ)
> ㄴ. ᄂᆞ믈과(동국신속삼강행실도 효, 6:55ㄴ), ᄂᆞ믈과(박통사언해

중:6ㄱ), ᄂᆞ믈도(동국신속삼강행실도 열:6ㄴ), ᄂᆞ믈롤(동국신속삼강행실도 5:3ㄴ), ᄂᆞ믈을(동국신속삼강행실도 5:67ㄴ), ᄂᆞ믈을(박통사언해 중:33ㄴ), ᄂᆞ믈로(가례언해 10:34ㄱ)

17세기 국어에서는 'ᄂᆞ뭃'과 자음 어미의 결합형이 보이지 않는다. (55ㄱ)에서와 같이 '나뭃'은 일부 매개모음 어미나 모음 어미에만 국한되어 나타난다. (55ㄴ)은 'ᄂᆞ믈'의 예인데, 자음 어미나 매개모음 어미의 결합에서 아무런 제약 없이 실현될 수 있었다. 그러나 이 시기에 'ᄂᆞ믈'이 모음 어미와 결합한 곡용형은 보이지 않는다. 이 시기에는 'ᄂᆞ믈'이 대표형의 자리를 찾게 되고 'ᄂᆞ뭃'은 일부 환경에서만 나타난다.

(56) 17세기 국어의 '蔬'
    {ᄂᆞ믈} : /ᄂᆞ믈/(교체 없음) ≈
    {ᄂᆞ뭃} : /ᄂᆞ뭃/(모음 어미, 매개모음 어미)

18세기 국어에서는 'ᄂᆞ뭃'이 완전 소멸되어 'ᄂᆞ믈'로 재구조화가 완성된 것으로 보인다.

(57) ㄱ. ᄂᆞ믈과(어제내훈 1:52ㄴ), ᄂᆞ믈이(박통사신석언해 1:11ㄱ),
       ᄂᆞ믈에(어제원춘윤음 1ㄱ), ᄂᆞ믈을(박통사신석언해 2:39ㄴ)
   ㄴ. 춤나믈(山芹菜; 방언유석 성부방언:28ㄱ), 나물ᄭᅵ지(어제경상윤음 3ㄱ)

(57)은 18세기의 예인데 (57ㄱ)에서와 같이 'ᄂ믈'은 자음 어미나 모음 어미, 매개모음 어미 어느 환경에서나 실현될 수 있었다. 반면 이 시기에 'ᄂ뭃'은 전혀 보이지 않는다. 그러므로 18세기가 'ᄂ뭃'이 'ᄂ믈'로 재구조화된 마지막 시기라고 할 수 있다. 한편 (57ㄴ)은 'ㆍ'의 제2단계 변화로, 이 시기에 어두에서 'ㅏ'로 변해서 'ᄂ믈'이 '나믈'이나 '나물'로 되었음을 보여준다.

결국 'ᄂ뭃'은 15세기 국어에 'ᄂ믈'이 '과/와' 앞에서 처음 출현하여 점차 그 분포 영역을 확대하여 갔다고 할 수 있다. 16세기에는 매개모음 어미, 그리고 18세기 국어에는 모음 어미에까지 확대되어 이 시기에 재구조화가 완성되었다고 할 수 있다.

(58) 18세기 국어의 '蔬'
　　　{ᄂ믈} : /ᄂ믈/(교체 없음)[59]

3.4.1.5. 앓[內]

'앓'은 거성의 성조를 보이고, '내'(內)의 의미를 갖지만 근대국어에 들면 '심'(心)의 의미도 보인다. 그런데 같은 자음 선행 어형이라도 'ㄹ'-선행 어형은 15세기부터 'ㅎ'이 표면에 나타나지 않는 예가 많지만, '앓'의 경우 15세기에는 'ㅎ'이 탈락한 어형을 찾을 수 없다.

---

59) 물론 'ㆍ'의 변화에 따라 '나믈'이나 '나믈' '나물' 등도 존재하였을 것으로 보인다. 그러나 이 책에서는 어간 말음 'ㅎ'에 관심을 두기 때문에 이러한 변수는 염두에 두지 않고 있다.

(59) 城 안해(석보상절 6:14ㄱ), 안콰(능엄경언해 1:63ㄴ), 안홀(석보
  상절 21:27ㄱ), 안흐로(월인석보 11:66ㄴ)

(60) ㄱ. 안희셔는(번역소학 9:5ㄱ), 디경 안해(번역소학 10:15ㄱ),
    안홀(선가귀감 58ㄱ), 안흐로는(소학언해 6:4ㄴ)
  ㄴ. 입안과(중간경민편 10ㄴ) cf. 입가온대며(개간경민편 10ㄴ)

(59)는 15세기 국어에 보이는 '않'의 양상인데, 다른 'ㅎ'-말음 체
언의 전형적인 모습을 드러낸다. 그러나 16세기에 들면 '않'의 패러
다임에 새로운 어형이 등장한다. (60ㄱ)과 같이 기존의 '않' 패러다
임이 있는가 하면 (60ㄴ)의 '안과'는 'ㅎ'이 표면에 나타나지 않는
어형도 확인된다.60) 비록 지방에서 간행된 문헌이라고 하지만 이
시기에 자음 어미 앞에서 '않'의 'ㅎ'이 탈락한 어형이 처음으로 확
인된다.

(61) ㄱ. 안에(박통사언해 상:57ㄴ), 안이(마경초집언해 상:30ㄱ)
  ㄴ. 안과(천의소감언해 1:69ㄱ), 목 안의(천의소감언해 2:46ㄱ),
    안이(삼역총해 1:9ㄴ), 사흘 안으로(삼역총해 4:8ㄱ), 안을(어
    제자성편언해 11ㄱ)

(61)은 17세기와 18세기에 보이는 '안'의 예다. 물론 이 시기에도
'않'은 자음 어미와 모음 어미, 매개모음 어미 등 환경에 구애받지

---

60) 이 책이 진주에서 간행되었다는 점을 감안하면(안병희 1992ㄴ:303), 혹 간행지
  의 방언형이 개입했을 가능성도 있다.

않고 출현한다는 점에서 '않'은 완전한 패러다임을 갖춘 어형이다. 그러나 (61ㄱ)과 같이 17세기에는 모음 어미 앞에서 'ㅎ'이 탈락한 채로 나타나는 곡용형이 보인다. (61ㄴ)에서는 자음 어미, 모음 어미, 매개모음 어미 등 모든 환경에서 '안'이 확인된다.

(62) ㄱ. 안흐로(이언언해 3:54ㄱ), 안희(태상감응편도설언해 2:25ㄴ)
ㄴ. 안과(잠상집요 27ㄱ), 집 안의(태상감응편도설언해 1:36ㄱ),
삼칠 안에논(규합총서 5ㄴ), 안에(과화존신 18ㄱ)

(62)는 19세기의 예로서, (62ㄱ)의 '않'은 '안흐로'와 '안희' 등만 확인된다. 이 시기에 '않'은 극도로 위축되었고, 자음 어미가 올 때에 '않'이 전혀 확인되지 않는다. 반면 (62ㄴ)에서와 같이 '안'은 환경에 구애받지 않고 자유롭게 나타날 수 있었다.

3.4.2. 모음 선행 어형

모음 선행 어형도 모든 어형의 재구조화를 다룰 수 없기 때문에 '웋[上], 나랗[國], 호낳[一]' 등으로 한정하여 논의하기로 한다. 이들 어형 역시 분포와 음절 수, 그리고 성조 등을 감안한 것이다.

3.4.2.1. 웋

모음 선행 어형으로 15세기 당시에는 'ㅎ'-탈락형이 나타나지 않는다. '웋'도 15세기 국어에서는 '우희, 우콰, 우흐로' 등으로 곡용한다. 그러나 16세기에 들어서면 '웋'와 '우'의 교체 관계의 양상이 바뀐다. 이 시기에는 자음 어미, 특히 '과'의 결합에서 '우'가 나타난다.

   (63) ㄱ. 우히(번역소학 7:47ㄱ), 우흔(번역소학 7:50ㄴ),

       우후로(번역소학 8:5ㄴ), 우콰(소학언해 2:42ㄴ)

    ㄴ. 우와(번역소학 7:50ㄴ), 우와(여씨향약언해 일석본 20ㄱ)

      cf. 우와(여씨향약언해 존경각본 18ㄱ)

   (63ㄱ)은 'ㅎ'-말음 체언의 일반적인 곡용 양상이다. 반면, (63ㄴ)에서와 같이 공동격 어미와 결합할 때 '우와'로 실현되어 (63ㄱ)의 '우콰'와 대비된다. 이러한 곡용형은 이전 시기에는 확인되지 않았던 것으로, 공동격 어미와 결합하여 재구조화된 '우'가 나타난다고 하겠다. 그러나 이 시기에 모음 어미나 매개모음 어미 앞에서 'ㅎ'이 반영되지 않은 '우의', '우로' 등은 관찰되지 않는다. 따라서 이 시기에는 아직 '우'가 모음 어미에까지 세력을 확장하지 못하였다고 하겠다. '우'와 '욯'이 공동격 어미 앞에서 중복 분포를 보이므로 이 시기의 '욯'은 다음과 같이 기술될 수 있다.

   (64) 16세기의 '上'

     {욯} : /욯/(모음 어미, 자음 어미, 매개모음 어미)∽/우/(#) ≈

     {우} : /우/(공동격 어미)

17세기 국어에서는 새로운 '우'가 점차 세력을 확대하는 반면 기존의 '욯'은 세력이 약해진다. 이 시기는 이전 시기에 보이지 않던 모음 어미 앞에서도 '우'의 모습이 나타난다.

(65) ㄱ. 우희(동국신속삼강행실도 열,6:11ㄴ), 우흐로(가례언해 1:16ㄱ),
　　　우콰(두창집요 上:4ㄴ)
　　ㄴ. 우에는(노걸대언해 하:45ㄴ), 우로(권념요록 30ㄴ),
　　　우와(마경초집언해 하:93ㄱ)

(65ㄱ)이 'ㅎ'-말음 체언이 보이는 일반적인 곡용 양상이라면, (65ㄴ)은 '우'로 볼 수 있는 곡용형들이다. (65ㄴ)에서 '우에는' '우로'처럼 모음 어미와 매개모음 어미가 올 때 '우'가 관찰되는 것은 이전 시기에는 없던 양상이다. 이 시기에 들어서 '우'가 모음 어미에도 나타나 완전한 패러다임을 갖추었음을 보여준다. 즉, 이 시기는 '웋'과 '우'가 중복 분포하는 쌍형어의 관계를 보인다.

18세기 국어에 '웋'은 모음 어미와 결합할 때만 보이고 자음 어미와 결합할 때는 'ㅎ'이 나타나지 않는다.

(66) ㄱ. 우흐로써(여사서언해 3:30ㄴ), 우흘(어제내훈 2:88ㄱ),
　　　우희다가(박통사신석언해 1:37ㄴ)
　　ㄴ. 우의(속명의록언해 1:9ㄱ), 우로는(어제조훈 27ㄱ),
　　　우와(어제자성편언해 4ㄱ)

(66ㄱ)과 (66ㄴ)은 각각 18세기 국어의 '웋'과 '우'의 모습이다. 주목할 점은 이 시기에는 자음 어미가 올 경우 '웋'의 모습을 찾아보기

어렵다는 것이다. 이때의 '웋'은 모음 어미나 매개모음 어미일 때만 나타나는 불완전한 패러다임을 갖는다고 할 수 있다. 반면, (66ㄴ) 과 같이 '우'는 완전한 패러다임을 가져 확고하게 자리 잡았음을 볼 수 있다.

(67) 18세기 국어의 '上'
　　　{웋} : /웋/(모음 어미, 매개모음 어미)≈
　　　{우} : /우/(교체 없음)

3.4.2.2. 나랗

'나랗'[國]은 모음선행 어형 가운데 2음절어로 구성된 어형으로, 성조는 '평거'로 실현된다. 이 어형은 15세기에는 다른 모음선행 어형과 마찬가지로 '나랗'으로만 나타나나 16세기에 들어서면 다른 양상을 보이게 된다.

(68) ㄱ. 나라히셔(번역소학 10:34ㄴ), 나라히(번역박통사 상:1ㄱ), 나라홀(논어언해 1:3ㄱ), 나라토(중간경민편 3ㄱ)
　　　ㄴ. 뭇ㅅ나라와 싸호다가(소학언해 6:23ㄱ)

(68)은 16세기에 나타나는 '나랗'의 예다. (68ㄱ)은 '나랗'의 예로 이전 시기와 마찬가지로 모음 어미나 매개모음 어미, 자음 어미가 올 때 실현된다. 반면 (68ㄴ)의 '나라와'는 (68ㄱ)의 예와 서로 다르다. '나랗'에 '과'가 결합된 것이라면 '나라콰'로 실현되어야 하는데

'나라와'로 실현되었다. 이것은 '나랗'으로 볼 수 없고 '나라'의 곡용 형으로 보아야 한다. 이 시기에 '과/와'와 결합된 다른 예가 없어 확인할 수 없지만, 위의 《소학언해》에 나타나는 '나라와'는 '나라'의 최초 용례로 볼 수 있다. 그러므로 '나라'는 자음 어미일 때 '나랗'과 중복 분포를 보인다고 하겠다.

(69) 16세기 국어의 '國'
　　{나랗} : /나랗/(모음 어미, 자음 어미, 매개모음 어미)∽/나라/(#)≈
　　{나라} : /나라/(공동격 어미)

17세기에 들어 '나라'의 분포는 점점 확대되어 가는 반면, '나랗' 의 세력은 위축된다.

(70) 나라희(동국신속삼강행실도 충,1:71ㄴ), 나라히(동국신속삼강행
　　실도 충,1:42ㄴ), 나라흘(동국신속삼강행실도 충,1:87ㄴ), 나라토
　　(첩해신어 4:25ㄴ)

(71) ㄱ. 나라희(오륜전비언해 6:22ㄴ), 나라히(삼역총해 6:2ㄴ), 나라
　　흘(오륜전비언해 7:10ㄴ), 나라흐로(어제내훈 2:62ㄴ), 나라토
　　(개수첩해신어 4:36ㄱ)
　　ㄴ. 上用的 나라에셔 쓸 것(역어유해보 37ㄴ), 나라의(어제상훈
　　언해 15ㄱ), 나라이(어제조훈 5ㄱ), 나라를(어제조훈 10ㄴ),
　　나라롤(경신록언석 11ㄱ), 나라와(어제자성편언해 외:16ㄴ)

(70)은 17세기 국어에 보이는 '나랗'의 예이다. '나랗'은 모음 어미나 매개모음 어미, 자음 어미에 걸쳐서 확인된다. 그러나 이 시기에 '나라'로 볼 수 있는 예는 나타나지 않는다. 이전 시기에 자음 어미와의 결합에서 '나라와'가 나타나지만 이 시기에는 전혀 확인되지 않는다. 그러나 '나라'가 확인되지 않는 것은 문헌상의 제약으로 볼 수도 있다. (71)은 18세기의 '나랗'의 예이다. 이 시기에는 모음 어미나 매개모음 어미, 자음 어미 등에서 '나랗'의 곡용형을 확인할 수 있지만 자음 어미와의 결합에서는 위에 제시된 '나라토'의 예 하나밖에 나타나지 않는다. 더구나 '나라콰'는 전혀 나타나지 않는다. 이렇게 본다면 이 시기에는 '나랗'과 자음 어미와의 결합이 위축되었고, 이 환경에서는 '나라'가 좀 더 자연스럽게 인식되었을 것이다. (71ㄴ)에서는 특히 모음 어미나 매개모음 어미까지 '나라'의 분포가 확대되었음을 볼 수 있다. 또 '나라와'와 같은 곡용형도 확인된다.'61) 결국 이 시기에는 '나라'가 좀 더 일반형이 되고 '나랗'은 모음 어미나 매개모음 어미에서 중복 분포를 보이는 어형으로 세력이 축소되었다고 볼 수 있다.

    (72) ㄱ. 나라히(이언언해 1 :34ㄴ), 나라히(이언언해 서:3ㄴ), 나라히라
           도(1875이언언해,2,014ㄱ), 나라홀(태상감응편도설언해 4:2ㄴ),
           나라흐로(이언언해 3:9ㄱ)

---

61) 이 시기에 보이는 '나라와'의 예는 3회에 걸쳐 나타나지만 '나라콰'는 전혀 확인
   되지 않는다.

ㄴ. 나라의(이언언해 3:14ㄴ), 나라로붓허(이언언해 1:50ㄱ), 나
라를(이언언해 2:18ㄴ), 나라도(이언언해 1:1ㄱ), 나라와(이
언언해 3:3ㄱ), 명나라보다(이언언해 2:55ㄱ)

(72)는 19세기 국어에 보이는 '나랗'의 예이다. (72ㄱ)에서 '나랗'
은 모음 어미나 매개모음 어미 앞에서는 가능하지만 자음 어미 앞
에서는 '나랗'이 확인되지 않는다. (72ㄴ)은 '나라'의 예이다. '나라'
는 모음 어미나 매개모음 어미, 자음 어미 앞에서 모두 가능한 것을
볼 수 있다. '나랗'이 자음 어미일 때는 가능하지 않지만 '나라'는 가
능하다는 것을 보여준다. 특히 현대국어에서 보조조사로 처리되는
비교의 의미를 지닌 '보다'와 결합에서 '*포다' 등으로 실현되지 않
고 '보다'로 나타남을 알 수 있다. 19세기 중후반 문헌인 《이언언해》
에는 '나랗'이 매개모음 어미나 모음 어미의 환경에서 실현된다는
점에서 아직 이 시기에 '나랗'이 완전 소멸의 과정을 겪지 않았다고
볼 수 있다. 《이언언해》에 나타나는 '나랗'과 '나라'의 공존 양상을
표로 보이면 (73)과 같다.

(73) 표와 같이 19세기까지 '나랗'은 '나라'와 공존하였다. 모음 어
미일 때 '나랗'은 '나라히'의 곡용형으로 한 번 나타나는 반면, '나라'
는 '나라에'나 '나라의' 등과 같이 압도적인 양상으로 나타난다. 그
런데 주격이나 계사의 '이'가 결합될 때는 늘 '나라히'로만 나타나고
'나래'나 '나라이' 등은 관찰되지 않는다. 매개모음일 때는 '나라'가
다수를 차지하지만 '나라흐로' 등도 확인되어 이 환경에서도 '나랗'

(73) 《이언언해》에 나타나는 '나랗'과 '나라'의 분포 양상

구 분		나랗	나라
모음 어미	익	1(나라히)	×
	에(셔)	×	9
	의(셔)	×	29
	이(-이-)	20(나라히)	×
매개모음 어미	을/를/롤	×	15
	으/ᄋ로	2(나라흐로)	3
자음 어미	과/와	×	4
	도	×	3
	보다	×	1

이 확인된다. 그러나 자음 어미일 때는 '나라'만 확인되고 '나랗'은 전혀 확인되지 않는다는 점을 보면 자음 어미 환경에서 '나랗'은 소멸되었음을 알 수 있다.

이상에서 '나랗'의 재구조화 과정을 요약하면 다음과 같다.

'나랗'은 16세기 국어에 공동격 '과/와'의 환경에서 처음으로 '나라'로 나타나 동요를 보인다. 이후 18세기에는 모음 어미나 매개모음 어미까지 '나라'가 확대되었다. 그러나 19세기 후반까지 '나랗'은 모음 어미와 매개모음 어미의 환경에서 실현되었다. 특히 후행 어미의 두음이 '이'일 경우에는 '나라히'로만 나타났다. 자음 어미는 이 시기에 '나라'로만 실현되었다.

3.4.2.3. ᄒᆞ낳[ㅡ]

'ᄒᆞ낳'은 모음선행 어형 가운데 2음절어로 구성되었으며, 성조는 '평평'형이다. 15세기에는 다른 모음선행 어형과 마찬가지로 'ᄒᆞ나'로 나타나는 예가 없어 동요를 보이지 않는다.

(74) ㄱ. ᄒᆞ나콰(월인석보 14:72ㄴ), ᄒᆞ나토(석보상절 13:34ㄱ), ᄒᆞ나흔(석보상절 9:6ㄱ), ᄒᆞ나홀(석보상절 19:25ㄴ), ᄒᆞ나ᄒᆞ로(선종영가집언해 하:14ㄱ), ᄒᆞ나해(월인석보 11:97ㄱ)

ㄴ. ᄒᆞ나홀(두시언해 16:50ㄱ), ᄒᆞ나히(구급간이방 1:74ㄴ)

(75) ㄱ. ᄒᆞ나콰(번역박통사 상:20ㄴ), ᄒᆞ나토(번역박통사 상:32ㄱ), ᄒᆞ나히(번역박통사 상:32ㄱ), ᄒᆞ나ᄒᆞ로뻐(소학언해 4:3ㄱ)

ㄴ. 열ᄒᆞ나힌 제(속삼강행실도 효,30ㄱ), ᄒᆞ나히(번역노걸대 상:12ㄱ), ᄒᆞ나흔(번역박통사 상:42ㄱ)

ㄴ'. 열ᄒᆞ나인 제(중간속삼강행실도 효:30ㄱ)

(74ㄱ)은 15세기 국어의 예로 자음 어미일 때는 'ᄒᆞ나콰'나 'ᄒᆞ나토'와 같이 어미의 두음이 유기음화 과정을 겪는다. 그리고 매개모음 어미일 때는 'ᄒᆞ나흔'이나 'ᄒᆞ나홀', 'ᄒᆞ나ᄒᆞ로' 등으로 실현된다. 그리고 모음 어미일 때는 'ᄒᆞ나해'로 나타난다. 그러나 이 시기에 자음 어미와 결합한 곡용형 가운데 유기음화가 실현되지 않은 'ᄒᆞ나도'와 같은 곡용형은 확인되지 않는다. 그리고 매개모음 어미나 모

음 어미의 결합형 가운데 'ㅎ'이 표면에 나타나지 않은 어형도 관찰
되지 않는다. (74ㄴ)은 '흐나'의 형태소 내부에 'ㄴ'이 첨가되어 표
면상 '흔낳'으로 나타난 어형이다. 이것도 'ㅎ'-말음 체언과 같은 모
습인데, 이것은 표기상의 혼기라기보다는 실제 발음을 반영한 것으
로 판단된다. '흔낳'은 '흐낳'과 평행하게 근대국어 말까지 나타난다.
(75ㄱ)은 16세기 국어의 '흐낳'의 예이고, (75ㄴ')는 이 시기에 보이
는 '흐나'의 예이다. 이 시기도 15세기와 마찬가지로 '흐나'는 확인
되지 않는다는 점에서 별다른 동요를 보이지 않는다고 할 수 있다.
그런데 《중간속삼강행실도》(1581)에는 '(열)흐나'로 나타난다. (75
ㄴ)과 같이 초간본에서 '(열)흐낳'으로 나타나는 것에 비해 어간 말
음 'ㅎ'이 탈락되었음을 보여준다. 이는 'ㅎ'-탈락의 변화의 단초를
보여주는 것으로 이해할 수 있다.

> (76) ㄱ. 흐나토(노걸대언해 하:50ㄱ), 흐나홀(언해두창집요 상:28ㄴ),
>   흐나흐로(노걸대언해 상:35ㄴ), 열흐나히(동국신속삼강행실
>   도 열,5:17ㄴ)
>   ㄴ. 흔나히오(동국신속삼강행실도 충,1:23ㄴ), 흔나흐로써(동국신
>   속삼강행실도 충,1:12ㄴ), 흔나홀(동국신속삼강행실도 충,1:29
>   ㄴ), 흔나흔(가례언해 1:41ㄱ)
>   ㄷ. 흐나와(박통사언해 중:26ㄱ)

(76ㄱ)은 17세기 국어에 나타나는 '흐낳'의 예이다. '흐낳'은 자음
어미일 때 '흐나토'로, 매개모음 어미일 때 '흐나홀'과 '흐나흐로' 등

으로, 모음 어미일 때 '한나히' 등으로 실현된다. (76ㄴ)은 '흔낳'의 예인데, 역시 모음 어미나 매개모음 어미 등이 올 때 '흔낳'으로 실현된다. 그런데 (76ㄷ)의 '한나와'는 (76ㄱ)에서 보이는 '한낳'과는 성격이 다르다. '한나와'는 말음 'ㅎ'이 탈락한 '한나'로 보아야 한다. 이는 중앙방언을 반영한 문헌에서 보이는 최초의 용례라 할 수 있다.

> (77) ㄱ. 한나토(오륜전비언해 7:21ㄴ), 한나흘(천의소감언해 1:32ㄱ),
>   한나흐로(오륜해전비언해 1:56ㄱ), 한나혼(오륜전비언해 1:32
>   ㄴ), 한나히(여사서언해 3:18ㄴ)
>   ㄴ. 一箇 흔나(동문유해 하:020ㄱ), 흔나토(오륜전비언해 6:16ㄱ),
>   흔나혼(오륜행실도 충:72ㄱ), 흔나히(오륜행실도 열:32ㄴ)
>   ㄷ. 한나와(박통사신석언해 3:32ㄴ), 한나을(지장경언해 중:18ㄱ),
>   한나이로디(속명의록언해 1:32ㄱ)

(77)은 18세기 국어의 예들이다. (77ㄱ)은 '한낳'의 예이고 (77ㄴ)은 '흔낳'의 예이다. 이전 시기와 마찬가지로 이들은 자음 어미나 매개모음 어미, 모음 어미가 올 때 분포상의 제약이 없다. (77ㄷ)은 '한나'의 예로, 자음 어미나 매개모음 어미, 모음 어미일 때 분포상의 제약을 입지 않으므로 이 시기에는 '한낳'과 '흔낳', 그리고 '한나'가 공존하였다고 볼 수 있다.[62]

---

[62] '흔낳'과 평행하게 'ㅎ'-탈락형인 '흔나'도 존재하였을 것으로 보이지만, 이 시기의 문헌에서는 확인되지 않는다.

(78) ㄱ. ᄒᆞ나토(이언언해 2:42ㄴ), ᄒᆞ나토(태상감응편도설언해 3:42ㄴ),
　　　ᄒᆞ나홀(태상감응편도설언해 1:51ㄴ), ᄒᆞ나흔(태상감응편도설
　　　언해 4,025ㄴ), ᄒᆞ나히(태상감응편도설언해 2:33ㄱ)
　　ㄴ. 흔나토(태상감응편도설언해 2:15ㄱ)
　　ㄴ'. 흔나롤(예수성교전서 막, 9:37), 흔나은(예수성교전서 막, 9:5)
　　ㄷ. ᄒᆞ나도(관성제군명성경언해 4ㄴ), ᄒᆞ나를(이언언해 2:14ㄴ),
　　　ᄒᆞ나이(예수성교전서 사도행전,25:14)

(78)은 'ᄒᆞᄂ'의 19세기 용례이다. (78ㄱ)은 'ᄒᆞ낳'의 예인데 자음
어미나 매개모음 어미, 모음 어미 등에서 분포에 제약을 갖지 않는
다. 이와 같은 양상은 다른 모음선행 어형보다 재구조화의 양상이
더딘 것으로 보인다. 이 시기에 다른 모음선행 어형은 분포가 모음
어미에 한정되는 양상을 보이는 반면, 'ᄒᆞ낳'은 자음 어미에서도 분
포상 제약을 입지 않았기 때문이다. 특이한 점은 같은 자음 어미라
도 '과/와'의 결합은 이미 'ᄒᆞ나와' 등으로만 실현되는 반면, '도'와
결합할 때는 이 시기까지 'ᄒᆞ나토'와 'ᄒᆞ나도'가 공존한다는 것이
다.63) (78ㄴ)은 '흔낳'의 예인데 '도'의 결합형만 확인된다. 반면 (78

---

63) 'ᄒᆞ나토'는 《태상감응편도설언해》와 《이언언해》에서 각각 1회씩 확인된다. 반
　　면 'ᄒᆞ나도'는 《관성제군명성경언해》(1884)에서 2회, 《천로역정》(1894)에서 13회
　　나타난다. 《관성제군명성경언해》와 《천로역정》이 19세기 말기에 간행된 문헌이
　　라는 점을 고려하면 자음 어미의 결합에서 완전히 재구조화된 것은 19세기 말로
　　보는 것이 좋을 듯하다. 다만 아직도 방언에서는 '하나투 없어'와 같이 '두(<도)'
　　의 결합에서는 이전 시기의 'ᄒᆞ낳'의 모습이 화석으로 남아 있다. 이와 같이 '하나
　　투'는 '하나두'보다 강조의 의미를 갖는 것으로 보이는데 유기음화가 강조 표현을
　　이루면서 현재까지 그대로 이어온 것이라 생각한다.

ㄴ')는 '흔나'의 예로 매개모음 어미나 모음 어미의 결합에서 '흔나'
를 확인할 수 있다. 이것은 이전 시기에는 보이지 않던 예로 '흔낳>
흔나'의 재구조화가 본격적으로 이루어졌다고 할 수 있다. (78ㄷ)은
'ᄒᆞ나'의 예인데, 자음 어미, 매개모음 어미, 모음 어미의 결합에서
'ᄒᆞ나'를 관찰할 수 있다. 결국 19세기까지 'ᄒᆞ낳'과 'ᄒᆞ나', '흔낳'과
'흔나'는 서로 공존하였다고 볼 수 있다.

3.5. 'ㅎ'-말음 체언 재구조화의 원인과 과정

3.5.1. 〈행실도〉류에 나타난 'ㅎ'-탈락의 점진성

'ㅎ'-말음 체언은 15세기 국어에서부터 어간 말음 'ㅎ'이 동요를
보이기 시작하여 19세기 국어에까지 'ㅎ'의 소멸 과정을 겪어 왔다.
그러나 이들의 소멸 과정은 단순하지 않고 어형에 따라, 환경에 따
라 매우 다양하게 변화되어 왔다. 이러한 'ㅎ' 탈락의 양상을 각 어
형별, 환경별로 고찰한다면 'ㅎ'의 소멸 과정과 확산 과정이 좀 더
분명하게 드러날 수 있을 것이다.

'ㅎ'-탈락의 확산 과정을 살펴보기 위해서는 모든 문헌자료를 대
상으로 해야 하지만, 방대한 자료 때문에 자칫 논의가 산만해질 우
려가 있다. 그러므로 문헌자료를 적절히 한정하면서도 'ㅎ'의 탈락
과정이 제대로 드러날 수 있도록 하는 작업이 필요하다. 따라서 이
책에서는 편의상 '행실도'64)류를 중심으로 'ㅎ'의 탈락과 그 확산

---

64) '행실도'류란 삼강과 오륜과 같은 유교 교훈서를 언해한 것으로, 대표적으로 《삼

과정을 살펴보도록 한다. '행실도'류는 조선 초부터 19세기까지 지속적으로 간행되었고,[65] 또 대상 자료도 서로 관련이 있다는 점에서 'ㅎ'의 변화 과정이 잘 드러날 수 있다. 다만 'ㅎ'-말음 체언이 19세기에 재구조화가 완료되었다는 점을 감안하면, 이러한 사정을 드러낼 만한 적당한 19세기의 '행실도'류 문헌이 없다는 문제가 있다. 그러므로 이 책에서는 편의상 《태상감응편도설언해》와 《이언언해》를 이들 문헌에 포함시켜 살펴보기로 한다.[66]

이 책에서 검토 대상으로 삼은 문헌과 출전 약호는 다음과 같다.

(79) '행실도'류의 문헌

	간행연도	약 호	비 고
삼강행실도	1471	삼강	런던대학본
속삼강행실도	1514	속삼	
삼강행실도	1579	삼강동	도쿄대학본
속삼강행실도	1581	속삼중	중간본, 평양 감영 간행
동국신속삼강행실도	1617	동삼	
오륜행실도	1797	오륜	
태상감응편도설언해	1852	태상	
이언언해	1875	이언	

강행실도》와 《오륜행실도》 등을 들 수 있다.

65) 특별히 《삼강행실도》의 간행과 이본의 특징은 홍윤표(1998)을 참고할 수 있다.
66) 후행하는 어미도 한정하도록 한다. 모음 어미에는 '이/에/의'를, 매개모음 어미는 '울/을'과 '으로/으로', 자음 어미는 '과/와', '도'를 살펴보도록 한다.

(80) 'ㅎ'의 분포 양상

		삼강	속삼	삼강동	속삼중	동삼	오륜	태상	이언
하ᄂ흫	-히/이	1/0		1/0	0/1	8/4	0/2	0/9	0/5
	-홀/을	3/0		3/0	0/2	17/4	0/6	0/7	0/2
	-호로/으로								
	-콰/과	1/0		1/0				0/1	
	-토/도								
	계	5/0		5/0	0/3	25/8	0/8	0/17	0/7
긿흫	-히/이				1/0	7/0	11/2	0/13	0/6
	-홀/을	1/0		1/0		6/1	0/4	0/7	0/34
	-호로/으로						0/4		
	-콰/과								
	-토/도								
	계	1/0		1/0	1/0	13/1	11/10	0/20	0/40
돓	-히/이	1/0	1/0	3/0	1/0	5/0	1/1		
	-홀/을	1/0	1/0	1/0	0/1	11/0	0/1	0/5	0/3
	-호로/으로					4/1			
	-콰/과								
	-토/도								
	계	2/0	2/0	4/0	1/1	20/1	1/2	0/5	0/3
ᄂ뭏	-히/이								
	-홀/을		0/2			2/3	0/3		
	-호로/으로								
	-콰/과	1/0	0/1			0/9	0/1		
	-토/도		0/1		0/1	0/1			
	계		0/4		0/1	2/13	0/4		

		삼강	속삼	삼강동	속삼중	동삼	오륜	태상	이언
앓	-히/익					5/0	1/1	2/1	0/1
	-홀/을					1/0			
	-호로/으로	2/0					1/1	5/1	11/0
	-콰/과								
	-토/도								
	계	2/0				6/0	2/2	7/2	11/1
옳	-히/익	13/0		12/0		29/0	19/0	19/0	5/0
	-홀/을					1/0			2/0
	-호로/로			2/0		1/0	3/0	4/0	8/1
	-콰/와								
	-토/도								
	계	13/0		14/0		31/0	22/0	13/0	15/1
나랗	-히/익	1/0	2/0	11/0	1/0	4/0	11/3	0/2	1/38
	-홀/을	1/0		4/0	1/0	12/0	10/1	2/0	0/15
	-호로/로			1/0			2/0		2/3
	-콰/와								0/4
	-토/도								0/3
	계	2/0	2/0	16/0	2/0	16/0	23/4	2/2	3/63
흫낳 (흔ㄴ)	-히/익					3(1)/0			
	-홀/을	1/0		1/0	1/0	3(2)/0	4/0	9/2	0/1
	-호로/로					1(1)/0			
	-콰/와								
	-토/도	4/0		4/0			2/0	2(1)/0	1/0
	계	5/0		5/0	1/0	7(5)/0	6/0	11(1)/0	1/1

위의 표에서와 같이 15세기의 《삼강행실도》에서는 'ㅎ'이 탈락한 어형이 전혀 보이지 않는다. 이러한 양상은 16세기에 간행된 《삼강행실도》(도쿄대학본)에서도 동일하게 나타난다. 이 시기의 다른 문헌에서는 'ㄹ'-선행 어형의 경우, 'ㅎ'-탈락이 왕성하게 나타난다는 점에서 적어도 'ㅎ'-탈락에서 이들 문헌이 보수적인 경향을 보인다고 할 수 있다. 그러나 16세기의 《속삼강행실도》에서는 말음 'ㅎ'이 탈락한 'ㄴ물'이 가장 먼저 나타나 재구조화되었음을 보여준다. 'ㄴ믏'은 17세기의 《동국신속삼강행실도》에 'ㄴ물홀'과 같은 예를 제외하면 모두 'ㄴ물'로만 나타난다고 할 수 있다. 그리고 《속삼강행실도》(중간본)에서는 '하늘'이 나타나 16세기에 '하ᄂᆶ'이 '하늘'로 재구조화되었다고 볼 수 있다.67) 같은 'ㄹ'-선행 어형이라 하더라도 '긿'이나 '돓'은 하나의 예를 제외하고 이 시기에는 'ㅎ'-탈락형이 나타나지 않는다는 점에서 대조적이다. 이러한 사실은 2음절 이상인 어형에서 'ㅎ'-탈락이 먼저 실현되었음을 보여주는 것이다. 또 자음 선행 어형이라도 '않'과 같은 어형은 18세기의 《오륜행실도》에 와서야 'ㅎ'-탈락형이 나타난다는 점에서 'ㄹ'-선행 어형이 좀 더 이른 시기부터 'ㅎ'-탈락이 실현되었다는 사실을 보여준다. 이런 양상은 앞 절에서 얻은 결론과 같다고 할 것이다.

모음 선행 어형은 '나랗'의 경우에는 18세기의 《오륜행실도》에 '의'와 '올'의 결합에서 나타난다. 그리고 19세기 문헌에서도 여전히

---

67) 《속삼강행실도》 초간본에서는 '하ᄂᆶ'이 단독형만 관찰되어 재구조화 여부를 가늠할 수 없다.

'ㅎ'을 보이는 특징이 있다. 그러므로 'ㅎ'-탈락 양상은 'ㄹ'-선행 어형 가운데 2음절어에서 먼저 나타나고, 그 다음 1음절어, 'ㄴ'-선행 어형, 모음 선행 어형 순으로 점진적으로 나타남을 알 수 있다.

(81) 'ㅎ'-탈락의 점진성

2음절 ㄹ선행 > 1음절 ㄹ선행 > ㄴ선행 > 2음절 모음 선행 > 1음절 모음 선행

15세기 ─────────────────────────→ 19세기

위에서와 같이 'ㅎ'에 선행하는 환경과 음절 수에 따라 'ㅎ' 탈락 여부가 다름을 알 수 있다. 이와 같은 사실은 'ㅎ'-탈락이 단순히 'ㅎ'의 탈락이라는 음운 변화에 의해서만 이루어진 것이 아님을 암시한다.

3.5.2. 'ㅎ'-말음 체언의 재구조화의 원인과 과정

'ㅎ'-말음 체언의 어간 말음 'ㅎ'이 표면상 탈락되는 예들은 15세기부터 시작하여 19세기까지 오랜 시간을 두고 진행되었다. 그런데 15세기에 'ㅎ'이 탈락한 어형들은 'ㄹ'-선행 어형이라는 공통점이 있다.68) 이 시기에 'ㄹ'-선행 어형 가운데 'ㅎ'-말음을 가진 어형과

---

68) 물론 모음선행 어형 가운데 '나좋'[夕]은 15세기부터 "나죄(월인석보 18:32ㄱ), 아츰 나죄롤(남명집언해 2ㄱ)" 등과 같이 '나죄'로도 나타난다. '나죄'는 '나좋'과 깊은 관련이 있을 것으로 생각하지만 그 형성 과정은 명확하지 않다. 물론 '나좋' 은 '나조희'(종덕신편언해 상:6ㄱ)와 같이 출현하여 '나좋'과 '나죄'의 공존은 근대 국어에까지 지속된다.

‘ㅎ’-말음이 탈락한 어형이 공존한다는 것은, 어느 한 어형에서 다른 어형을 도출할 수 없기에 재구조화된 것으로 보아야 한다. 또 재구조화된 ‘ㅎ’-탈락 어형들은 새로운 패러다임을 형성하여 나타나기 때문에 ‘ㅎ’유지형과 쌍형 관계를 이룬다.

그런데 이들 ‘ㅎ’-탈락형들이 나타나게 된 원인, 즉, 재구조화의 이유에 대해서는 그 동안의 연구에서 크게 주목받지 못하였다. 정연찬(1978)은 ‘ㅎ’-말음 체언의 소멸 시기를 단계적으로 보아 《소학언해》(1586)가 간행된 16세기 후반에 동요를 보이기 시작하여, 1단계 소실은 ‘ㄹ’로 끝나는 어형에서 ‘ㅎ’이 소실된 《윤음언해》류가 편찬된 시기(정조 시대)로 보았고, 2단계 소실은 정조 시대에서 그리 멀지 않은 시기로 보았다. 그리고 ‘ㅎ’의 소멸 이유를 어말 평성화와 관련시켜 ‘ㅎ’의 자질이 잘 드러나기 위해서는 후속 모음이 약세이거나 저조이면 ‘ㅎ’의 마찰성이 잘 드러나지 않으므로 ‘ㅎ’이 탈락한 것으로 보았다. 그러나 어말 평성화가 일어나기 이전인 15세기 국어에 ‘ㅎ’이 탈락되는 양상이 나타나므로 ‘ㅎ’-탈락을 어말 평성화와 관련지을 수 있을지는 의심스럽다. 홍윤표(1994)는 ‘ㅎ’-말음 체언의 소멸이 어미의 환경에 따라 달리 실현되었다는 것을 언급하였다. 홍윤표(1994)는 ‘ㅎ’-말음 체언 가운데 ‘ㅎ’을 제일 먼저 탈락시킨 것은 ‘ㅁ’-선행 어형인 ‘앎’[雌]인데 이것은 ‘ㅁ’과 ‘ㅎ’의 연쇄가 국어의 일반적인 어간 말음의 음운 규칙에 맞지 않기 때문으로 설명하였다. 또, 후행 어미의 통합에서도 ‘ㅎ-말음 체언’이 공동격 조사 ‘과’와 결합할 때 가장 먼저 ‘ㅎ’이 탈락되었고, 그 다음 보조조사 '도'와 결합할 때, 그리고 그 뒤에 조격 조사 '으로/으로'와 결합될 때 순으로 탈락된 것으로 파악하였다. 그러나 실제 자료를 분석해 보면 '앓'은 15세기에는 어간 말음 'ㅎ'이 동요를 보이지 않았고, 17세기에 가서야 '암'으로 재구조화를 겪었으므로,69) 'ㄹ'-선행 어형이 재구조화를 겪은 15세기 국어보다 후대의 일로 보인다. 그리고 후행 환경에 따른 'ㅎ'-탈락도 각 어형별로 차이가 나 쉽게 판단하기 어려운 점이 있다.

실제로 'ㅎ'이 탈락한 예를 표로 나타내면 (82)와 같다.

(82) 표에서와 같이 자음 어미가 먼저 탈락된 채로 나타나는 어형은 '돓, ㄴ뮳, 앓, 웋, 나랗' 등이다. 그리고 '으로/로'의 결합형이 먼저 나타나는 어형은 '긿'이 있다. 그리고 '하놓'은 15세기에 이미 '하늘와'와 '하늘로'로 나타난다. 대체적으로 자음 어미 '과/와'의 결합에서 'ㅎ'이 탈락한 채로 나타나기도 하지만, '으로/으로'의 결합형이 먼저 나타나기도 한다는 점에서 각 어형별로 차이가 있다고 하겠다.

이렇게 말음 'ㅎ'이 탈락하여 재구조화 된 이유로는, 먼저 음운론적인 요인에 의해 재구조화가 실현되었을 가능성을 들 수 있다. 만약 이들 재구조화의 요인이 음운론적인 이유에 따른 것이라면 'ㅎ'이 독자적인 음운 변화로서 탈락하였을 가능성은 없다. 이 시기에 용언 활용형에서 'ㅎ'이 탈락한 예가 없기 때문에 독자적인 음운 변

---

69) "수는 쉰 낫 돈이오 암은 一百 낫 돈에 ᄑᆞ라 너롤 주마"(박통사언해 중:57ㄱ)에서 '앓'이 '암'으로 재구조화되었음을 확인할 수 있다.

(82) '과/와'와 '으로/로'의 결합 양상

	15세기	16세기	17세기	18세기	19세기
하늘과(와)	⇒				
하늘로	⇒				
길과(와)			⇒		
길로	⇒				
돌과(와)	⇒				
돌로			⇒		
ᄂ물과(와)	⇒				
ᄂ물로			⇒		
안과		⇒			
안으로				⇒	
우와		⇒			
우로				⇒	
나라와		⇒			
나라로					⇒
ᄒ나와			⇒		
ᄒ나로					

화에 따른 것으로 보기 어렵다. 그렇다면 인접음의 영향으로 인한 변화 즉, 음운 과정에 의한 'ㅎ'-탈락으로 볼 수 있을 것이다. 인접음의 영향은 선행 자음 'ㄹ'이 원인을 먼저 생각해 볼 수 있다. 'ㄹ'이 여타 공명 자음과는 다른 성격이 있어 'ㄹ' 아래에서 'ㅎ'이 탈락

하였다고 보는 것이다. 주지하듯이 국어의 'ㄹ'은 환경에 따라 [ɾ]계 탄설음과 [l]계 설측음으로 실현된다. [ɾ]계 탄설음은 주로 모음과 모음 사이에서 실현되고 [l]계 설측음은 주로 어말이나 자음 앞에서 나타난다. 그런데 'ㅎ'이 후행하는 경우에는 탄설음으로 실현된다 (이호영 1996). 또 신지영·차재은(2000)이 밝힌 바와 같이 /우울한/ 에서 어중 'ㄹ'이 탄설음으로 실현된다[70]는 사실에 주목할 필요가 있다. 중세국어의 'ㄹ'을 현대국어의 'ㄹ'과 같이 볼 수는 없지만, 모음 선행 환경에서 'ㄹ'이 탄설음일 가능성이 있다. 탄설음은 짧은 구강 폐쇄와 개방으로 만들어지는 소리이므로 폐쇄음과 비교적 가까운데, 이 탄설음과 'ㅎ'의 연쇄에서 'ㅎ'이 탈락하였다고 볼 수 있다.

그러나 'ㅎ'-탈락을 음운 변화에 따른 것으로 보는 데에는 중대한 문제가 있다. 그동안 음운 변화가 적용되는 영역이 기저형인가 표면형인가에 대한 논의에서, 음운 변화가 적용되는 영역이 표면형이라는 데에 의견이 대체적으로 모아졌다. 즉, 통시적으로 새로운 규칙이 생겨났을 때 이 규칙은 표면형에 적용될 뿐 기저형에 적용되지 않는다는 것이다. 가령, 'ㅸ'의 변화는 '돕-'이라는 기저형에 적용된 것이 아니라 '도바, 도ㅸ니'와 같은 표면형에 적용된 것이다. 그래야만 자음 어미 앞의 '돕고, 돕더라' 등에서 'ㅸ>w'와 같은 규칙이 적용되지 않는 것을 설명할 수 있다(한영균 1985).

---

70) 신지영·차재은(2000)은 이때의 'ㅎ'을 음운론적으로 활음으로 처리하였는데, 그럴 경우 국어에서는 ㅎ+j 의 결합 때 활음이 2개까지 올 수 있다는 기술이 되므로 재고의 여지가 있다.

음변화의 적용 영역에 대한 논의는 활용형에만 적용될 수는 없다. 곡용형에도 음변화가 동일하게 적용된다고 가정하면 'ㅎ'-말음 체언의 재구조화 또한 음운 변화로 설명할 수 없다.

    (83) ㄱ. 하늘콰, 하늘토, 하늘ㅎ로, 하늘홀, 하늘희
         ㄱ'. 하늘와, 하늘도, 하늘로, 하늘올, 하늘이
         ㄴ. 길콰, 길토, 길ㅎ로, 길홀, 길헤
         ㄴ'. 길와, 길도, 길로, 길을, 길에

(83ㄱ, ㄴ)은 '하늟'과 '긿'의 패러다임이고, (83ㄱ', ㄴ')는 'ㅎ'이 탈락되어 재구조화된 '하늘'과 '길'의 패러다임이다. 만약 'ㅎ'-탈락이라는 음운 변화에 의해 재구조화된 것이라면, 자음 어미의 결합형 '하늘콰, 길콰' 등이 '하늘와'와 '길와'의 곡용형으로 변할 수는 없고 '하늘과'와 '길과'로 실현되어야 할 것이다. 그러나 '하늘와'와 '길와'로 실현된다는 점에서 이들을 음운 변화에 의한 재구조화로 볼 수 없다. 또 '하늘로, 길로'는 'ㅎ'-탈락이 아니라 표면상 'ㅎ' 탈락이 적용된 것으로 보아야 하는데, 'ㅎ'-탈락만 적용된 다른 곡용형과는 차이가 있다는 점에서 역시 음운 변화로 볼 수 없다. 그리고 마지막으로 자음 어미일 때의 이전의 실현형 '하늘콰'가 그 뒤에 '하늘와'나 '하늘과'로 실현되는 것은 음변화로는 도저히 설명이 되지 않는다. '하늘콰'가 '하늘와'가 된 것을 음변화로 설명하면 변화의 결과로 볼 때, 'ㅋ'가 'w'가 되었다고 기술해야 되는데, 이와 같은 기술은 국어의 현실과 거리가 멀다. 또, '하늘콰'가 '하늘과'로 된 것도 음변

화로는 설명할 수 없다. 'ㅋ'이 유기성을 잃고 'ㄱ'으로 된 것은 국어사에서 흔히 발견되는 것이 아니기 때문이다.

이들의 변화를 음운 변화로 설명할 수 없다면 형태론적 요인에 따른 것으로 볼 수 있다. 즉, 'ㅎ'-탈락은 패러다임 속의 교체형을 단일화시켜 기억 부담을 줄이고자 하는 화자의 의지에서 비롯된 것으로 보인다.[71] 15세기 국어에서 '하눓'은 /하눓/∽/하늘/로 교체를 보였다. 하지만 화자들은 이러한 교체에 부담을 가졌고, 이형태를 단일화시키려는 노력에 의해 /하늘/로 단일화를 수행한 것으로 보인다. 즉, /하늘/이라는 교체형에 이끌려 결국 '하늘'의 분포 환경이 아닌 '하눓'의 교체 환경에까지 '하늘'이 확대된 것이다. 이것은 '하눓'뿐 아니라 'ㄹ'-선행 어형 전체에 해당된다.

이러한 변화를 가져오게 만든 환경은 교체형 '하늘'이 실현되는 비음 어미나 휴지일 것으로 생각되는데, 곡용 패러다임의 성격상 단독형일 가능성이 높다. 즉, 단독형은 출현 빈도도 높고, 체언이 용언에 비해 자립성이 강하다(이병근 1977, 송철의 1985). 특히, 체언의 경우는 단독형에 이끌려 재구조화되는 경우가 많다는 점도 이러한 가설을 뒷받침한다. 가령, 곽충구(2000)은 함북방언의 비자동적 교체를 보이는 '낭기'[木]는 단독형이 점차 다른 환경에까지 확대되어 단일화 과정에 있다고 하였다. 그러한 사실을 'ㅎ'-말음 체언의 재구

---

71) 홍윤표(1994:239)에서도 문법 의식의 발현, 즉 유추에 의해 조사들이 한 형태로 통일되어 간다는 지적이 있었다. 그러나 이것은 '유추'와 '평준화'를 구분하지 않는 관점에서 비롯되었다.

조화에 적용하면 'ㅎ'–탈락이 가장 먼저 실현된 환경은 모음 어미보다는 자음 어미라고 볼 수 있다. 이는 '옿'을 비롯한 다른 'ㅎ'–말음 체언에서 나타나는 일반적인 면을 고려한 것이다.

결국 'ㅎ'–말음 체언의 재구조화는 휴지 앞에서의 이형태에 의해 점차 다른 환경에까지 'ㅎ'–탈락형 분포가 확대되어 가고, 이것이 패러다임 전체로 확산된 것이다. 그리하여 이형태 /하ᄂᆞᆶ/을 완전히 없애 버리게 되는데, 이것은 평준화로 볼 수 있다. '하ᄂᆞᆶ'의 경우로 도식화하면 다음과 같다.

(84) '하ᄂᆞᆶ'의 재구조화
    1단계 : 하늘히, 하늘ᄒᆞ로, 하늘홀, 하늘콰
    2단계 : 하늘히, 하늘ᄒᆞ로, 하늘홀, 하늘과(와)
    3단계 : 하늘히, 하늘로, 하늘홀, 하늘과(와)
    4단계 : 하늘히, 하늘로, 하늘올, 하늘과(와)
    5단계 : 하늘이, 하늘로, 하늘올, 하늘과(와)

(84)에서와 같이 '하ᄂᆞᆶ'의 말음 'ㅎ'은 2단계에서 자음 어미 앞에서 'ㅎ'이 먼저 탈락하였고, 3단계에서 매개모음 어미 가운데 '으로/으로'의 결합에서 'ㅎ'이 탈락하였다. 그리고 4단계에서와 같이 '–올'의 결합, 그리고 모음 어미의 결합에서 가장 늦게 'ㅎ'–탈락이 이루어졌으며, 그리고 늦은 시기까지 'ㅎ'을 유지한 환경으로 볼 수 있다.

3.6. 소결

이 장에서는 'ㅎ'-말음 체언의 소멸 과정에서 드러나는 재구조화를 살펴보았다. 먼저 'ㅎ'-말음 체언의 형태소 구조나 음운 과정 등을 통해 'ㅎ'-말음 용언과 큰 차이가 없음을 알 수 있었다. 그리고 '하놇'의 기저 표시를 다음과 같이 하였다.

{하놇} : /하놇/(모음 어미, 자음 어미)∽/하놀/(휴지)

위의 예에서 중세국어의 {하놇}은 /하놇/과 /하놀/이 교체한다. 그런데 기존의 논의에서는 /하놀/의 출현 환경을 '휴지'와 '비음 어미'로 보아 복잡한 기술이 되었지만, 이 글에서는 '만, 마다, 만뎡' 등을 분포의 편재성이나 잠재적 휴지가 있는 것으로 보아 제외하였다. 그리고 'ㅎ'-말음 체언에 휴지가 올 때 'ㅎ'-탈락은 공시적 규칙을 상정하였는데, 'ㅎ'이 탈락하는 이유를 그 '소리가 얕은'(聲淺) 성질에서 찾았다. '성천'은 'ㅎ'이 후두음이 아니고 항상 후행음에 동화되어 나타나 결국은 확산이나 전수되는 특징을 갖고, 휴지는 이 환경에서 확산이나 전수될 환경이 없으므로 탈락하는 것으로 보았다.
'ㅎ'-말음 체언과 관련된 음운 현상으로는 유기음화 현상과 'ㅎ'-탈락 현상, 'ㄹ'-탈락과 유음화 현상을 살펴보았다. 유기음화 현상은 활용이나 곡용에서 모두 실현되어, 이 시기의 공시적인 현상으로 간주하였다. 그리고 합성어를 형성할 때에는 두 명사 사이의 경계를 단어 경계로 보았고 유기음화가 실현되지 않는 것을 좀 더 고형으로 보았다. 또, '수톪'과 같은 합성어는 긴밀 합성어로, '수닭'과 같은 합성어는 이완 합성어로 처리하였다. 흔히 보조조사로 인정되는 '브터'나 '드려' 등도 'ㅎ'-말음 체언이 선행할 경우 유기음화가 실현되지 않는데 이들은 아직 완전히 문법화되지 않았고, 두 어형 사이의 경계는 단어 경계가 개재하는 것으로 보았다.

중세국어에서 'ㅎ'-말음 체언이 보여주는 'ㅎ'-탈락은 두 가지 양상이 있다. 하나는 모음 어미일 때 '하ᄂ리'와 같은 유형이 있고, 'ㄱ'-계 자음 어미 앞에서 '하눌와'로 나타나는 'ㅎ'-탈락(또는 약화)이 있다. 이 가운데 모음 어미일 때 'ㅎ'-탈락을 기존의 논의에서는 유성음 사이의 'ㅎ'-탈락으로 보았지만, 이 책에서는 같은 성격의 'ㅎ'-탈락이 아니라는 점을 밝혔다. 이것은 음운론적 차원이 아닌 형태론적인 차원의 현상으로 보았다. 'ㅎ'-말음 체언 가운데 'ㄹ'-선행 어형은 설음이나 치음 등이 올 때 수의적으로 '두섫'과 같이 'ㄹ'이 탈락할 수 있음을 보여주고, 'ㄴ'이 뒤에 올 경우에는 '갈롤[끼]과 같이 유음화가 수의적으로 적용될 수 있다.

'ㅎ'-말음 체언의 재구조화와 관련하여 'ㅎ'-말음 체언은 한꺼번에 재구조화된 것이 아니고 'ㅎ'에 선행하는 음이 무엇이냐에 따라 달리 재구조화 과정을 겪었음을 살펴보았다. 이 가운데에서 'ㄹ'-선행 어형이 가장 먼저 재구조화를 겪었고, 'ㄴ'-선행 어형과 '모음선행 어형' 순으로 재구조화를 겪었음을 보았다. 이러한 양상은 '행실도'류의 문헌의 변화 과정에서도 그대로 드러난다. 또 자음 어미가 먼저 탈락한 채로 나타나는 어형은 '돓, ㄴ묋, 않, 웋, 나랗' 등이 있고 '으로/으로'의 결합형이 먼저 나타나는 어형은 '긿'이 있다. 대체적으로 자음 어미 '과/와'의 결합에서 'ㅎ'이 탈락한 채로 나타나기도 하지만 '으로/으로'의 결합형이 먼저 나타나기도 한다는 점에서 각 어형별로 차이가 있다.

'ㅎ'-말음 체언의 재구조화의 원인은 'ㅎ'-탈락, 즉, 음운 변화에 의한 것으로 볼 수 없다. 음운 변화가 적용되는 대상이 기저형이 아닌 표면형이라는 점을 감안하면 음운 변화에 따라 'ㅎ'이 탈락되었다고 볼 수 없다. 자음 어미의 결합형 '하늘콰, 길콰' 등이 '하늘와'와 '길와'의 곡용형으로 변할 수는 없고 '하늘과'와 '길과'로 실현되어야 할 것이다. 또 '하늘로, 길로'는 'ㅎ'-탈락이 아니라 표면상 'ㅎ' 탈락이 적용된 것으로 보아야 하는데, 'ㅎ'-탈락만 적용된 다른 곡용형과는 차이가 있다는 점에서 역시 음운 변화로 볼 수 없다. 이들의 재구조화는 패러다임 속의 교체형을 단일화시켜 기억 부담량을 줄이고자 하는 화자의 의지, 즉 평준화에서 비롯한 것이다. 즉, /하늘/이라는 교체형에 이끌려 결국 '하늘'의 분포 환경이 아닌 '하늟'의 교체 환경에까지 '하늘'이 확대된 것이다.

4

‘·’ 탈락에 따른 /Xㅎ/ 말음 어간 형성

4.1. 문제 제기

현대국어의 어간말 자음군 가운데 ‘ㄶ’과 ‘ㅀ’을 어간 말음으로 갖는 어형은 자음군의 말음이 ‘ㅎ’이라는 점 말고도 그 형성 과정에 공통점이 있다는 사실이 지적되어 왔다. 이들 자음군의 ‘ㅎ’은 대부분 기원적으로 ‘ㅂ’이나 ‘ㄱ’이 음변화를 겪었거나,[1] 중세국어 ‘ㅎ–’의 어말 모음 ‘·’가 탈락하여 형성되었다는 특징이 있다.

    (1) ㄱ. 끓다, 앓다, 닳다, 잃다, 곯다, 쓿다

        ㄴ. 뚫다

        ㄴ'. 꿇다

        ㄷ. 옳다, 싫다

---

[1] 최학근(1965:118~119)에 따르면 ‘ㅀ’–어간말 자음군을 가진 어형이 경상도 방언에서는 ‘ㄹ’으로 실현된다고 하였다.

(2) ㄱ. 끊다

ㄴ. 많다, 않다

(1), (2)는 현대국어의 'ㅎ'을 말음으로 갖는 어간말 자음군의 예이다. (1)은 'ㅀ'-어간말 자음군의 경우로, (1ㄱ)의 예들은 중세국어에서도 'ㅀ'의 자음군을 가졌다. (1ㄴ)의 '뚫-'[穿]은 이전 시기에는 '듧-'이었지만 어간말 자음군의 변화로 '뚫-'로 재구조화를 겪었다.[2] 또, (1ㄴ')의 '꿇-'[跪]은 중세국어 시기에서는 '꿀-'과 같이 'ㄹ' 어간 말음을 가졌지만 19세기 이후에 'ㅀ'-어간말 자음군 어형으로 변화되었다. 한편 (1ㄷ)의 '옳-, 싫-' 등은 기원적으로 'ᄒ-'를 포함하고 있던 어형이 'ㅀ'-어간말 자음군의 어형으로 변화된 것이다. (2)는 'ㄶ'-자음군의 예로서 (2ㄱ)과 같이 중세국어의 '궂-'에서 변화된 어형이 있는가 하면, (2ㄴ)과 같이 'ᄒ-'를 포함하고 있다가 'ㄶ'으로 변화된 예도 있다.

그런데 중세국어에서 'ᄒ-'를 포함하는 어형 가운데 일부는 어간 말음 'ㆍ'의 탈락, 'ᄒ-'의 말음 'ㆍ'를 가지고 있는 /Xᄒ-/형과 'ᄒ-'의 말음 'ㆍ'가 탈락한 /Xㅎ/형 등 두 어형이 공존하는 쌍형 관계를 갖는다. 'ㆍ'의 탈락으로 형성된 이들 쌍형어는 /Xᄒ/형 어형이 'ᄒ-'의 활용 양상을 그대로 보이는 공통점이 있는가 하면, /Xㅎ/어간은 각 어형별로 독특한 활용 양상을 보이기도 한다. 가령, '걷ᄒ-'의 경우는 '긑-'과 공존하는데, 이들의 활용 양상은 다음과 같다.

---

2) '뚫-'의 형성에 대해서는 5.2.에서 다루었다.

(3) ㄱ. ᄀᆞᆮᄒᆞ고, ᄀᆞᆮᄒᆞ니, ᄀᆞᆮᄒᆞ야, ᄀᆞᆮᄒᆞ디
    ㄴ. ᄀᆞᆮ고, ᄀᆞᇀᄂᆞ니, ᄀᆞᇀ야, ᄀᆞ토디

(3)은 중세국어의 예로 'ᄀᆞᆮᄒᆞ-'와 'ᄀᆞᇀ-'의 패러다임을 보인 것이다. (3ㄱ)에서 'ᄀᆞᆮᄒᆞ-'는 자음 어미나 매개모음 어미가 올 때는 'ᄀᆞᆮ ᄒᆞ(또는 ᄀᆞᆮᄒ)-'로 실현되고, 모음 어미가 올 때는 'j'가 첨가되어 'ᄀᆞᆮ희'(부음 ㅣ는 늘 후행 어미에 첨가된다)로, '-오/우-'가 올 때는 어간말 모음 '·'가 탈락되어 'ᄀᆞᆮᄒ'으로 실현된다. 반면 (3ㄴ)에서 'ᄀᆞᇀ-'은 자음 어미가 올 때는 어간 말음 'ㅌ'의 중화로 'ᄀᆞᆮ-'으로, 매개모음 어미가 올 때는 'ᄀᆞᇀ-'로, 모음 어미가 올 때는 'j'가 후행 어미에 첨가되어 'ᄀᆞ티'(부음 ㅣ는 항상 후행 어미에 첨가된다)로, '-오/우-'가 올 때는 어간말 모음 '·'가 탈락되어 'ᄀᆞᇀ-'으로 실현된다. 따라서 이들은 'ᄀᆞᆮᄒᆞ-'와 'ᄀᆞᇀ-'이 서로 완전한 패러다임을 보이는 쌍형어로 인정될 수 있다(안병희 1959/1978, 김봉국 2003).

그러나 이들의 교체 양상을 자세히 살펴보면, 두 어형을 단순히 쌍형어라고 처리할 수는 없다. 이 시기의 어간 말음이 'ㅌ'인 'ᄆᆞᇀ-'[臭]과 같은 어형이 '마타, ᄆᆞᆮ고져, 마트니, 마토미' 등의 패러다임을 보여주는 것을 감안하면, 'ᄀᆞᇀ-'에 모음 어미가 올 때 '*ᄀᆞ타'로 나타나야 하지만 '*ᄀᆞ타'로는 절대로 실현되지 않고, 언제나 'ᄀᆞᇀ야'로 나타난다. 이것은 새로운 어형 'ᄀᆞᇀ-'이 생겨났지만 모음 어미가 올 때는 여전히 'ᄀᆞᆮᄒᆞ-'의 활용 양상을 그대로 보여주는 것이다. 그러므로 엄격한 의미에서 'ᄀᆞᇀ-'은 모음 어미가 올 때 본연의 패러다임

을 갖지 못한다고 할 수 있다.

'귿ㅎ-'의 경우는 자음 어미와 결합할 때 특이한 양상을 보인다. 자음 어미 가운데 '-거-'와 '-더-'의 결합형 '귿ㅎ거X'나 '귿ㅎ더X' 등은 극소수에 불과할 뿐 아니라, 부사형 어미 '-게'와 '-디'의 결합형 '*귿ㅎ게, *귿ㅎ디' 등은 문증되지 않고, 이러한 환경에서는 항상 '귿게, 귿디' 등으로만 나타난다. 이렇게 특정 어미의 결합형이 문증되지 않는 것이 우연한 것이라면 큰 문제가 아니지만, 어떠한 제약 때문에 실현되지 않아 문증되지 않는다면 그 이유를 찾아 설명함이 마땅할 것이다.

특정 어미의 결합에서 제약을 보이는 예로는 '만ㅎ-'와 '많-'의 경우도 있다.

(4) ㄱ. 만ㅎ고, 만ㅎ야, 만ㅎ며, 만호더
    ㄴ. 만코

(4)는 중세국어의 '만ㅎ-'와 '많-'이 자음 어미, 모음 어미, 매개 모음 어미와 결합하는 양상을 보인 것이다. 기존의 논의에서는 '만ㅎ-'는 완전한 패러다임을 가지고 있는 반면, '많-'은 자음 어미와만 결합될 수 있다고 설명하였다. 그러나 실제로 중세국어 문헌에 나타난 실현 양상을 살펴보면, '만ㅎ고'와 '만ㅎ더니' 등은 극소수의 예에 불과하고, 같은 자음 어미라도 '-게'나 '-디'와 결합한 '*만ㅎ게', '*만ㅎ디' 등은 전혀 관찰되지 않는다. 이렇게 특정 어미, 즉 부사형 어미 '-게, -디' 등의 결합형이 확인되지 않는 것은 '귿ㅎ-'의

경우와 같다.

　결국 이 책에서 제기하려는 문제점은 다음과 같다. 첫째, 기원적으로 'ㅎ-'에서 '·'가 탈락하여 형성된 어형들은 어떠한 과정을 거쳐 어간 재구조화를 겪었는가? 둘째, 이들 각각의 어형들을 공시적으로 어떻게 기술하는 것이 합당한가? 셋째, 이러한 어형들이 특정 어미와 결합할 때 그 결합형이 전혀 나타나지 않는 이유는 무엇이고, 그것을 어떻게 처리할 것인가? 넷째, 기원적으로 'ㅎ-'에서 말음 '·'가 탈락하는 어형들이 갖는 어간 재구조화의 공통점과 각각의 차이점은 무엇인가?

　이 장에서는 'Xㅎ-'에서 '·'가 탈락하여 /ㄶ/과 /ㅀ/ 어간말 자음군을 형성하는 과정에 대해 살펴보도록 한다. 여기에는 '만ㅎ-'와 '많-', '아니ㅎ-'와 '않-'[3] 등과 '슬ㅎ-'와 '슳-'(>싫-), '올ㅎ-'와 '옳-'이 포함될 수 있다.

4.2. /ㄶ/자음군의 형성 과정

4.2.1. '많-'[多]의 형성

'·'탈락으로 형성된 'ㄶ'-계 어형은 '많-'[多]과 '않-'[不]이 있다.

---

3) 현대국어의 'ㄶ' 어간말 자음군으로 '점잖-'이나 '괜찮-', '하찮-' '귀찮-' 등도 있으나, 이들은 기원적으로 '-지 아니(안) ㅎ-'의 통사적 구성이 어휘화한 것으로 보이기 때문에 '않-'의 범주에 포함될 듯하다. 물론 '아니ㅎ->않-'의 변화에 이들의 자료가 이용될 수는 있을 것이다.

이들은 '만ᄒ->많-, 아니ᄒ->않-' 등으로 재구조화를 겪어온 것으로 알려졌다(홍윤표 1987, 이진호 1997). 이 책은 각 시기별로 이들 활용 패러다임을 통해 이들이 어떻게 재구조화 과정을 겪었고, 그 동인은 무엇인지 살펴보고자 한다.

4.2.1.1. '만ᄒ-'의 분포 양상

중세국어에서는 '만ᄒ-'와 '많-'이 공존하는데, 이 가운데 '많-'을 인정하여 'ᆭ'-어간말 자음군으로 처리할 것인가가 그 동안 쟁점이 되었다. 안병희(1959/1978)과 홍윤표(1987)은 중세국어 시기의 'ᆭ'-어간말 자음군을 인정하지 않았던 반면, 허남렬(1991)과 이진호(1997)과 김유섭(2002)는 이 시기에 '많-'의 존재를 인정하여 'ᆭ'을 어간말 자음군 목록에 포함시켰다. '많-'을 인정하지 않은 이유는 '많-'이 모음 어미와 결합하지 않고 자음 어미에만 국한되어 나타나므로 '만ᄒ-'의 이형태로 보았기 때문이다. 중세국어의 '많-'과 '만ᄒ-'4)의 분포 양상을 보면 다음과 같다.

(5) ㄱ. 煩惱ㅣ <u>만ᄒ고</u>(석보상절 6:35ㄴ)

　　ㄱ'. 아히 겨집돌 <u>만ᄒ고</u>(老少又多; 번역노걸대 상:52ㄱ)

　　ㄴ. 보내는 거시 ᄀ장 <u>만ᄒ더니</u>(甚盛; 번역소학 9:59ㄱ)

---

4) '만ᄒ-'는 '多'의 의미뿐 아니라 주로 '-ㄹ 만하다' 구성을 갖는 보조용언의 용법으로 쓰이는 '만ᄒ-'도 있다. 이들은 형태에서는 같지만 성조에서 차이가 있다. 전자는 대부분 '상거'형을 보이지만 후자는 '거거'형을 보인다.

(6) ㄱ. <u>만코</u>(월인석보 1:23ㄴ), 이 罪 <u>만컨마론</u>(월인석보 4:3ㄱ), 이
리 <u>만커든</u>(월인석보 21:17ㄱ), 便安호미 <u>만케</u> ᄒ시며(월인석
보 14:16ㄴ)

ㄱ'. 藹然 <u>만코</u> 셩흔 양이라(소학언해 4:1ㄴ)

ㄴ. <u>만터니</u>(월인석보 12:15ㄱ), <u>만타</u> ᄒ니(월인석보 13:9ㄱ), <u>만</u>
<u>타라</u>(월인석보 1:23ㄱ), <u>만타</u> ᄒ니〈법화경언해 2:187ㄱ〉, <u>만</u>
<u>탄</u> 말이니(소학언해 6:15ㄱ), 즐거오미 <u>만토다</u>(백련초해 7ㄴ)

(5), (6)은 중세국어에 나타나는 '만ᄒ-'와 '많-'이 자음 어미와
결합하는 예이다. (5ㄱ, ㄴ)에서 보듯 '만ᄒ-'와 표면상 자음 어미가
결합되는 예가 있으므로, 이 시기에 '만ᄒ-'와 자음 어미의 결합은
가능하였던 것으로 보인다. 그러나 '만ᄒ-'와 'ㄱ'-계 자음 어미가
결합되는 예는 (5ㄱ)에 보이는 '만ᄒ고'밖에 없고, 'ㄷ'-계 어미와
결합되는 활용형도 (5ㄴ)의 '만ᄒ더니'밖에 없다. 비록 빈도수는 낮
지만 '만ᄒ-'가 중세국어에서 자음 어미와 결합할 때 실현된다는 사
실을 기술하기에는 무리가 없을 것이다. 그러나 그 밖의 다른 자음
어미인 '-다'와 '-게'5), '-디' 등과 결합되는 '만ᄒ-'의 예가 관찰되
지 않는 점은 주목할 필요가 있다. 반면, '많-'은 (6ㄱ, ㄴ)에서와 같
이 자음 어미와 결합할 때 분포상 별다른 제약 없이 후행 자음과 축
약되어 유기음화가 실현된다. 이것은 자음 어미와 결합될 때 '만ᄒ-'
보다는 '많-'이 좀 더 자연스러웠기 때문으로 보인다. 출현 예가 많

---

5) 중세국어에 부사형 어미 '-게'는 '-긔'로도 나타날 수 있는데, '많-'이나 '만ᄒ-'
와 결합되는 예는 전혀 없다.

지 않지만 중세국어에 나타나는 '만ᄒ-'와 '많-'의 예를 통계로 나타내면 다음과 같다.

(7) 중세국어의 '만ᄒ-'와 '많-'의 자음 어미 결합 양상

	'ㄱ'계 어미			'ㄷ'계 어미			
	-고	-거-	-게	-다	-더-	-도-	-디
만ᄒ-	2	×	×	×	1	×	×
많-	9	7	4	5	5	1	×

* ×는 예가 없는 경우6)(숫자는 출현 횟수를 나타낸다)

위의 표에서 '많-'이 자음 어미와 결합하는 예는 총 31회에 이른다. 반면 '만ᄒ-'는 3회밖에 나타나지 않는다. 이와 같은 사실은 중세국어 당시에 이미 '만ᄒ-'는 자음 어미와 결합이 매우 제한적이었고, '많-'이 좀 더 자연스러웠음을 말해 준다. 그 밖에 이 시기에 '많-'이나 '만ᄒ-'에 이른바 겸양법의 '-ᅀᆞᆸ-'이 결합된 예는 확인되지 않는다. 이것은 우연으로 볼 수 있다.7) 또, '만ᄒ-'나 '많-'에 '-ᄂᆞ-'가 결합된 '*만ᄒᄂᆞ니'나 '*만ᄂᆞ니' 등의 활용형은 확인되지 않는다. 이것은 '많-'이나 '만ᄒ-'가 형용사이기 때문에 분포에 제약을 받기 때문으로 해석된다.8)

---

6) '많-'과 '-디'가 결합된 '만티'의 예는 중세국어에서 확인되지 않는다. 그러나 그와 같은 사실은 우연히 문증되지 않는 것일 수 있다.

7) 18세기 국어에서는 "친귀 만ᄉ오매"(천의소감언해 4:57ㄱ), "졍이 만ᄉ와"(인어대방 4:21ㄴ) 등에서 '-ᅀᆞᆸ-'의 후대형인 '-ᄉ오-'와 결합한 어형이 확인된다.

(8) ㄱ. 만ᄒ야(용비어천가 123), 만ᄒ야(월인석보 11:117ㄴ), 만ᄒ야
　　　 (맹자언해 9:25ㄴ), 만ᄒ야(소학언해 6:26ㄴ)

　　ㄴ. 煩惱 <u>만호미</u>(월인석보 1:11ㄱ), 즁싱이 <u>만호디</u>(월인석보 21:23ㄱ)

　　ㄷ. 만ᄒ니(법화경언해 7:63ㄴ), 饒益호미 <u>만ᄒ리이다</u>(월인석보
　　　 11:17ㄱ), 주그리 <u>만ᄒ니라</u>(번역소학 7:3ㄴ), 이리 <u>만ᄒ실씬</u>(월
　　　 인석보 서1:16ㄴ), 이리 <u>만ᄒ시고</u>(월인석보 1:26ㄱ)

(8)은 중세국어의 '만ᄒ–'와 '많–'이 모음 어미, 매개모음 어미와 결합하는 양상을 보인 것이다. (8ㄱ)에서 '만ᄒ–'에 모음 어미가 올 때는 'j'가 항상 첨가되어 '만ᄒ야' 등으로 나타난다.9) 그러나 이 환경에서 *'만하'로는 나타나지 않는다.10) 이것은 '만ᄒ–>많–'의 변화가 자음 어미부터 시작되어 점차 모음 어미에까지 확대되었음을 보여주는 것이다.

(8ㄴ)은 모음 어미 가운데 '–오/우–'가 뒤에 온 경우인데, 어간말 모음 'ㆍ'가 탈락하여 '많–'으로 실현되었다. 그러나 이때 '많–'은 자음 어미가 올 때의 '만코, 만터라' 등에서의 '많–'과는 다르다. '–오/우–'가 올 때 나타나는 '많–'은 '만ᄒ–'의 이형태에 해당되지만, 자

---

8) 물론 형용사에 '–ᄂ–'가 결합될 수 없다는 의미는 아니다. 중세국어에 '븕–'[赤] 이나 '둏–'[好]에 '–ᄂ–'가 결합된 예가 확인된다.

9) 이때 'j'가 어간 말음에 첨가된 *'만희아'로는 나타나지 않는다. 또 'j'의 양음절 성에 기인한다면 '만희야'(만희여) 등으로 나타날 수도 있을 것 같지만 관찰되지 않는다.

10) 중세국어에서 확인되는 '만ᄒ야'의 예는 총 22회 정도에 이르지만 '만하'의 예는 나타나지 않는다.

음 어미일 때 분석되는 '많-'은 이형태가 아니고 기저형이 다른 것으로 보아야 한다. 즉, '-오/우-'와 결합한 '많-'은 중세국어 '· + 오'의 연쇄에서 '·'가 탈락하는 규칙에 따라서 형성된 것이다. 이것은 모음연접규칙에 의하여 공시적으로 인정될 수 있지만, '만ㅎ고'에서 '·'가 탈락하여 '만코'가 도출되었다고 볼 수 없기 때문에 자음 어미 앞에서 분석되는 '많-'은 쌍형어 {많-}으로 보아야 한다.

(8ㄷ)은 매개모음 어미가 결합될 때의 양상인데 '만ㅎ-'로 실현된다. 물론, 이때의 어간형이 '만ㅎ-'인지 '많-'인지 구분하는 것은 쉽지 않다. 즉, '만ㅎ- + -으니'에서 같은 모음 탈락에 따라 '만ㅎ니'가 형성된 것인지 '많-'과 '-으니'가 결합되어 '만ㅎ니'가 형성된 것인지 판단하기 어렵다. 또 전자의 경우에도 어간의 말음이 탈락한 것인지 어미의 두음이 탈락한 것인지 분명하지 않다. 그러나 매개모음 어미는 자음 어미보다는 모음 어미와 동일하게 기능하는 경우가 많고, 또 '만ㅎ-'에 '-으니'가 결합하여 어미의 두음이 탈락한 것으로 보는 것이 활용형의 성조를 감안하더라도 합리적이다.[11]

중세국어의 '만ㅎ-'와 많-'의 결합 양상을 간단히 표로 나타내면 다음과 같다.

---

11) 김성규(1994:67)에서는 중세국어의 어미 '-으니'는 거거의 성조를, '-은'은 거성의 성조를 가지고 있었는데, 듣다(평거), 드르니(평평거), 드른(평평)에서 보듯이 '드르니, 드른'의 성조형은 '드르-(평평)+-으니(거거), 드르-(평평)+-은(거)'를 통하여 어미의 '으'(거)가 탈락한다고 보아야 합리적인 설명을 할 수 있다고 하였다. 그러므로 이 책에서도 '만ㅎ-+-으니'의 구조에서 어미의 두음 '으'가 탈락한 것으로 보고자 한다. 이에 대한 이론적 논의는 이 책 2.2.에서 다루었다.

(9) 중세국어의 ‘만ㅎ-’와 ‘많-’의 분포

	자음 어미	모음 어미
만ㅎ-	○	●
많-	●	×

※ ● 분포가 매우 높은 경우, ○ 분포가 낮은 경우, × 예가 없는 경우

위의 표에서와 같이 중세국어에서 ‘만ㅎ-’는 표면상 자음 어미와 모음 어미에 모두 실현될 수 있었다. ‘많-’은 자음 어미에만 나타날 수 있었고 모음 어미 환경에서는 실현될 수 없었다. 그러나 ‘만ㅎ-’의 경우 자음 어미 앞에서 나타나는 경우가 매우 적고, 이 환경에서 ‘많-’이 압도적인 양상을 보인다.

근대국어에서 ‘만ㅎ-’와 ‘많-’의 분포는 이전 시기와는 다르게 나타난다. 무엇보다 ‘많-’이 모음 어미에까지 분포가 확대된다. 이러한 양상은 17세기 국어에서부터 확인된다.

(10) ㄱ. 독긔 <u>만ㅎ야</u>(두창경험방 상:1ㄴ), 날로 <u>만ㅎ야</u>(日多ㅎ야; 여훈언해 하:19ㄴ)

　　ㄱ'. 뵈아ㅎ로 <u>만ㅎ여</u>(동국신속삼강행실도 열,4:1ㄴ)

　　ㄴ. 눈믈이 <u>만ㅎ고</u>(마경초집언해 상:34ㄱ)

　　ㄷ. 효험이 <u>만ㅎ더라</u>(두창경험방 상:26ㄴ)

(11) ㄱ. 결례 <u>만하</u>(가례언해 1:17ㄱ), 일이 <u>만하</u>(첩해신어 2:16ㄴ)

　　ㄴ. 잠깐 <u>만케</u> ᄒ디니라(가례언해 7:3ㄱ), 말이 <u>만컨마ᄂ</u>(첩해신

어 2:12ㄱ), 막킨 거시 만코(마경초집언해 상:22ㄱ)

ㄷ. 만터라(동국신속삼강행실도 충,1:43ㄴ), 만탄 말(동국신속삼
강행실도 효,1:13ㄴ), 만티 아니ᄒᆞ이다(박통사언해 중:17ㄴ)

(10), (11)은 17세기 국어에 나타나는 '만ᄒᆞ-'와 '많-'의 예이다. (10ㄱ)은 '만ᄒᆞ-'와 모음 어미의 결합 양상인데, 이전 시기와 마찬가지로 '만ᄒᆞ야'로 나타나고, 여기에 이전 시기에 보이지 않던 '만ᄒᆞ여'도 확인된다.12) (10ㄴ, ㄷ)은 '만ᄒᆞ-'와 자음 어미의 결합 양상인데, '만ᄒᆞ고'와 '만ᄒᆞ더라'가 확인된다. 그러나 부사형 어미인 '-게'와 '-디'가 결합한 '만ᄒᆞ게'나 '만ᄒᆞ디' 등은 확인되지 않는다. (11ㄱ)은 '많-'과 모음 어미의 결합 양상인데, 활용형 '만하'가 이 시기에 처음 확인된다. '만하'는 여러 문헌에 골고루 등장하며 출현 예도 풍부하다. 따라서 이 시기에 '많-'이 모음 어미에까지 분포 영역이 확대되었음을 알 수 있다. (11ㄴ, ㄷ)은 '많-'과 자음 어미의 결합 양상으로, 이 시기에는 어떠한 자음 어미와도 결합할 수 있음을 보여준다. 특히, (11ㄷ)의 '만티'와 같은 활용형은 중세국어에서 확인되지 않던 용례이다. 이 시기에 주목할 점은 모음 어미의 결합형이 '만ᄒᆞ야, 만ᄒᆞ여, 만하' 등 세 가지 활용형으로 나타난다는 것이다. 이 시기의 '만ᄒᆞ-'와 '많-'이 모음 어미와 결합하는 양상을 표로 나타내면 다음과 같다.

---

12) '만ᄒᆞ여'는 16세기 후반부터 나타나는 어미의 음성모음화와 관련이 있다.

(12) '만ㅎ야, 만ㅎ여, 만하'의 분포 — 17세기 국어

	만ㅎ야	만ㅎ여	만하
출현 빈도	5	4	12

(12)에서와 같이 '만하'가 '만ㅎ야, 만ㅎ여' 등보다 많이 나타난다는 사실은 이 시기에 '많–'이 모음 어미와 결합할 수 있었음을 보여 주기에 충분하다. 그러므로 '많–'이 이전 시기에 제약을 보이던 모음 어미에까지 분포가 확대되어 완전한 패러다임을 갖춘 어형이 되었음을 알 수 있다.

(13) ㄱ. 그러리 만ㅎ니(언해두창집요 하:4ㄱ), 아니ㅎ리 만ㅎ니라(노걸대언해 상:16ㄴ), 너모 만ㅎ면(마경초집언해 상:30ㄱ)

ㄴ. 만흐모로(가례언해 5:32ㄴ), 만흐면(개간경민편 16ㄴ), 만흐니라(박통사언해 중:57ㄱ)

(13)은 '많–' 또는 '만ㅎ–'와 매개모음 어미의 결합 양상을 보인 것이다. (13ㄱ)은 이전 시기에 보이던 '만ㅎX'의 예이지만 (13ㄴ)은 '만흐X'로 실현되었다. 그런데 '만흐'형은 '만ㅎ–'와 '–으니' 등이 결합하여 '만흐니'로 실현되었다고 볼 수 있지만, '만흐X'는 '만ㅎ–'와 '으X'가 결합하였다고 볼 수 없다. 또, 어간말 모음을 '만흐–'로 상정할 수도 없다. 어간 말음이 특별히 이 환경에서만 '만흐–'로 실현되었다고 기술하기 어렵기 때문이다. 그러므로 적어도 '만흐'형은

‘많-’에 ‘-으X-’가 결합하였다고 보는 것이 합리적이다. 이 시기에 ‘많-’이 모음 어미에도 실현되었다는 점은 이러한 사실을 뒷받침한다. 그러므로 이 시기에는 매개모음 어미의 환경에서도 ‘만ᄒ-’와 ‘많-’이 공존하였다고 볼 수 있다.13)

18세기 국어에서도 ‘만ᄒ-’와 ‘많-’의 공존은 크게 다르지 않다. 다만, 이 시기에 ‘만ᄒ-’보다는 ‘많-’의 출현 빈도가 높다는 점은 지적될 수 있다.

(14) ㄱ. ᄉᆞ에 만ᄒ고(오륜전비언해 8:28ㄱ), 나라헤 만ᄒ고(오륜전비언해 8:28ㄱ)

    ㄴ. 만ᄒ야도(병학지남 3ㄴ), 만ᄒ야(인어대방 3:13ㄴ)

    ㄷ. 튱신과 널시 만ᄒ되(어제자성편언해 자성편외:34ㄴ), 심히 만ᄒ되(어제상도윤음 3ㄱ)

(15) ㄱ. 쬐 만코(삼역총해 9:6ㄴ), 일이 만케 되엳ᄉ오매(인어대방 7:7ㄱ), 먹으미 만코(박통사신석언해 3:2ㄱ)

    ㄴ. 만티 아니ᄒ니(오륜전비언해 6:24ㄱ), 矛盾홈이 만터니(어제내훈 1:13ㄴ), 그디 음덕이 만토다(종덕신편언해 상:7ㄱ), 심히 만터라(종덕신편언해 상:24ㄱ)

    ㄴ'. ᄀᆞ장 만치 아니커니와(박통사신석언해 1:11ㄱ), 貞烈ᄒᆞᆫ 계집은 만치 아닌가(인어대방 1:18ㄴ)

---

13) ‘만ᄒX’형은 16세기에 있었던 비어두에서 ‘ㆍ’의 ‘ㅡ’로 합류에 기인하는 것이다. 음변화가 활용형에 어떻게 반영되는가를 보여주는 예라고 볼 수 있다.

ㄷ. 나히 <u>만하</u>(오륜전비언해 1:52ㄴ), 댱ㅅ비 <u>만하</u>(여사서언해 4:23ㄱ)

(14), (15)는 18세기에서 확인되는 '만ㅎ-'와 '많-'의 패러다임 일부를 보인 것이다. 18세기 국어의 양상도 17세기와 큰 차이가 없다. 다만, 이 시기에 '만ㅎ-'에 자음 어미가 결합된 활용형은 (14ㄱ)의 '만ㅎ고'밖에 없다. 다른 종결어미나 선어말어미와 결합되는 활용형은 보이지 않는다. (14ㄴ)의 '만ㅎ야'는 이 시기에 역시 '만ㅎ-'와 모음 어미가 결합될 수 있었음을 보여준다. (14ㄷ)은 이전 시기에는 '-오/우-'가 선행하는 환경이었는데 '-오/우-'의 소멸에 따라 매개 모음 어미로 바뀐 것이다. (15)는 '많-' 역시 자음 어미나 모음 어미 등과 자유롭게 결합될 수 있음을 보여준다. 특히, (15ㄴ')와 같이 구개음화로 새롭게 형성된 '-지'의 경우 '만치'로만 나타나고 '*만ㅎ지'로는 나타나지 않는다는 점에서 이 시기에 들면 '만ㅎ-'와 자음 어미의 결합이 위축되었음을 알 수 있다. 19세기에는 '만ㅎ-'와 자음 어미의 결합 양상이 확인되지 않는다.

(16) ㄱ. 공이 <u>만코</u>(태상감응편도설언해 1:7ㄱ), 소츌은 더옥 <u>만코</u>(이언언해 1:22ㄴ)

ㄴ. 술온 비 심히 <u>만터니</u>(태상감응편도설언해 1:13ㄱ), 쏘흔 가감ㅎ미 <u>만터니</u>(이언언해 2:23ㄱ)

ㄴ' 츄리도 <u>만치</u> 아니ㅎ디(이언언해 1:18ㄱ)

ㄷ. 병이 <u>만하</u>(태상감응편도설언해 5:56ㄴ), 밥이 <u>만하</u>(규합총서

    2ㄱ)
  ㄹ. 작얼이 <u>만흐시민</u>(태상감응편도설언해 3:47ㄱ)
  ㄹ'. 진흙과 여흘이 <u>만흐며</u>(이언언해 3:43ㄱ)

(16)은 19세기에 나타난 '많-'의 양상이다. 이 시기에 '만흐-'는 모음 어미나 자음 어미의 결합에서 보이지 않는다. 이는 이 시기에 '만흐-'가 소멸되었음을 보여준다. 반면 새로운 어형 '많-'은 자음 어미나 모음 어미 등 어떠한 환경에서도 결합이 가능함을 보여준다. 결국 '만흐-'에서 '많-'으로의 변화는 19세기에 완성되었다고 할 수 있다.

4.2.1.2. '만흐-'의 공시적 기술과 변화의 방향

'만흐-'가 '많-'으로 재구조화 되는 과정은 오랜 시간을 거쳐 이루어졌다. 앞 절에서 논의한 내용 가운데, 모음 어미와 자음 어미에 한하여 '만흐-'와 '많-'의 분포 양상을 간단히 표로 나타내면 다음과 같다.

(17) '만흐-'와 '많-'의 분포 변화

	중세국어		17·18세기		19세기	
	모음 어미	자음 어미	모음 어미	자음 어미	모음 어미	자음 어미
만흐-	○	○	○	○	×	×
많-	×	○	○	○	○	○

위의 표에서와 같이 기존의 어형 ‘만ㅎ-’에 새로운 어형 ‘많-’이 처음 등장한 시기는 15세기 국어에 해당한다. ‘많-’은 자음 어미일 때 ‘만코, 만터라’ 등으로만 나타나고, 모음 어미일 때 ‘만하’ 등은 이 시기에는 아직 형성되지 않았다. 그러나 표면적으로는 ‘만ㅎ-’에 자음 어미가 결합되는 제약이 없는 것으로 보이지만, 실제로는 부사형 자음 어미 ‘-게’나 ‘-디’의 결합형 ‘만ㅎ게, 만ㅎ디’ 등은 확인되지 않는다. 이들은 ‘만ㅎ게 ㅎ-’, ‘만ㅎ디 아니ㅎ-’ 등으로 나타나야 할 환경에서 ‘많-’의 활용형만 확인된다. 자음 어미 가운데 특별히 부사형 자음 어미부터 ‘만ㅎ-’의 실현에 제약이 있었던 것으로 판단된다.

그런데 15세기 국어에서 ‘만ㅎ-’는 모음 어미나 자음 어미, 그리고 매개모음 어미 등에 모두 나타날 수 있는 패러다임을 가진 어형이다.14) 반면, ‘많-’은 자음 어미일 때만 나타날 수 있어 분포가 한정된 어형이다. ‘만ㅎ-’가 완전한 패러다임을 가진 반면, ‘많-’은 자음 어미일 때만 나타나므로 서로 중복 분포를 보인다. 그러므로 ‘만ㅎ-’와 ‘많-’은 이 시기에는 쌍형어로 처리된다.

(18) 15세기 국어의 ‘만ㅎ-’와 ‘많-’의 분포
{만ㅎ-} : /만ㅎ-/〜/많-/(-오/우-)≈{많-} : /많-/(자음 어미)

---

14) 앞 절에서 지적한 바와 같이 자음 어미, 특히 ‘-게, -디’의 결합형이 확인되지 않는다는 점을 감안하면 완전한 패러다임이라고 할 수 없지만, 다른 자음 어미와 결합되는 예가 존재한다는 점에서 패러다임을 갖춘 것으로 간주할 수 있다.

‘만하’와 같이 ‘많-’에 모음 어미가 결합된 활용형이 나타나기 시작하는 시기는 17세기이다. 이 시기에 이르러 ‘많-’은 자음 어미나 모음 어미에까지 어떠한 제약을 가지지 않고 출현할 수 있었다. 반면 이 시기의 ‘만ᄒ-’ 역시 자음 어미나 모음 어미, 매개모음 어미에 나타날 수 있었다. 그러나 자음 어미 가운데에는 이전 시기와 마찬가지로 ‘-게, -디’와 같은 부사형 어미의 결합형은 보이지 않는다. 이 시기의 ‘만ᄒ-’와 ‘많-’은 독자적인 패러다임을 가지고 있는 쌍형어로 처리될 수 있다.

(19) 17세기 국어의 ‘만ᄒ-’와 ‘많-’의 분포

　　{多} : {만ᄒ-}≈{많-}

19세기에 들면 ‘만ᄒ야, 만ᄒ고, 만ᄒ더니’ 등과 같이 ‘만ᄒ-’와 모음 어미, 자음 어미의 결합형이 확인되지 않고, ‘만하, 만코, 만터라’ 등의 활용형만 확인된다. 그러므로 이 시기에 ‘만ᄒ-’는 소멸되고 ‘만ᄒ->많-’의 변화가 완성된 것으로 보인다. ‘만ᄒ-’와 ‘많-’은 15세기부터 ‘많-’이 새롭게 형성되어 19세기에 ‘만ᄒ-’가 소멸됨으로써 그 변화가 완결되었다. 이것을 간단히 표로 보이면 다음과 같다.

(20) ‘많-’의 형성 과정

시기 1(중세국어)	시기 2(17세기)	시기 3(19세기)
만ᄒ-(자음 어미 제약) ⇒	만ᄒ-(자음 어미 제약) ⇒	소멸
많-(모음 어미 제약)	많-(제약 없음)	많-(모든 환경)

4.2.2. ‘않-’[不]의 형성

4.2.2.1. ‘아니ㅎ-’의 성격

중세국어의 ‘아니ㅎ-’는 부정부사 ‘아니’와 동사 ‘ㅎ-’의 합성 형식으로 인식되었다. 그러나 ‘아니ㅎ-’의 내적 구성은 관점에 따라 ‘아니+ㅎ-’와 ‘아니#ㅎ-’로 분석될 수 있다. ‘아니+ㅎ-’의 구성으로 보는 것은 ‘아니ㅎ-’를 합성어로 인식하여 결국은 한 단어로 인식하는 관점이고, ‘아니#ㅎ-’의 구성으로 보는 것은 통사적 구조체로 보아 결국 한 단어가 아니라고 파악하는 관점이다. 그러나 ‘아니ㅎ-’를 통사적 구조체로 볼 경우에는 여러 가지 문제가 발생한다.

먼저, ‘아니ㅎ-’에 선행하는 형식은 X(명사)나 ‘-디’가 대부분이어서 [X 아니ㅎ-]나 [-디 아니ㅎ-]의 구성이 일반적이다.[15] 그런데 이들은 ‘-디’를 요구한다는 점에서 ‘아니ㅎ-’를 부사 ‘아니’와 동사 ‘ㅎ-’의 통사적 구성으로 볼 수 없다. ‘-디’를 요구하는 것은 ‘아니’도 아니고 그렇다고 ‘ㅎ-’도 아닌 ‘아니ㅎ-’ 전체이기 때문이다. 또, ‘아니ㅎ-’ 사이에 다른 요소도 개입될 수 없다는 점은 ‘아니ㅎ-’를 통사적 구조체로 볼 수 없는 증거가 된다. ‘아니’와 ‘ㅎ-’가 통사적 구조체라면 ‘아니’와 ‘ㅎ-’ 사이에 조사류나 부사류가 들어갈 수

---

15) ‘X 아니ㅎ-’ 구문의 ‘X’는 명사가 대부분인데 이때의 ‘아니ㅎ-’는 ‘-디 아니ㅎ-’ 구문의 ‘아니ㅎ-’와 같이 처리해서는 곤란하다. 가령, ‘공부 아니하다’와 ‘공부하지 아니하다’의 두 구문에서 ‘아니하다’가 다르게 처리될 가능성이 있으므로 이들을 같이 처리할 수 없다. 그러므로 이 책에서는 ‘-디 아니ㅎ-’ 형식에서의 ‘아니ㅎ-’를 중심으로 논의하기로 한다.

있지만 이 환경에 개입되는 다른 요소는 없다. 또 음운론적으로 '아니ㅎ-'와 모음 어미, 또는 매개모음 어미가 결합할 때 'ㅎ-' 전체가 탈락되는 '아녀, 아냐'나 '아니니, 아니며' 등이 출현하는16) 것을 볼 때, 이들을 통사적 구조체로 처리하면 곤란함을 알 수 있다. 만약 이러한 'ㅎ-' 탈락형들을 '아니 ㅎ-'에서 온 것으로 본다면 '아니#ㅎ-+-아'나 '아니#ㅎ-+-으며'에서 'ㅎ-'가 탈락되고, 그 어미가 단어 경계를 넘어 선행 요소 '아니'에 결합되었다고 보아야 하는데, 이러한 예는 좀처럼 발견되지 않기 때문이다. 결국 'ㅎ-'가 후행 요소로 참가하는 복합 형식에서 '아니ㅎ-'는 '만ㅎ-'나 '올ㅎ-' 등보다는 선행 요소와 긴밀성이 떨어진다고 해도 '아니ㅎ-'를 합성어로 보는 것이 합리적일 것이다.17)

그런데 '아니ㅎ-'가 합성어이므로 '아니ㅎ-'가 보여주는 활용 양상은 'ㅎ-'가 갖는 활용 양상과 똑같을 것으로 기대하지만, 'ㅎ-'나 'ㅎ-'를 말음으로 갖는 'Xㅎ-'와는 또 다른 양상을 보인다는 점이 주목되었다. 이현희(1994ㄴ)은 '아니 ㅎ-'는 '아니ㅎ-' 외에 '아닣-'(ㄱ, ㄷ 등 자음 어미 앞에서 수의적 교체형), '아닏-'(선어말어미 '-ㄴ-' 앞에서 교체형), '아니-'(매개모음과 일반 모음으로 시작하는 모음 어미 앞에서 수의적 교체형)의 크게 네 가지 교체형을 보인다고 하였다. 그

---

16) 이러한 예에 대해서는 후술한다.

17) '아니ㅎ야'의 성조는 '평거거거'이다. 이 어형이 율동규칙을 따른다면 '평거평거' 정도로 실현되었을 것이지만, 'ㅎ-'의 성조가 '평성'을 보이지 않았다. 이것은 '아니'와 'ㅎ-'가 음운론적으로 완전히 하나의 단어로 굳어지지 않았음을 보여준다.

러므로 중세국어의 ‘아니ㅎ-’는 ‘아니ㅎ-’의 패러다임을 보여주는 것 말고도 표면상 ‘/아닣-/~/아닌-/~/아니-/’로 활용 양상을 보이는 어형이 있었다고 할 수 있다. 이 가운데에서 ‘ㅎ-’ 전체 탈락형인 /아니-/는 계사 ‘아니-’에 매개모음 어미가 올 경우와 표면상 같은 활용형을 보이기도 한다. 계사 ‘아니-’는 명사 ‘아니’와 계사 ‘이-’18)가 결합한 것이기에, ‘이-’의 활용 양상과 비슷하다고 할 수 있다.19) 그런데 중세국어의 ‘아니-’는 매우 복잡한 음운 과정을 드러낸다.

(21) ㄱ. 護彌 닐오디 그리 <u>아니라</u> 부텨와 즁과롤 請ㅎᅀᄫᄫ려 ㅎ닝다
　　　　(석보상절 6:16ㄴ)

　　　ㄴ. 六度ㅅ 數ㅣ <u>아니로디</u> 六度롤 通히 일우ᄂᆞ니라(석보상절 21:34ㄴ)

　　　ㄷ. ㅎ나 <u>아니로미</u> ᄃᆞ외ᄂᆞ니 엇데어뇨 ㅎ란디(월인석보 11:59ㄴ)

　　　ㄹ. 다 世와 出世왜 <u>아니론</u> 젼ᄎ로(능엄경언해 4:49ㄴ)

(22) ㄱ. 長莊嚴은 素法身이 <u>아니오</u> 大威德莊ᄋᆞᆫ 큰 神用이 ᄀᆞ줄씨라
　　　　(석보상절 21:35ㄱ)

　　　ㄴ. 出家ᄒᆞᆫ 오시 <u>아니어늘</u> 淨居天이 山行홇 사ᄅᆞ미 ᄃᆞ외야(석보
　　　　상절 3:31ㄴ)

　　　ㄷ. 本來 ᄇᆞ라오미 <u>아니러라</u>(법화경언해 2:77ㄱ)

---

18) 계사 ‘-이-’는 선행 요소와 후행 요소에 의존적이어서 ‘-이-’로 적어야 하지만 편의상 ‘이-’로 적기로 한다.

19) 중세국어에서 계사 ‘이-’와 ‘아니-’의 가장 큰 차이는 ‘이-’는 음절 부음으로 나타날 수 있지만 ‘아니-’의 경우는 그런 기능이 없다는 것이다.

ㄹ. 죽사리 免홇 道理 <u>아니로다</u> ᄒ샤 ᄇ리고 가시니라(석보상절
    3:36ㄱ)

(21), (22)는 중세국어 '아니-'의 활용 양상을 보인 것이다. '아니-'
에 선행하는 형식은 주격조사 '이'나 명사가 온다는 점에서 '아니ᄒ-'
에 '-디'가 선행하는 구성 '-디 아니ᄒ-'와 차이가 있다.[20] 그런데
'아니-'에 모음 어미가 올 때는 (21ㄱ)과 같이 '아니라'로 나타난다.
모음 어미인 '-오/우-'가 뒤에 오는 경우에도 (21ㄴ~ㄹ)과 같이
'아니로ᄃᆡ, 아니롬, 아니론' 등으로 나타나 표면상 '아닐-'로 실현된
다. (22)는 자음 어미가 올 때의 양상인데, (22ㄱ)과 같이 '-고'가
뒤에 올 경우에는 '아니오'로, '-거늘'이 뒤에 올 경우에는 '아니어
늘'로 나타나 뒤에 오는 어미의 두음 'ㄱ'이 'ㅇ'[21]으로 실현된다. 한
편 'ㄷ'-계 어미가 뒤에 올 경우에는 'ㄷ'이 'ㄹ'로 실현되어 (22ㄷ)
과 같이 '아니러라'나 (22ㄹ)과 같이 '아니로다'로 나타난다.[22] 그런

20) 물론 '아니-' 앞에 주격의 '이'가 생략되어 표면상 명사가 오는 경우가 있다. 이
    때의 'X 아니-' 구문도 '아니ᄒ-' 형식으로 볼 수 없다.

21) 이때의 'ㅇ'의 음가는 대표적으로 이른바 무음가설과 유성마찰음 /ɦ/설 등이 있
    는데, 이에 대한 자세한 논의는 김경아(1991)를 참조할 수 있다.

22) 흔히 '긍정의 대상임을 강조하고 그 반대의 사태를 부정하는 어미'(안병희·이
    광호 1990:257)로 알려진 어미 '-디ᄫᅵ'와 '아니-'가 결합된 활용형은 확인되지 않
    는다. 계사 '이-'와 결합된 '이디ᄫᅵ'는 확인되는 반면 '아니디ᄫᅵ'는 문증되지 않
    는다. 그런데 그것은 문증되지 않는 것이 아니라 어미 '-디ᄫᅵ'의 의미적 특성에 기인
    하여 *아니디ᄫᅵ'가 실현될 수 없는 것으로 보인다. 즉, '-디ᄫᅵ'에 선행하는 내용은
    긍정하는 내용이 되어야 하나 '아니-' 자체는 이미 부정의 내용이 있으므로 의미
    론적인 제약이 개재한 것이다. 그러나 현대국어의 경우는 "철수가 아니지 영희가

데 ‘아니-’에 매개모음 어미가 올 경우에는 ‘아니ᄒ-’로 나타나, 매개모음이 올 경우 수의적으로 일어나는 ‘ᄒ-’ 탈락형과 같은 활용 양상을 보여준다.

(23) ㄱ. 둘 <u>아니며</u> 세 아닐씨 ᄒ나히라 ᄒ고(석보상절 13:48ㄴ)

ㄴ. 이 져고맛 因緣이 <u>아니시니</u> 文殊아 아라라(석보상절 13:26ㄱ)

ㄷ. 엇뎨 正位 <u>아니리오마론</u>(월인석보 13:58ㄴ)

ㄹ. 智體 둘 아니며 境도 둘 아니니 智 둘 <u>아니로ᄆᆞ</u> 흔 智慧로디
(월인석보 8:31ㄴ)

(24) ㄱ. 뎌 方ᄋᆞ로셔 오디 <u>아니며</u> 이 方애 드디 아니 ᄒᄂᆞ니라(능엄경
언해 2:121ㄴ)

ㄴ. ᄒ다가 그러티 <u>아니시면</u> 곧 二乘과 달옴 업스시리라(원각경
언해 하,3,1:130ㄴ)

ㄷ. 靜室와 衆에 處홈괘 엇뎨 서르 어긔디 <u>아니리오</u>(원각경언해
상,2,2:18ㄴ)

ㄹ. 能히 貪ᄒᄂᆞᆫ 愛ᄒ디 <u>아니니</u> 그러나 貪과 愛왜 쏘 네 句ㅣ 잇
ᄂᆞ니(원각경언해 하1,1:18ㄱ)

(23), (24)는 ‘아니-’와 ‘아니ᄒ-’에 매개모음 어미가 결합한 양상이다. (23ㄱ)의 ‘아니며’는 ‘아니-’와 ‘-ᄋᆞ/으며’가 결합한 것이

아니지 않느냐?”와 같이 ‘-디비’의 변화형 ‘-지’가 ‘아니-’에 통합될 수 있다는 점에서 근대국어를 거치면서 형태상의 변화뿐만 아니라 ‘-지’ 구문 자체의 변화도 경험한 것으로 보인다. 이에 대한 자세한 논의는 후속 글을 기대한다.

다. 마찬가지로 (23ㄴ)의 '아니시니', (23ㄷ)의 '아니리오마룬', (23ㄹ)의 '아니니' 등도 매개모음이 탈락하여 나타난다. 이와 같은 양상은 어간 말음이 '이'로 끝난 어형과 동일한 음운 과정을 보여주는 것이다.

그러나 (24)에 제시된 예들은 '아니-'의 활용형으로 볼 수 없다. (24ㄱ)의 '아니며'나23) (24ㄴ)의 '아니시면', (24ㄷ)의 '아니리오', (24ㄹ)의 '아니니'에 선행하는 형식이 부정 대상의 어미 '-디'이므로, 이때의 활용형은 계사 '아니-'의 활용형이 아니라 '아니ᄒᆞ-'의 교체형으로 보아야 한다. 계사 '아니-'는 '-디' 구문을 이끌 수 없기 때문이다. 그러므로 '아니ᄒᆞ-'에 매개모음 어미 '-ᄋᆞ며, -ᄋᆞ시-, -ᄋᆞ리-, -ᄋᆞ니' 등이 결합할 때 매개모음 'ᄋᆞ'의 탈락과 어간 말음 'ᄒᆞ-'의 탈락이 수의적으로 이루어졌다고 볼 수 있다. 그런데 'ᄒᆞ-'의 탈락은 매개모음 어미뿐만 아니라 모음 어미가 올 때도 나타난다.

> (25) ㄱ. 나그내돌히 넌 뎌 브리디 <u>아녀</u> 다 뎨 가 브리ᄂᆞ니(번역노걸대
>   상:11ㄴ)
>
>   ㄴ. 내 졀다ᄆᆞ리 누네 치 나셔 머므디 <u>아녀</u> 누어 구을오(번역박
>   통사 상:42ㄴ)
>
>   ㄷ. 사ᄅᆞ미 ᄌᆞᆺᄌᆞᆺ하나 흐리나 다 일티 <u>아녀</u> 사괴야(번역소학 6:14ㄴ)
>
>   ㄹ. 어미 편티 <u>아녀</u> ᄒᆞ놋다(부모은중경언해 10ㄴ)

---

23) 두루 알려졌듯이 이 환경에서 '아니ᄒᆞ며'와 같이 '아니ᄒᆞ-'로 나타나는 경우가 더 일반적이다. 이에 대한 논의는 다음 절에서 다룬다.

　　　ㅁ. 네 돌아보내디 몯홇 거슨 너 <u>아녀</u> 뉘류(능엄경언해 2:30ㄴ)
(26) ㄱ. 僧堂 여희디 <u>아냐</u> 節介롤 디니ᄂ다(선가귀감 20ㄴ)
　　　ㄴ. 내 오히려 개의티 <u>아냣더니</u>(산성일기 39)

　(25)는 중세국어에 보이는 ‘아녀’의 예인데, (25ㄱ~ㄹ)은 ‘아녀’
가 이끄는 형식이 ‘브리디’나 ‘머므디, 일티, 편티’ 등 부사형 어미
‘-디’라는 점에서 이들은 계사 ‘아니-’로 볼 수 없다.[24] 계사의 ‘아
니-’에는 (25ㅁ)처럼 명사나 명사 상당 어구가 오지, ‘-디’가 올 수
없다. 그러므로 (25ㄱ~ㄹ)처럼 ‘-디’가 선행한 경우 ‘아녀’는 ‘아니
ㅎ-’의 예이고, 명사류가 선행한 (25ㅁ)의 ‘아녀’는 ‘아니-’의 활용
형으로 볼 수 있다. 한편 (26)도 ‘아니ㅎ-’가 올 자리에 ‘아냐’로 나
타난 경우이다. (26ㄱ)의 ‘아냐’는 ‘여희디’ 다음에 왔고, (26ㄴ)은
17세기의 예인데, ‘개의티’ 다음에 ‘아냣더니’가 나타났으므로 이 또
한 ‘아니ㅎ-’의 예로 볼 수 있다. 결국 모음 어미가 올 경우 ‘아니ㅎ-’
는 ‘아녀’나 ‘아냐’ 등으로도 나타나, 표면상 ‘ㅎ-’가 탈락한 채로 실
현되는 것으로 볼 수 있다.

(27) ㄱ. 내 서르 犯티 <u>아니거늘</u> 엇뎨 자보몰 보ᄂ고(개수법화경언해
　　　　　2:71ㄱ)
　　　ㄴ. 이제 내 너와 곧 다ᄅ디 <u>아니게</u> ᄃ외얫ᄂ니(개수법화경언해
　　　　　2:75ㄴ)
　　　ㄷ. 사ᄅ미 길헤 맛보아 어루려커늘 거스러 좃디 <u>아니더니</u>(속삼

24) 이러한 예는 16세기 문헌에서부터 확인되고 15세기 문헌에서는 나타나지 않는다.

강행실도 열:25ㄱ)

　ㄷ'. 사람이 길헤셔 맛보아 얼요려ᄒ거늘 거슬어 좃찌 <u>아니더니</u>
　　(중간속삼강행실도 열:25ㄱ)

　ㄹ. 듀야 안전의 쩌나디 <u>아니던</u> 죵을 잡아 내여 가고(계축일기
　　형,상:26ㄴ)

(27)은 '아니ᄒ-'와 자음 어미의 결합인데 이 환경에서 'ᄒ-'가 탈락한 채로 나타난다.[25] (27ㄱ, ㄴ)은 '-거늘, -게' 등 'ㄱ'-계 자음 어미의 결합형인데, '아니-'에 선행하는 형식이 '-디'이므로 이 때의 '아니거늘'이나 '아니게'는 '아니ᄒ-'의 활용형이다. 중세국어 시기에는 이 환경에서 '아니커늘, 아니케' 등으로 나타나는 것이 일반적이지만, 위의 예들은 'ᄒ-' 전체가 탈락한 채 나타난다. (27ㄷ, ㄹ)은 'ㄷ'-계 자음 어미의 결합인데, 역시 선행하는 형식이 '-디'고 이 환경에서 '아니ᄒ-'의 후행 요소 'ᄒ-'가 탈락한 것으로 보인다. 그러므로 비록 예는 적지만 '아니ᄒ-'에 자음 어미가 올 경우에 'ᄒ-' 전체가 탈락될 수 있음을 보여준다.

이러한 'ᄒ-' 탈락의 이유로는 몇 가지 설명이 가능하다. 첫째, '아니-'의 활용형에 유추되어 'ᄒ-'가 탈락하였다고 보는 것이다. 위의 예에서와 같이 '아니ᄒ-'는 자음 어미나 모음 어미, 매개모음 어미 환경에서 'ᄒ-' 탈락형이 수의적으로 나타나는데, 매개모음 어미의 환경에서 'ᄒ-' 탈락형은 '아니-'의 활용형과 형태상 동일하

---

25) 물론 이 환경에서 '아니커늘'처럼 'ㆍ'탈락형이 일반적임은 잘 알려진 사실이다.

다. 특히 자음 어미가 올 경우, '·'탈락형의 존재까지 감안하면 '-게'가 올 때의 활용형은 다음 세 가지 양상으로 나타난다.

(28) ㄱ. 기저형　　　아니ᄒ게
　　　ㄴ. '·' 탈락형　　아니케
　　　ㄷ. 'ᄒ-' 탈락형　아니게

　(28)에서와 같이 '아니ᄒ게'가 있고 여기에 '·'탈락형 '아니케'와 'ᄒ-' 탈락형 '아니게' 등이 있다 그런데 이들은 '·'탈락형이 나타나고 여기에 다시 'ᄒ-' 탈락형이 후대에 나타난 것으로 추정할 수 있다. 이러한 추정은 분포상으로도 (28ㄴ)과 같은 '아니케'형이 가장 빈도가 높고, (28ㄷ)의 '아니게'는 적게 나타난다는 점에서도 뒷받침된다. 또, 이러한 'ᄒ-' 탈락은 매개모음 어미가 올 때의 환경에서 'ᄒ-' 탈락형이 가장 많고, 그 다음 모음 어미일 때, 그 다음 자음 어미 순으로 나타나는데, 시기상으로도 매개모음 어미 앞에서 가장 먼저 'ᄒ-' 탈락이 일어난 것으로 보인다. 또, 'ᄒ-' 탈락형과 계사의 활용형 사이에는 성조의 차이가 없다는 점도26) 이러한 추정을 가능하게 한다.

　그러나 '아니ᄒ-'에서 'ᄒ-' 탈락이 계사 '아니-'의 활용형에 유

___

26) (23ㄱ)과 (24ㄱ)의 '아니며'의 성조는 '평거거'이며, '아니시니'와 '아니시면'은 '평거평거'이다. '아니ᄒ며'에서 'ᄒ-'가 탈락하여 '아니며'가 실현된 것이라면, '아니ᄒ며'와 '아니며'의 성조가 '평거거'라는 점에서 'ᄒ-'가 흔적이 없이 완전히 탈락된 것으로 볼 수 있다.

추되어 형성되었다는 추정은 'ㅎ-' 탈락의 양상이 '아니ㅎ-'뿐만 아니라 다른 어형에서도 나타난다는 점을 설명해야 하는 부담이 있다. 즉, 'ㅎ-'에 선행하는 어근이 폐쇄음의 환경에서도 'ㅎ-' 탈락이 확인된다는 사실이 관찰되므로 이들을 동일한 차원에서 이해하여야 할 것이다.27) 또, '아니-'의 활용형에 유추되어 '아니ㅎ-'의 활용형에서 'ㅎ-' 탈락이 이루어졌다면 '아니게'나 '아니더X'의 환경에서 'ㄱ'의 약화나 'ㄷ'이 'ㄹ'로 실현되어야 하나, '아니ㅎ-'의 자리에 나타나는 'ㅎ-'탈락형들은 '아니게'나 '아니더라' 등으로 실현되므로 이들을 유추로 설명하기 어려운 점이 있다.

이러한 'ㅎ-'의 탈락에 대하여 허웅(1975)는 'ㅎ-'에 선행하는 어근이 '아, 어, 이' 등으로 끝나는 것으로서 어근의 모음과 'ㅎ-'의 'ㆍ' 사이에서 /ㅎ/이 유성화하여 줄어들고, 'ㆍ'마저 앞의 간극이 큰 홀소리에 흡수되어 버린 결과로 설명하였다. 그러나 이러한 설명은 특정 음운의 연쇄에서 두 음운 'ㅎ'과 'ㆍ'가 음운론적인 동기가 모호한 채로 모두 탈락하였다고 해석한다는 점에서 선뜻 동의하기 어렵다. 특히 'ㅎ'-탈락이 일어난 환경이 'ㅎ-'에 '아, 어, 이' 등이 선행할 때뿐이라는 것은 이들만 묶을 수 있는 음운론적 환경이 적당하지 않다는 측면에서 더욱 그러하다.

결국 중세국어에서부터 보이는 '아니ㅎ-'의 'ㅎ-' 탈락은 '아니-'의 활용형에 유추되어 나타난 것으로 보든, 'ㅎ'과 'ㆍ'가 모두 선행

---

27) 이러한 예를 보이는 어형은 'ㄱ독ㅎ-, 덛덛ㅎ-, 몯ㅎ-, 곧ㅎ-, 특특ㅎ-' 등과 색채 형용사 '퍼러ㅎ-', '누러ㅎ-' 등의 예가 있다(허웅 1975:463~464).

하는 음에 동화되어 탈락된 것으로 보든 문제가 있다. 이 책에서도 이에 대해서 어떠한 결론을 준비하지 않았지만, 다만 'ㅎ—'의 탈락과 '·'의 탈락이 밀접히 관련되어 있고, 특히 매개모음의 환경에서 먼저 이루어지고 다른 환경에까지 확대되었다는 점만 지적하기로 한다.

4.2.2.2. '아니ㅎ—'의 분포 양상

'아니ㅎ—'는 대부분 이른바 장형부정문인 '—디 아니ㅎ—'의 형식으로 나타나지만 'X 아니ㅎ—'28)의 형식으로도 나타나고, 부사어구가 선행할 수도 있다.

(29) ㄱ. 부톄 出家 <u>아니ㅎ야</u> 겨싫 저긔 여듧 王子롤 두겨샤디(석보상절 13:29ㄴ)

　　ㄴ. 내 일후믈 드러 닛디 <u>아니ㅎ야</u> 디니면 제 맛드논 야ᇰ로 種種앳 됴ᄒᆫ 오슬 어드며(석보상절 9:9ㄴ)

　　ㄷ. 滅度롤 得게 <u>아니ㅎ야</u> 다 如來ㅅ 滅度로 滅度호리라 ㅎ시니라(선종영가집언해 하:71ㄱ)

　　ㄹ. 오히려 믈러왇디 <u>아니ㅎ얏도다</u>(두시언해 9:1ㄴ)

　　ㄹ'. 프렛 이스리 쏘 해 저지고 거믜즈리 지즈로 간디 <u>아니ㅎ엿도다</u>(未收; 두시언해 3:27ㄱ)

---

28) 이때 X는 대부분 명사로서 격조사를 수반하기도 한다.

　(29)는 15세기 국어에 나타나는 '아니ᄒ-'에 모음 어미가 뒤에 올 때의 양상이다. 이때는 후행 어미의 두음에 'j'첨가가 일어나 '아니ᄒ야'의 형태로 실현되는데, 구조상 'X 아니ᄒ야'나 이른바 장형부정문인 '-디 아니ᄒ야'로 주로 나타나고, 또 부사어도 선행할 수 있다. (29ㄱ)은 'X 아니ᄒ야'의 예인데, 그 앞에 명사 '出家'가 선행하였다.29) (29ㄴ)은 '-디 아니ᄒ야'의 예인데 가장 일반적인 형식이다. 반면 (29ㄷ)은 부사어 '得게'가 선행할 수도 있음을 보여준다. (29ㄹ)은 '아니ᄒ-+아#잇(이시)-'의 구조체로 보이는데 '아니ᄒ얏도다'와 같이 '아니ᄒ얏X'로도 나타나지만 (29ㄹ')과 같이 비록 하나의 예에 불과하지만 '아니ᄒ엿X'로도 나타난다는 점이 특이하다.

　　(30) ㄱ. 아롬답거나 아롬답디 <u>아니커나</u> 여러 가짓 쓰며(석보상절 19:2ㄱ)

　　　　ㄱ'. 뜯 거스디 <u>아니ᄒ거든</u> 네 내 마롤 다 드를따(석보상절 6:8ㄴ)

　　　　ㄴ. ㄴ. 셤기디 <u>아니코</u> 혼 ᄆᅀᆞᄆᆞ로 佛法僧에 歸依ᄒ야(석보상절 9:25ㄱ)

　　　　ㄴ'. 法을 求티 <u>아니ᄒ고</u> 邪曲혼 보매 기피 드러 이실ᄊᆡ(석보상절 13:57ㄱ)

　　　　ㄷ. 一切 有情이 나와 다ᄅᆞ디 <u>아니케</u> 호리라(석보상절 9:4ㄴ)

　　　　ㄷ'. 光明이 굿디 <u>아니킈</u> ᄒ고(석보상절 9:32ㄴ)

　(30)은 '아니ᄒ-'와 'ㄱ'-계 자음 어미의 결합 양상이다. (30ㄱ)에서 '아니ᄒ-'는 'ㄱ'-계 자음 어미가 올 때 'ᄒ-'의 말음 'ㆍ'가 탈

---

29) 물론 이때의 '아니ᄒ-'와 '-디 아니ᄒ-'가 동일한 가치를 가진다는 의미는 아니다.

락하고 계기적으로 후행 어미의 두음과 축약을 거쳐 유기음화를 겪는다. 그러나 (30ㄱ')와 같이 같은 환경에서 ‘·’의 탈락이 일어나지 않고 그대로 실현되기도 한다. (30ㄴ, ㄴ')는 ‘-고’와 결합 양상인데 (30ㄴ)의 ‘아니코’와 같이 ‘·’가 탈락할 수도 있고, (30ㄴ')의 ‘아니ㅎ고’와 같이 탈락하지 않을 수도 있다.30) (30ㄷ, ㄷ')는 ‘아니ㅎ-’가 각각 ‘-게’와 ‘-긔’의 결합 양상이다. 이들은 대부분 ‘-디 아니케(킈) ㅎ-’의 형식으로 나타나는데, 이때는 항상 ‘·’가 탈락하여 ‘아니케’나 ‘아니킈’ 등으로만 확인되지 ‘아니ㅎ게’나 ‘아니ㅎ긔’ 등은 전혀 확인되지 않는다.31)

(31) ㄱ. 잢간도 ᄇᆞ리ᅀᆞᆸ디 <u>아니터니</u>(월인석보 21:31ㄴ)

　　 ㄱ'. 부톄 ᄌᆞ로 니ᄅᆞ샤도 從ᄒᆞᅀᆞᆸ디 <u>아니ᄒᆞ더니</u>(석보상절 6:1ㄴ)

　　 ㄴ. ᄠᅳ들 자바 니ᄅᆞ디빙 和ᄒᆞᆸ디 <u>아니타</u> ᄒᆞ야(월인석보 11:59ㄱ)

　　 ㄴ'. 論에 닐오디 ᄆᆞᅀᆞ몰 보디 <u>아니ᄒᆞ다</u> ᄒᆞ니(원각경언해 하,1,2:51ㄱ)

　　 ㄷ. 그 보ᄇᆡ 取티 <u>아니티</u> 몯ᄃᆞᆺᄒᆞ며(원각경언해 하,3,1:91ㄴ)

　　 ㄷ'. 이ᄅᆞᆯ 브터 成佛ᄒᆞ디 <u>아니ᄒᆞ디</u> 업스시니라(원각경언해 하,3, 2:72ㄴ)

　　 ㄹ. 아디 몯ᄒᆞ면 果然 안해 잇디 <u>아니토다</u>(능엄경언해 1:52ㄱ)

　　 ㄹ'. 怨望 ᄃᆞ외야 드럼직디 <u>아니ᄒᆞ도다</u>(두시언해 3:42ㄱ)

---

30) 《석보상절》에서 ‘아니코’와 ‘아니ᄒᆞ고’는 분포상 ‘아니코’가 4회, ‘아니ᄒᆞ고’가 8회 등으로 나타나 ‘아니ᄒᆞ고’가 우세를 보이지만, ‘아니코’가 실현되는 구문과 ‘아니ᄒᆞ고’가 실현되는 구문에 차이는 없다.

31) 《석보상절》과 《월인석보》의 경우 ‘아니케’는 5회, ‘아니킈’는 4회 나타나지만 ‘아니ᄒᆞ게’나 ‘아니ᄒᆞ긔’는 전혀 확인되지 않는다.

(31)은 '아니ᄒᆞ-'와 'ㄷ'-계 자음 어미의 결합 양상을 보인 것이다. (31ㄱ, ㄱ')는 '-더-'의 결합 양상인데 어간 말음 'ㆍ'가 탈락한 '아니터니'와 어간 말음 'ㆍ'가 유지된 '아니ᄒᆞ더니' 등이 별다른 제약 없이 나타난다. (31ㄴ, ㄴ')는 하위문에서 '-다'의 결합 양상이다. 이때 '아니ᄒᆞ-'는 하위문의 동사이고 상위문 동사는 거의 'ᄒᆞ-'나 '니르-'(謂)로 실현되어 구조상 '-디 아니ᄒᆞ- ᄒᆞ-'나 '-디 아니ᄒᆞ- 니르-'의 형식을 보인다. 이 환경에서 (31ㄴ)에서는 '아니ᄒᆞ-'가 '아니타'로 나타나고, (31ㄴ')에서는 '아니ᄒᆞ다'로 나타난다. 그러나 분포상으로는 이 환경에서 'ㆍ'가 탈락한 '아니타'형이 압도적으로 많고 '아니ᄒᆞ다'는 한두 예에 불과하다. 이는 '-디 아니ᄒᆞ- ᄒᆞ-(니르-)' 구문에서의 '아니ᄒᆞ-'는 '아니타'가 주로 선택된다는 사실을 보여주는 것이다. (31ㄷ, ㄷ')는 '아니ᄒᆞ-'와 '-디'의 결합 양상인데, 의미상 부정 내용을 다시 부정하는 이중 부정의 모습을 보인다. 이때에는 'ᄒᆞ-'의 말음 'ㆍ'가 탈락한 'ㆍ'탈락형과 'ㆍ'가 유지된 'ㆍ' 유지형이 별다른 제약 없이 나타날 수 있다. (31ㄹ, ㄹ')는 선어말어미 '-도-'와 결합 양상을 보인 것이다. 역시 'ㆍ'탈락형과 'ㆍ'유지형이 같은 환경에서 공존하는 것을 볼 수 있다.

(32) ㄱ. 末伽黎의 네 가짓 죽디 <u>아닌ᄂᆞ니라</u>(능엄경언해 2:54ㄱ)

    ㄱ'. 法訓이 긋디 <u>아니ᄒᆞᄂᆞ니라</u>(석보상절 6:36ㄱ)

    ㄴ. 輪廻ㅅ生滅性을 受티 <u>아닌ᄂᆞᆫ</u> 젼치라(능엄경언해 9:39ㄱ)

    ㄴ'. <u>모르디 아니ᄒᆞᄂᆞᆫ</u> 菩薩돌히 그 數ㅣ 恒沙 ᄀᆞᆮᄒᆞ야(석보상절 13:42ㄴ)

(32)는 '아니ㅎ-'와 비음 어미의 결합 양상을 보인 것이다. (32
ㄱ)에서 '아니ㅎ-'와 선어말어미 '-ᄂᆞ-'가 결합할 때 '·'의 탈락과
함께 'ㅎ'이 'ㄴ'으로 되어 '아닌'으로 실현된다. 특히 이러한 예는
《능엄경언해》 이전의 문헌에서는 보이지 않는 표기 양상이다. (32
ㄱ')는 같은 환경에서 '아니ㅎ-'로 나타남을 볼 수 있다. (32ㄴ)은
관형형어미 '-ᄂᆞᆫ'이 올 때 '아닌ᄂᆞᆫ'으로 실현될 수 있음을 보인 것이
다. 역시 같은 환경에서 '·'가 탈락하지 않을 수 있음을 보여준다.

(33) ㄱ. 出家혼 사ᄅᆞ믄 쇼히 곧디 <u>아니ᄒᆞ니</u>(석보상절 6:22ㄱ)

   ㄱ' 智眼이 ᄆᆞᆰ디 <u>아니니</u>(선종영가집언해 하:28ㄱ)

   ㄴ. 니 검디 <u>아니ᄒᆞ며</u>(석보상절 19:6ㄴ)

   ㄴ'. 뎌 方ᄋᆞ로셔 오디 <u>아니며</u>(능엄경언해 2:121ㄴ)

   ㄷ. 귓거시 精氣 앗디 <u>아니ᄒᆞ리라</u>(석보상절 9:26ㄱ)

   ㄷ' 서르 어긔디 <u>아니리오</u>(원각경언해 상,2,2:18ㄴ)

   ㄹ. 손지 듣디 <u>아니ᄒᆞ시고</u>(석보상절 6:7ㄱ)

   ㄹ' ᄒᆞ다가 그러티 <u>아니시면</u>(원각경언해 하,3,1:13ㄴ)

(33)은 '아니ᄒᆞ-'와 매개모음 어미의 결합 양상이다. (33ㄱ)은
'아니ᄒᆞ-'와 '-ᄋᆞ니'의 결합인데 '아니ᄒᆞ니'로 실현된다. 그러나 같
은 환경인 (33ㄱ')에서는 '아니니'로 실현되어 'ᄒᆞ-' 전체가 탈락하
였다. (33ㄴ, ㄴ')는 '아니ᄒᆞ-'와 '-ᄋᆞ며'의 결합 양상인데, '아니ᄒᆞ
며'가 좀 더 일반적이지만 'ᄒᆞ-'가 탈락한 '아니며'로도 실현될 수
있음을 보여준다. (33ㄷ~ㄹ')는 '-ᄋᆞ리-'와 '-ᄋᆞ시-'의 결합을 보

여주는데, 역시 'ᄒ-' 유지형과 'ᄒ-' 탈락형이 공존하는 것을 확인할 수 있다. 결국 '아니ᄒ-'와 매개모음 어미의 결합에서 '아니ᄒX'가 일반적이지만 같은 환경에서 'ᄒ-' 전체가 탈락하는 경우도 있었다.32)

16세기 국어의 '아니ᄒ-'는 이전 시기와 크게 다르지 않다. 다만 이 시기에는 'ᄒ-' 전체가 탈락한 형식이 점차 확대된다는 특징이 있다.

> (34) ㄱ. 힝뎐올 밧디 <u>아니ᄒ야</u>(번역소학 9:2ㄴ)
>
> ㄱ'. 사룸이 맛보면 묻디 <u>아니ᄒ여셔</u>(번역소학 9:11ㄴ)
>
> ㄴ. 셩도 묻줍디 <u>아니ᄒ얏다니</u>(번역노걸대 상:44ㄴ)
>
> ㄴ'. 희 기우도록 오디 <u>아니ᄒ엿거든</u>(번역소학 9:76ㄴ)

(34)는 16세기 국어에 보이는 '아니ᄒ-'와 모음 어미의 결합 양상이다. (34ㄱ)에서 모음 어미의 결합이 '아니ᄒ야'로 나타난다. 반면 (34ㄱ')에서는 '아니ᄒ여셔'로 나타나는데, 이 시기는 모음 어미 가운데 'ᄒ여'형이 이전 시기보다 훨씬 증가하였다는 특징이 있다. (34ㄴ)은 '아니ᄒ얏X'를 보인 것인데, 이와 평행하게 (34ㄴ')에서와 같이 '아니ᄒ엿X'도 확인된다. 그러나 다음의 예는 이전 시기에 보이지 않던 'ᄒ-' 탈락형들이다.

---

32) 'ᄒ-' 탈락형들은 간경도감 이후 문헌에서부터 나타나기 시작한다.

(35) ㄱ. 눌홀 저티 <u>아녀</u> 다와다 싀엄의 겨틔 가(번역소학 9:64ㄱ)

ㄴ. 僧堂 여희디 <u>아냐</u> 節介롤 디니논다(선가귀감언해 2ㄴ)

(35ㄱ, ㄴ)은 '아니ᄒᆞ야X'나 '아니ᄒᆞ여X'가 올 자리인데 'ᄒᆞ–' 전체가 탈락한 '아녀'나 '아냐'로 나타난 것이다. '아녀'나 '아냐'에 부사형 어미 '–디'가 선행한다는 점에서 이들을 '아니–'의 활용형으로 볼 수는 없다. '아니ᄒᆞ–'가 모음 어미 앞에서 'ᄒᆞ–' 전체가 탈락하는 현상은 이전 시기에는 보이지 않던 양상이다. '아니ᄒᆞ–'와 자음 어미의 결합 양상은 이전 시기와 크게 다르지 않다.

(36) ㄱ. 올티 <u>아니ᄒᆞ거든</u>(번역소학 7:2ㄱ)

ㄱ'. 사ᄅᆞ미 어디디 <u>아니커든</u>(번역소학 6:3ㄱ)

ㄴ. 有文이 내죵내 좃디 <u>아니ᄒᆞ고</u>(속삼강행실도 효:34ㄱ)

ㄷ. 원망이 나디 <u>아니케</u> ᄒᆞ고져 ᄒᆞ노라(번역소학 9:9ㄱ)

(37) ㄱ. 현달홈을 求티 <u>아니ᄒᆞ더니</u>(소학언해 5:99ㄱ)

ㄱ'. 례예 그르디 <u>아니터니</u>(속삼강행실도 효:2ㄱ)

ㄴ. 젹다 ᄒᆞ고 <u>아니ᄒᆞ디</u> 말라(번역소학 6:15ㄴ)

ㄴ'. 간티 <u>아니티</u> 몯홀 거시니라(소학언해 2:71ㄴ)

ㄷ. 공슌티 <u>아니타</u> ᄒᆞᄂᆞ니라(소학언해 2:57ㄱ)

ㄷ'. 오시 맛디 <u>아니ᄒᆞ다</u> ᄒᆞ니(소학언해 4:43ㄴ)

(36)은 '아니ᄒᆞ–'와 'ㄱ'–계 자음 어미의 결합 양상을 보인 것이고, (37)은 'ㄷ'–계 자음 어미의 결합 양상을 보인 것이다. (36ㄱ, ㄱ')에

서 '아니ᄒ거든'과 같이 나타날 수 있고, 같은 환경에서 역시 '아니커든'처럼 나타날 수도 있다. (36ㄴ, ㄴ')의 '아니ᄒ고'와 '아니코' 역시 같은 양상을 보여준다. 그러나 (36ㄷ)은 '-게'의 결합에서 '아니ᄒ게'는 보이지 않고 '아니케'만 확인된다. 이것은 이미 15세기 국어에서부터 보이던 현상이다. 'ㄷ'-계 자음 어미의 결합 양상도 이전 시기와 크게 다르지 않다. '아니ᄒ더니'와 '아니터니', '아니ᄒ디'와 '아니티'의 공존은 15세기에서도 확인된다. (37ㄷ, ㄷ')는 '아니ᄒ-'와 '-디 아니ᄒ디(아니티) ᄒ-'와 같은 구문에서 보이는 '-다'의 결합 양상이다. 이때에도 이전 시기와 같이 'ㆍ'가 탈락한 '아니타'형이 압도적으로 빈도가 높다.

    (38) ㄱ. ᄆᆞ술히 드러 가디 <u>아니ᄒᄂᆞ니라</u>(번역소학 7:31ㄱ)

       ㄴ. 저티 <u>아닌ᄂᆞ니라</u>(번역노걸대 상:7ㄱ)

       ㄴ'. ᄀᆞᄅ치디 <u>아닛ᄂᆞ녀</u>(번역노걸대 상:6ㄴ)

       ㄴ". 반만 셴 이 잡드디 <u>아닏ᄂᆞ니라</u>(소학언해 2:64ㄴ)

(38)은 '아니ᄒ-'와 비음 어미의 결합 양상을 보인 것인데, (38ㄱ)의 '아니ᄒᄂᆞ니라'와 (38ㄴ)의 '아닌ᄂᆞ니라'의 예에서와 같이 '아니ᄒ-'와 'ㆍ'의 탈락과 중화로 인하여 '아닌'으로 나타나는데, 역시 이전 시기와 같은 양상이다. 그러나 (38ㄴ')에서와 같이 '아닛'으로 나타날 수도 있고, (38ㄴ")와 같이 '아닏'으로 나타날 수도 있다. 비음 어미 앞에서의 '아닌~아닛~아닏'의 혼기는 발음의 차이라기보다는 표기법의 차이로 볼 수 있고, 비음동화를 감안하면 실제 실현

형은 /아닌-/으로 보아야 할 것이다.

    (39) ㄱ. 너기디 아닐 者ㅣ 잇디 <u>아니니</u>(대학언해 27ㄴ)

        ㄴ. 맞디 <u>아니리니</u>(번역소학 7:4ㄱ)

        ㄷ. 안정티 <u>아니면</u>(번역소학 6:16ㄱ)

        ㄹ. 나디 <u>아니샤</u>(소학언해 4:17ㄱ)

    (39)는 16세기 국어에 나타나는 '아니ㅎ-'와 매개모음 어미의 결합에서 표면상 'ㅎ-'가 탈락한 활용형들이다. 물론 이 시기에 'ㅎ-'가 탈락하지 않은 활용형이 일반적이지만 '아니니, 아니리니, 아니면, 아니샤' 등이 활용형에서 'ㅎ-'의 탈락이 일어났음을 보여준다. 그런데 이 시기에 비어두 음절의 '· > ㅡ'의 변화가 활발하였음을 감안할 때, '아니ㅎ-'도 '아니흐X'로도 나타날 것 같지만 이러한 모습은 전혀 보이지 않는다. 이것은 '만ㅎ-'와는 다른 양상인데, 그것은 '아니ㅎ-'에서 'ㅎ-'를 화자들이 인식하고 있었고, '아니ㅎ-'의 합성이 긴밀하지 못하였기 때문이다.

    17·18세기 국어에서 '아니ㅎ-'의 양상도 '아니ㅎ-'와 '아닣-', '아니-' 등이 공존하면서 이전 시기와 큰 차이 없이 교체되었다. 다만 이 시기에는 '아니'에 표면상 'ㄴ'이 첨가된 '안니'형이 등장한다.

    (40) ㄱ. 츌가 <u>안니ㅎ야</u> 게샤(지장경언해 상:24ㄱ)

        ㄴ. 얼굴 변치 <u>안니코</u>(삼역총해 6:12ㄱ)

        ㄷ. 원티 <u>안니ㅎ더니논</u>(지장경언해 상:25ㄱ)

ㄹ. 법을 듣디 <u>안니ᄒᆞᄂᆞ니</u>(지장경언해 상:2ㄱ)

(40)은 이 시기에 등장하는 '안니ᄒᆞ-'의 예이다. (40ㄱ)에서 모음 어미가 올 때는 '안니ᄒᆞ야'로 나타난다고 볼 수 있고, (40ㄴ)에서는 자음 어미가 올 때 'ᆞ'의 탈락과 축약을 거쳐 후행 어미의 두음과 유기음화의 과정을 거쳐 '안니코'로 실현되었다. (40ㄷ)이 '안니ᄒᆞ 더니'는 'ᆞ'가 탈락하지 않을 수도 있음을 보여준다. (40ㄹ)은 '안 니ᄒᆞ-'에 비음 어미가 올 때의 양상인데, '안니ᄒᆞᄂᆞ니'로 나타남을 볼 수 있다. 그런데 '안니'는 '안니ᄒᆞ-'의 선행 요소로만 나타나는 것이 아니고 부정부사나 용언으로 쓰일 때도 나타난다.

(41) ㄱ. 비록 <u>안니</u> 여러 날이라도(지장경언해 상:12ㄴ)
ㄴ. 압페 현호미 <u>안니라</u> 비나이 여러 겁에 곤고ᄒᆞ야(지장경언해 상:16ㄱ)

(41)은 《지장경언해》에 나오는 예인데 (41ㄱ)과 같이 '안니'가 부정부사로 쓰일 때도 나타나고, (41ㄴ)에서처럼 용언의 용법을 보일 때도 '안니-'로 실현될 수 있음을 보여준다. 그러므로 '아니ᄒᆞ-'에 국한된 것이 아니고 '안니'를 포함하는 모든 어형이 '안니'로 나타난다는 점에서 주목할 필요가 있다. 이때의 '안니'를 일종의 중철 표기로 보아야 할 것인지, 아니면 실제 발음을 반영한 것인지에 대해서는 좀 더 고찰할 필요가 있다. 그러나 특정 문헌이 아닌 여러 문헌에 골고루 분포되어 있고, 이러한 어형이 19세기까지도 이어진

다는 점에서 실제 발음을 반영한 표기로 볼 수 있다.

> (42) ㄱ. 너희 스스로 말치 <u>온이ㅎ여</u>(예수성교전서 마,1:2)
>   ㄴ. 우리는 밋지 <u>온니ㅎ여도</u>(예수성교전서 디모데후서,2:13)
>   ㄷ. 오러지 <u>아냐</u>(태상감응편도설언해 5:28ㄴ)
>   ㄹ. 探 키여 못지 <u>아녀셔요</u>(한불자전 214)

(42)는 19세기 국어에 나타나는 '아니ㅎ-'와 모음 어미의 결합 양상이다. 물론 이 시기에도 이전 시기와 같이 '아니ㅎ야'와 '아니ㅎ여'가 있지만 '아니'가 과도 분철과 어두의 '·'와 'ㅏ'의 혼란으로 인하여 (42ㄱ)과 같이 '온이ㅎ여'로도 나타나고, (42ㄴ)과 같이 'ㄴ'이 첨가된 '온니ㅎ여'로도 나타난다. (42ㄷ)은 '아니ㅎ-'와 모음 어미의 결합인데 'ㅎ-'가 완전 탈락한 '아냐'로 나타난다. 그리고 이와 평행하게 (42ㄹ)과 같이 '아녀X'로도 나타나기도 한다. 이런 양상은 이전 시기에도 보였다. 그러나 다음과 같은 예는 '아니ㅎ-'의 활용형으로 볼 수 없고 '않-'의 활용형으로 보아야 한다.

> (43) ㄱ. 닐으지 <u>안아도</u>(예수성교전서 요,16:26)
>   ㄴ. 죄롤 짓지 <u>안아스되</u>(예수성교전서 요,9:3절)

(43ㄱ)은 이전 시기라면 '아니ㅎ여도' 정도가 올 자리인데, '안아도'로 나타났다. (43ㄴ) 역시 표면상 '아니ㅎ여스되'나 '아니ㅎ야스되' 정도가 올 자리에 '안아스되'가 확인된다. 이때의 '안아도'와 '안

아스되’는 ‘아니ᄒ-’와 전혀 다른 어형이라는 점에 주목할 필요가 있다. 무엇보다 ‘아니’가 ‘안’으로 어형이 축약되었음을 볼 수 있다. 그리고 ‘ᄒ-’의 활용형에 나타나는 ‘j’ 삽입을 찾아볼 수 없다. 그러므로 이것은 새로운 어형 ‘않-’에 ‘-아도’가 결합한 다음, 유성음 사이에서 ‘ᄒ’이 탈락한 것으로 볼 수 있다. 그러나 이 시기에 ‘안희X, 안해X’ 등은 확인되지 않는다. ‘않-’의 형성은 자음 어미의 결합에서도 확인할 수 있다.

> (44) ㄱ. 디답ᄒ지 <u>안커날</u>(예수성교전서 마,15:23)
>
> ㄱ'. 말을 밋지 <u>안커든</u>(천로역정 상:6ㄱ)
>
> ㄴ. 희풍을 바다 머믈지 <u>안코</u>(이언언해 4:13ㄱ)
>
> ㄴ'. 화환이 침노치 <u>안코</u>(과화존신 5ㄴ)
>
> ㄷ. 어지는 <u>안케</u> 두고(규합총서 3ㄱ)
>
> ㄷ'. 지척을 어긔지 <u>안케</u> ᄒ리오(이언언해 1:34ㄱ)

(44)에서 ‘아니ᄒ-’가 활용형이라면 ‘아니ᄒ거늘(날)’이나 ‘아니ᄒ거든’ 또는 ‘·’가 탈락한 ‘아니커늘’과 ‘아니커든’ 정도로 나타나야 할 자리이지만, 실제로는 ‘안커날’과 ‘안커든’으로 실현되었다. 이것은 이전 시기에 보이던 ‘아니ᄒ-’와는 다른 ‘않-’으로 보아야 한다. (44ㄴ, ㄴ')는 ‘-고’의 결합 양상인데 역시 ‘안코’로 나타났다. (44ㄷ, ㄷ')는 ‘-게’의 결합 양상으로 ‘안케’로 나타나 역시 ‘않-’이 분석된다.

(45) ㄱ. 괘렴치 <u>안터라</u>(천로역정 하:111ㄱ)

　　ㄴ. 눕고 니지 <u>안타</u> 臥而不起(국한회어 64)

　　ㄷ. 밋지 <u>안치</u> 말고(예수셩교젼셔 요,2:27)

(45ㄱ)의 ‘안터라’는 ‘아니ㅎ-’와 ‘-더-’가 결합하여 ‘아니ㅎ더라’나 ‘아니터라’ 등으로 나타나야 할 자리인데, 실제로는 ‘안터라’로 나타난다. ‘안터라’를 더 이상 ‘아니ㅎ-’로 분석할 수는 없다. (45ㄴ)은 ‘-다’의 결합 양상인데 역시 ‘안타’로 나타난다. (45ㄷ)은 ‘-지’(<디)의 결합 양상인데 ‘안치’로 나타난다. 결국 이 시기에는 자음 어미가 오는 환경에서도 ‘않-’이 형성되었음을 확인할 수 있다.

(46) ㄱ. 허물올 샤치 <u>안나니라</u>(예수셩교젼셔 마,6:15)

　　ㄴ. 흐르지 <u>안는</u> 쟈는(이언언해 4:13ㄴ)

(46)은 ‘않-’과 비음 어미의 결합 양상이다. (46ㄱ)의 ‘안나니라’는 이전 시기에는 ‘아니ㅎㄴ니라’로 실현되었을 자리인데 ‘안나니라’로 나타나 ‘않-’이 확인된다. (46ㄴ)의 ‘안는’은 ‘아니ㅎ-’라면 ‘아니ㅎㄴ’으로 실현되었을 것인데 역시 ‘안는’으로 나타난다. ‘안나니라’나 ‘안는’은 ‘않-’과 ‘-ㄴ-’의 결합에서 어간말 자음군 가운데 두 번째 자음 ‘ㅎ’이 탈락한 것으로 보인다. ‘않’은 매개모음 어미의 결합에서도 확인된다.

(47) ㄱ. 싸지 <u>안으니</u>(예수셩교젼셔 마,22:8)

　　ㄴ. 폐치 <u>안으리라</u>(예수셩교젼셔 막,13:31)

　　ㄷ. 샤치 <u>안으면</u>(예수셩교젼셔 마,6:15)

　　ㄹ. 밧지 <u>안으시되</u>(예수셩교젼셔 코,1:17)

(47ㄱ)은 문맥상 '아니ᄒ니'가 올 자리에 '안으니'로 실현되었다. (47ㄴ)은 '-으리-'가 결합한 양상인데 '안으리라'로 나타난다. (47ㄷ)의 '안으면'과 (47ㄹ)의 '안으시되'는 각각 '-으면'과 '-으시-'가 결합한 것이다. 그런데 이때의 어간은 '안-'이나 '않-' 정도가 좋을 것이나 다른 어미의 결합 양상을 통해 '않-'으로 보고 유성음 사이에서 'ㅎ'이 탈락하였다고 보는 것이 합리적이다. '않-'에 매개모음 어미 '-ᄋ-'가 아니고 '-으-'가 결합되었다는 점은 '아니ᄒ->않-'의 재구조화가 완성되었음을 암시한다. 한편 이 시기에도 이전 시기부터 나타나는 '안니ᄒ-'가 나타난다.

(48) ㄱ. 힝치 <u>안니ᄒ야</u>(삼셩훈경 5ㄴ)

　　ㄴ. 갑지 <u>안니ᄒ며</u>(과화존신 6ㄱ)

　　ㄴ'. 써지지 <u>안니허면</u>(규합총서 3ㄴ)

　　ㄷ. 졍도를 밋지 <u>안니ᄒ고</u>(과화존신 6ㄱ)

　　ㄹ. 힝치 <u>안니치</u> 말지여다(삼셩훈경 4ㄴ)

(48)은 '안니ᄒ-'의 결합 양상인데, (48ㄱ)처럼 모음 어미가 올 때나 (48ㄴ)처럼 매개모음 어미가 올 때 '안니ᄒ-'로 나타난다. 또

한 (48ㄴ')에서는 '안니허–'의 양상을 보여준다.[33] (48ㄷ, ㄹ)은 자음 어미의 결합 양상인데, '안니ᄒ고'나 '안니치'가 확인된다. 그러므로 '아니ᄒ–'와 '않–' 그리고 '안니ᄒ–'가 이 시기에 공존하였음을 알 수 있다.

4.2.2.3. '아니ᄒ–'의 공시적 기술과 변화의 방향

앞 절에서 논의한 내용을 바탕으로 '아니ᄒ–'가 '않–'으로 재구조화되는 과정을 간단히 도식화하면 다음과 같다.

(49) '않–'의 공시적 기술의 변화

    시기 1(중세국어)   시기 2(19세기 국어)

  {아니ᄒ–}≈{아니–} ⇒ {아니ᄒ–}≈{않–}≈{안니ᄒ–}

시기 1은 중세국어 단계로, '아니ᄒ–'와 '아니–'가 공존한다. 이때의 '아니–'는 계사와는 다르며 '아니ᄒ–'에서 'ᄒ–'가 탈락한 것이다. 매개모음 어미 앞에서 실현되는 '아니–'는 공시적인 음운 과정에 의한 도출형이 아니기 때문에 이들은 쌍형어로 설정될 수 있다. 이러한 쌍형 관계는 오랜 기간 지속되다가 시기 2인 19세기 국어에 들어서 '않–'의 형성으로 쌍형 관계가 '아니ᄒ–'와 '않–', 그리고 '안니ᄒ–'로 바뀐다.

---

33) '안니허–'의 '허'는 'ᄒ–'의 '·'의 'ㅓ'로 모음변화에 기인하는 것이다. 전북 방언 등에서 '허–'[爲]가 확인된다.

그런데 '않-'의 형성에서 먼저 고려해야 할 점은 부정부사 '안'의 형성이 먼저 이루어진 뒤에 '안ㅎ-'에서 '않-'으로 재구조화되었다는 것이다(이현희 1994, 김유섭 2002). 이지영(2004)에서 '안'은 16세기 국어에 '안니'의 형태로 나타나기 시작하여 19세기 국어에 '안'으로 나타나고, '아니>안'은 'X 아니ㅎ-' 구문과 장형부정문에서 주로 형태 변화를 입는 것으로 보았다. 그리고 이지영(2004)에서는 다음과 같은 예를 통해 '안'의 형성이 18세기 국어에서 이미 실현되었을 가능성을 제기하였다.

(50) ㄱ. ㅈ긔 력량 <u>싱각쟌코</u>(전설인과곡 권선곡:3ㄱ)
    ㄴ. 공경심을 <u>닉쟌ᄂ니</u>(전설인과곡 권선곡:2ㄴ)
    ㄷ. 소릭 形相 <u>보히댠닉</u>(전설인과곡 참선곡:4ㄴ)

(50)은 이지영(2004)에서 제시된 예이다. (50ㄱ)에서 '싱각쟌코'는 '싱각지 안코'에서 축약된 것이고, (50ㄴ)의 '닉쟌ᄂ니'와 (50ㄷ)의 '보히댠닉'도 '닉지 안ᄂ니'와 '보히디 안닉'에서 축약된 것이다. '안코'와 '안ᄂ니, 안닉'가 '안ㅎ-'에서 'ㆍ'탈락과 'ㅎ-' 탈락이 실현된 것인지 '않-'에서 실현된 것인지 분명하지는 않지만, 18세기에는 '안'이 형성되었을 가능성이 있다.[34]

---

34) '-디 아니ㅎ-' 구성의 축약은 16, 17세기 자료인 〈순천김씨언간〉에서 확인된다. "<u>혜댜녀</u> 가련노라"(순천김씨언간 23), "다 나롤 혜댜녀 아비 혜니"(순천김씨언간 109). '혜댜녀'는 '혜디 아니ㅎ-'에서 모음 앞에서 수의적으로 적용되던 'ㅎ-'가 탈락한 형태다. 그러나 이러한 예는 '아니ㅎ-'로 보아야 하지 '안ㅎ-'나 '않-'으로

18세기 국어의 ‘안’은 ‘아니ㅎ–’의 형태 변화에도 관여하여 ‘안ㅎ–’가 나타나고, 이어 말음 ‘·’가 탈락하여 ‘않–’이 형성되었다. 18세기에 나타나는 ‘안ㅎ–’가 ‘않–’으로 재구조화된 동인에는 ‘·’탈락과 밀접한 관련이 있다. 이 시기에 ‘만ㅎ–’와 같은 어형은 모음 어미가 올 때 ‘만하’와 같이 ‘많–’으로 재구조화가 이루어졌기 때문에 이 어형에 유추되어 ‘않–’이 형성되었을 가능성도 있다. 한편 ‘않–’의 형성은 ‘ㅎ’–탈락과 밀접한 관련이 있다. 특히 매개모음 어미의 결합형 ‘안ㅎ니, 안ㅎ며’ 등이 유성음 사이의 ‘ㅎ’–탈락에 의해서 ‘안ㅇ니, 안ㅇ며’ 등으로 실현되고, 화자는 이것을 ‘ㅎ’–탈락으로 실현된 활용형으로 재분석하여 결국 ‘않–’이라는 새로운 어형을 형성하였을 가능성도 배제하기 어렵다.

4.3. /ㄹㅎ/자음군의 형성 과정

4.3.1. ‘싫–’[厭]의 형성

‘ㅎ–’의 어간 말음 ‘·’의 탈락과 그에 따른 어간말 자음군의 형성에는 ‘슬ㅎ–’와 ‘슳–’도 포함될 수 있다. 그런데 ‘슬ㅎ–’와 ‘슳–’은 중세국어 당시부터 의미 차이가 존재하여, ‘ㅎ–’의 말음 ‘·’유지형과 ‘·’탈락형 사이에 의미 차이가 없는 다른 어형과는 차이가 있다. 즉, 이진호(1997)에서 밝힌 바와 같이 중세국어의 ‘슳–’은 현대국어

볼 수는 없다.

의 '슬퍼하-'[悲]의 의미를 가지고, '슬흐-'는 현대국어의 '싫-'[厭]의 의미를 주로 갖는다. 그런데 이진호(1997)에서는 이 두 어형이 서로 같은 기원에서 온 것이지만 '슳-'이 '슬흐-'에서 변화되어 나온 뒤 의미 분화가 생긴 것으로 보았다. 기원적으로 '슬흐-'는 '悲'와 '厭' 두 의미를 가지는데, 의미 분화가 일어나 '슬흐-'는 '厭'의 의미를, '슳-'은 '悲'의 의미를 갖는다고 보았다.35) 그러나 이들이 기원적으로 같은 어형에서 분화된 것이라면 성조의 차이를 밝혀야 한다. 그런데 '슬흐-'는 거거, '슳-'은 평성의 성조를 지니고 있다. 따라서 의미와 성조가 다르기 때문에 이들이 같은 기원에서 분화되었다고 보는 데 어려움이 있다.36) 다만, 성조와 의미 차이가 존재하므로 중세국어에서는 이들을 쌍형어로 볼 수 없을 것이다. 이 책에서는 '슬흐-'와 '슳-'의 재구조화 양상을 의미 변화와 관련지어 살펴보도록 한다.

4.3.1.1. 슳-의 분포 양상

먼저 중세국어에서 '싫다'[厭]의 의미를 갖는 '슬흐-'의 활용 양상을 살펴보기로 한다.

---

35) 이진호(1997)는 '슬흐-'[厭]는 '슳-'에게 '厭'의 의미를 넘겨주고 사라졌고, '슳-'[悲]은 '슬프-'에게 '悲'의 의미를 넘겨줘서 결국 '厭'의 의미를 가진 '슳-'이 '싫-'로 어간 재구조화를 겪은 것으로 이해하였다. 그러나 이것은 매우 평면적인 기술이고, 실제 변화 양상은 매우 복잡하고 입체적이었을 것으로 판단된다.

36) 그러나 기존의 논의를 받아들여 잠정적으로 '슬흐-'와 '슳-'이 기원적으로 '슬흐-'에서 분화된 것으로 처리하기로 한다.

(51) ㄱ. 老病死를 슬흐야 ㅎ거든(석보상절 13:18ㄱ),

　　　ㄴ. 반드기 슬흐야(當疾) 여희오(법화경언해 6:17ㄴ)

　　　ㄷ. 그 내 더러우믈 슬흐야(嫌其臭穢) 다 머리 여희며(능엄경언
　　　　　해 8:5ㄴ)

　　　ㄹ. 樂想은 苦를 슬흐야(猒苦) 樂올 想홀씨라(법화경언해 3:127ㄴ)

　(51)은 ‘슬흐-’와 모음 어미가 결합한 양상인데 모두 ‘슬흐야’로 나타난다. ‘슬흐야’는 ‘슬흐-’의 가장 일반적인 활용형으로 ‘ㅎ-’의 활용 양상과 같다. (51ㄱ, ㄴ)에서 ‘슬흐야’는 ‘슬흐-+-아/어 V2-’의 구성으로 쓰였고 (51ㄷ, ㄹ)은 연결어미의 결합 양상인데, 이때 ‘슬흐야’의 성조는 ‘거거거’[37]를 보인다. 그런데 ‘슬흐-’에 모음 어미가 결합한 것으로 보이는데, 이때 ‘슬희여’로 나타나는 예도 있다.

(52) ㄱ. 아비 보디 슬희여 ㅎ더니(월인석보 25:68ㄱ)

　　　ㄴ. 쏘 보디 슬희여 커시니와 어마니미 가라 ㅎ시면 가리니(월인
　　　　　석보 25:69ㄱ)

　　　ㄷ. 가비야이 너기며 슬희여 ㅎ리와(輕猒進習者; 원각경언해 상,1,
　　　　　1:90ㄱ)

　　　ㄹ. 生死를 슬희여 여희오(猒離生死; 원각경언해 상,1,2:18ㄱ)

　　　ㅁ. 좠간도 슬희여 ㅂ리샴 업스샤미라(원각경언해 상,1,2:130ㄱ)

---

37) ‘슬흐야’의 성조 ‘거거거’는 성조 율동 규칙 가운데 이른바 ‘거성불연삼’의 예외
　　를 보이는 것이다.

(52)에서는 15세기에 '슬흫야'가 올 자리에 '슬희여'가 나타나는 예를 보여주고 있다. 15세기 국어에 '슬희여'는 '厭'의 의미를 갖고 '슬흫-'와 형태상의 유사성도 보이므로 '슬흫-'와 내적 관계가 있다고 하겠다. '딕흫-'[守]와 '딕희-' 등의 관계를 고려하면 '슬희여'는 '슬흫-'의 'ㅎ-'가 제1음절 모음의 영향으로 '슬흐-'를 거쳐 'j'의 양음절성에 의해 어간말 모음과 어미에 'j'가 첨가되었다고 볼 수 있다. 이러한 사실은 '슬희-'가 항상 모음 어미에만 나타난다는 점에서도 뒷받침된다. 즉, 'j'의 양음절성에 의해 '슬흫-'에서 '슬희-'가 나타났지만 자음 어미에까지는 확대되지 못하였음을 알 수 있다. 따라서 '슬희-'는 '슬흫-'와 모음 어미의 환경에서 중복 분포를 보이는 쌍형 관계의 어형이라 할 수 있다. '슬희여'는 (52ㄷ)과 같이 '슬희여 흫-'로도 나타날 수 있지만 (52ㄹ, ㅁ)과 같이 동사가 올 수도 있다. 그러나 '슬희여'가 연결어미로 쓰이는 예는 확인되지 않는다. 그러므로 '슬희여'는 '슬희여 흫-(또는 V)'의 합성어 형식 용법만 보인다고 하겠다. 그런데 '슬흫여'는 '슬흫야'와는 달리 '거평거' 성조를 보여 차이가 있다.[38]

'슬희-'는 16세기에도 확인되지만 활용형은 조금 다르다.

(53) ㄱ. 가난홈을 <u>슬희여</u> 흫고(소학언해 5:100ㄴ)

　　　ㄱ'. 비로믈 <u>슬희여</u> 흫디 아니흫더라(不厭; 소학언해 5:117ㄱ)

---

[38] 이러한 성조 차이가 문헌상의 차이를 반영한 것인지, 아니면 '슬희여'로 나타나면서 성조 율동 규칙의 적용을 받게 된 것인지 분명하지 않다.

ㄴ. 늘곰애 니르히 <u>슬흐여</u> ㅎ디 아니ㅎ며(不厭; 소학언해 5:9ㄴ)

ㄷ. 제 죵온 고기밥을 <u>슬흐여</u> 호디(정속언해 10ㄱ)

ㄷ'. <u>슬허</u> 호디(정속언해/규장각본39) 10ㄱ)

(53)은 16세기 '슬희-'의 예인데 (53ㄱ, ㄱ')와 같이 '슬희여'로 나타난다. 이것은 이전 시기 예와 같지만 '거거평' 성조를 보이는 차이가 있다.40) 그런데 같은 문헌에서 (53ㄴ)과 같이 '슬흐여'로도 나타난다. '슬흐여'는 '슬희여'에 비해 'j'가 하나 없는 표기다. 이들은 '厭'의 의미를 갖는다는 점에서 서로 다른 어형으로 볼 수는 없을 것이다. 이와는 달리 (53ㄷ)에는 '슬흐여'로 나타난다. 이 '슬흐여' 역시 '厭'의 의미를 갖는다는 점에서 '슬희-'와 관련이 있다. (53ㄷ')는 후대에 간행된 문헌인데, '슬흐여'가 아닌 '슬허'로 언해되었다.41)

'슬흐-'에 모음 어미가 올 경우 '슬흐야'와 이 어형과 관련이 있는 '슬희여'로 나타나지만, 자음 어미가 올 경우의 활용형 예는 거의 찾아볼 수 없다.

(54) ㄱ. 즐기거든 즐기고 <u>슬커든</u> 마로디여(肯時肯不肯時罷; 번역노

---

39) 홍윤표의 해제에 따르면 《정속언해》 규장각본은 17세기나 18세기 간행으로 추정된다.

40) 15세기의 활용형과 16세기의 활용형 사이의 성조 차이는 성조 자체의 차이라기보다는 성조의 변화에 따른 차이라고 할 수 있다.

41) '슬흐여'가 '슬허 호디'로 언해된 것은 '슬흐-'가 '슳-'로 근대국어의 시기에 변화되었음을 보인다. 이에 대한 자세한 논의는 다음 절에서 다룬다.

　　걸대 하:23)[42]

　　ㄴ. 厭 <u>슬홀</u> 염(석봉천자문 35ㄱ), 쑫 두미 ᄀᆞ장 <u>슬ᄒᆞ니라</u>(월인석
　　　　보 서:22ㄴ)

　　ㄷ. 봀대롤 니ᄅᆞ와ᄃᆞ며 <u>슬흔</u> 게을우믈(厭怠) 머거(법화경언해 5:
　　　　146ㄴ)

　(54)는 '슬ᄒᆞ-'에 자음 어미나 매개모음 어미가 온 경우이다. (54
ㄱ)은 의미상 '슬ᄒᆞ-'가 올 자리로, '*슬ᄒᆞ거든'으로 나타나야 하지
만 '슬커든'으로 나타나 '슳-'이 분석된다. 그런데 실제로 국어사를
통틀어 '슬ᄒᆞ-'에 자음 어미가 결합되어 나타나는 어형은 확인되지
않는다. 이런 사실은 두 가지로 해석할 수 있다. 먼저 '슬ᄒᆞ고'나 '슬
ᄒᆞ더니' 등 '슬ᄒᆞ-'와 자음 어미가 결합한 용례가 우연히 발견되지
않는 것으로 볼 수 있다. 둘째로는 '슬ᄒᆞ->슳-'의 변화가 자음 어
미부터 시작되었는데 중세국어부터 '슬ᄒᆞ-'와 자음 어미의 결합은
모두 '슳-'로 대치되어, 결국 '슳-'[哀]과 중복 분포를 보였다고 볼
수도 있다. 현재로서는 어느 것도 확언하기 어렵지만 두 번째 가설
이 더 개연성 있어 보인다. '슬ᄒᆞ-'와 자음 어미가 결합할 수 있었다
면 그러한 예가 나타나지 않을 이유가 없기 때문이다. 또, (54ㄴ,
ㄷ)과 같이 이 시기에 매개모음 어미가 올 때 '슬ᄒᆞ-'와 '슳-'이 혼
란을 겪고 있기 때문에 15세기 국어부터 '슬ᄒᆞ-'와 '슳-'이 중복 분
포를 보인다고 기술하는 편이 합리적이다. 따라서 중세국어에서부

---

42) 이 예는 남광우(1997)에서 인용한 예문으로, 직접 확인하지 못하였음을 밝힌다.

터 ‘슬ㅎ-’의 패러다임은 모음 어미의 결합에만 한정된 불완전한 패
러다임을 가졌다고 볼 수 있다.

　한편 중세국어의 ‘슳-’은 ‘슬프다’[哀]의 의미를 갖는다. ‘슳-’은
모음 어미, 자음 어미, 매개모음 어미 등 어느 어미와도 결합할 수
있는 완전한 패러다임을 갖는 어형이다.

> (55) ㄱ. 슬허 ㅎ더라(석보상절 6:38ㄱ), 슬허 울어늘(석보상절 23:7ㄴ)
> 　　　ㄴ. 哀戚은 슬흘씨라(월인석보 서:14ㄱ), 이에 녯 迷惑을 슬흐며
> 　　　　　(悲昔之迷; 능엄경언해 6:83ㄱ)
> 　　　ㄴ'. 아바님 슬ㅎ샤(월인석보 8:86ㄴ), 父母ㅣ 슬ㅎ샤(월인석보 22:11ㄱ)
> 　　　ㄷ. 사르미 슬코(두시언해 3:6ㄱ), 슬티 마르쇼셔(월인석보 21:28
> 　　　　　ㄱ), 三分이 슬터시니(월인석보 8:82ㄱ), 시혹 슬커나 시혹 울
> 　　　　　어나(월인석보 21:94ㄴ), 足히 信向ㅎᄂ 사르ᄆ로 ㅎ여 슬케
> 　　　　　ㅎ리로다(足令信者哀; 두시언해 9:27ㄱ)
> 　　　ㄹ. 늘거 쉬이 슬노라(衰老易悲傷; 두시언해 15:32ㄱ), 둔뇨믈
> 　　　　　슬노니(두시언해 3:21ㄱ)

　(55)는 ‘슳-’의 예인데 (55ㄱ)에서 모음 어미가 올 때는 ‘슬허’로
나타난다. 이때의 ‘슬허’는 평거의 성조를 보이는데, 현대국어의 ‘슬
퍼하여’ 정도로 옮길 수 있으므로 ‘애’(哀)의 의미를 갖는다. (55ㄴ,
ㄴ')는 매개모음의 환경인데 ‘슬ㅎ-’와 ‘슬흐-’로 나타난다. 15세기
국어부터 ‘슬흐’나 ‘슬ㅎ’가 중복되어 나타난다는 것은 이 시기에 이
미 ‘슬ㅎ-’에서 ‘슳-’로 변화가 진행되었다고 볼 수가 없다.43) (55

ㄷ)은 자음 어미의 양상인데, '슬티'나 '슬터시니', '슬케' 등 후행 어미와 축약되어 유기음화를 겪는다. (55ㄹ)은 비음 어미가 온 경우인데 'ㅎ'이 탈락하여 '슬노라, 슬노니' 등으로 나타난다. 이것은 '잃-'[失]이 자음 어미가 올 경우 'ㅎ'이 탈락하는 것과 같은 양상이다.

근대국어에 들어서면 '厭'의 의미를 갖던 '슬ㅎ-'는 점점 세력이 약화되고 그 자리를 '슳-'이 차지한다. 이러한 변화는 17세기 국어에서부터 확인된다.

(56) ㄱ. 화졔예 굴오디 즈식 빈 겨집이 음식 <u>슬허</u> ㅎ거든(언해태산집요 13ㄱ)

ㄴ. 웃옷술 보디 <u>슬티</u> 아니케(첩해신어 5:29ㄴ), <u>슬타</u> 不肯(역어유해 상:69ㄱ)

ㄷ. <u>슬홀</u> 염 厭(유합 1ㄱ), 거두디 <u>슬ㅎ며</u>(납약증치료방언해 11ㄴ)

ㄹ. 萬事에 보디 <u>슬혼</u> 일이나 이시면 엇덜고 ㅎ니(첩해신어 6:24ㄱ)

(56ㄱ)의 '슬허 ㅎ-'는 이전 시기에 보이던 '哀'의 의미가 아니라 '厭'의 의미로 쓰였다. '厭'의 의미를 가진 '슳-'이 모음 어미와 결합된 최초의 용례이다. (56ㄴ)의 '슬티'와 '슬타' 역시 '슳-'이 '厭'의 의미로 쓰였음을 보여준다. 그런데 '보디 슬티 아니케'에서 '슳-'은 이 시기부터 '-디'를 이끌어 '-디 슳-'의 용법을 갖는다고 할 수 있다. 이것은 현대국어의 '-기 싫-'에 이어진다. (56ㄷ)은 매개모음

---

43) '슬ㅎ-'나 '슳-'에 부사파생접사 '-이'가 결합될 때 모두 '슬히'로 나타난다는 점도 이러한 사실을 뒷받침한다고 할 수 있다.

어미의 결합으로 '슬ㅎ-'로 나타난다. (56ㄹ)은 '-오/우'의 결합인
데 역시 '슳-'이 분석된다. 그러므로 이 시기에는 '슬ㅎ->슳-'의
변화가 상당 부분 진척되었음을 볼 수 있다. 물론 이 시기에도 이전
시기에 있었던 '슬ㅎ-'와 '슬희-'가 여전히 확인된다.

> (57) ㄱ. 다만 <u>슬ㅎ여</u> ㅎ시게 슯논 일이언마논(첩해신어 9:1ㄴ),
>
> ㄴ. 즈치욤ㅎ며 열을 <u>슬희여</u> ㅎ고 ㅂ롬온 슬희여 아니며(언해두
> 창집요 상:1ㄴ), 쁜 거슬 <u>슬희여</u> ㅎ거든(신간구황촬요 4ㄴ)

(57)은 17세기 국어에 나타나는 '슬ㅎ-'의 예이다. (57ㄱ)에서
'슬ㅎ여'가 확인된다. 그리고 (57ㄴ)에서는 '슬희여 ㅎ-'가 나타난
다. 이 시기에 '슬ㅎ-' '슬희-' 그리고 '슳-'이 공존한다는 것은 이
시기가 '슬ㅎ->슳-' 변화의 중간 단계로 볼 수 있다. 또, '슳-' 역
시 여전히 '애'의 의미를 유지한다는 점에서 이들의 공존은 오랜 기
간 지속된다.

> (58) ㄱ. ᄆ음을 <u>슬허</u> 홈이 졍히 도라감을 싱각ㅎ논 곳에 이시니(오륜
> 젼비언해 6:33ㄱ)
>
> ㄴ. 다만 <u>슬허</u> ㅎ노니(여사서언해 원:3ㄱ)

(58)은 18세기 국어에 나타나는 '슳-'이 '哀'의 의미를 갖는 예이
다. 비록 17세기에 '슳-'이 '厭'의 의미로 변하였지만, 이 시기까지
여전히 '슳-'은 '哀'의 의미도 함께 가지고 있었다고 하겠다. 다만

18세기 국어 이후에는 '슳-'이 '悲'의 의미를 갖는 자음 어미와의 결합형은 전혀 확인되지 않는다. '슳-'이 '厭'의 의미로 바뀌었지만 그 합성 형식인 '슬허ᄒ-'의 형태로 이전 시기의 의미를 계속 유지하고 있다고 하겠다. '슳-'이 '厭'의 의미로 바뀌었다 하더라도 '슬희-'도 여전히 '厭'의 의미로 사용되어 둘은 동의관계를 유지한다.

(59) ㄱ. 산을 놉기룰 <u>슬희여</u> 아니코(삼역총해 8:18ㄴ), 絺와 絡이 <u>슬희여</u> 홈이 업슴은(여사서언해 3:3ㄱ), 쟝년의 글을 <u>슬희여</u> 아니ᄒ야(종덕신편언해 중:23ㄱ), 쏘 므슴 ᄎ다ᄒ여 <u>슬희여</u> 홀 곳 이시리오(청어노걸대 3:23ㄴ)

　　ㄴ. <u>슬희다</u> 厭(한불자전 412)

(59)는 18세기 국어와 19세기 국어에 나타나는 '슬희-'의 예이다. (59ㄱ)은 18세기 국어에 나타나는 '슬희여 ᄒ-'의 구조이다. 반면, (59ㄴ)은 19세기 국어에 나타나는 '슬희-'의 예이다. '슬희-'와 자음 어미의 결합을 보여주는 것인데,44) 19세기 후반까지 '슬희-'가 여전히 존재하였음을 보여주는 자료이다.

　한편 '厭'의 의미를 갖는 '슳-'은 19세기 후기에 '싫-'이라는 어형으로 변화를 겪는다. 이것은 'ㅅ, ㅈ' 뒤에 오는 '으'의 전설모음화에 따른 것인데, 이 '싫-'이 현대국어에 그대로 이어진 것이다.

----

44) 《한불자전》에 나타나는 예 말고 '슬희-'와 자음 어미가 결합한 예는 확인되지 않는다.

(60) ㄱ. 지나기 <u>실혀도</u> 무가내 하라(천로역정 하:17ㄱ), 만인이 <u>실혀</u>
     <u>지네</u>(천로역정 하:16ㄴ)
   ㄴ. 도라가기 <u>실커든</u> 사룸을 보내여(천로역정 상:14ㄴ), 저 먹기
     눈 <u>실타</u>(국한회어 57), <u>실타</u> 厭也(국한회어 2)

(60)은 19세기 후기에 보이는 ‘싫-’의 예이다. (60ㄱ)에서 모음
어미의 결합형 ‘실허’ 또는 ‘실혀’ 등이 보이고, (60ㄴ)에서 자음 어
미의 결합형 ‘실커든’, ‘실타’ 등이 확인된다. 그런데 (60ㄱ)에 보이
는 ‘실혀도’는 ‘실히-’와 ‘-어도’로 분석되는데, ‘실히-’는 ‘슬희-’에
서 ‘의>이’의 단모음화에 의해 나타난 것으로 볼 수도 있다. 그러나
아직도 ‘슳-’의 출현 예가 훨씬 앞선다는 점에서 ‘슳->싫-’의 변화
가 이 시기에 시작되었다고 보는 것이 좋을 듯하다.
 이상의 내용을 요약하여 표로 나타내면 다음과 같다.

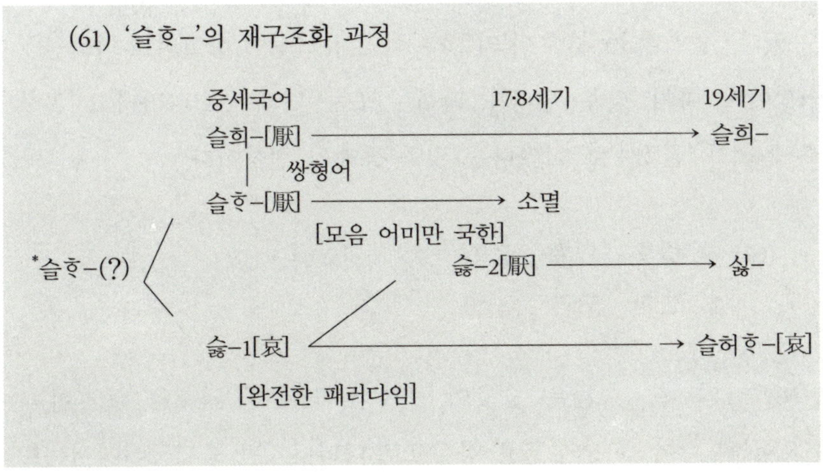

위의 표에서와 같이 중세국어에는 '厭'의 의미를 갖는 어형으로 '슬ᄒ-'와 '슬희-'가 존재한다. 이들은 내적 관계를 갖는 어형들이다. 그러나 '슬ᄒ-'와 '슬희-'는 모음 어미와만 결합하고 자음 어미와 결합하지 않는 불완전한 패러다임을 갖는 어형들이다. 중세국어의 '슳-1'은 '슬허, 슬코' 등으로 활용하며 '哀'의 의미를 갖는다. 이 '슳-1'은 17세기 들어서 의미에 변화를 가져와 '厭'의 의미를 갖는 '슳-2'로 바뀌는 어형이 있는데 이것이 19세기 국어에 '싫-'로 이어진다. '슳-1'은 '슬허ᄒ-'의 모습으로 '悲'의 의미를 가진 채 19세기까지 명맥을 유지하게 된다. 한편 '厭'의 의미를 갖는 '슬ᄒ-'는 17세기에 '슳-'과의 경쟁에서 밀려 사라지고, '슬희-'만 19세기 국어에까지 명맥을 유지하였다.

4.3.1.2. '슬ᄒ-'의 공시적 기술과 변화의 방향

중세국어에서 '슬ᄒ-'와 '슬희-'는 내적 관계를 갖는 쌍형어로 볼 수 있다. '슬희여'는 '슬ᄒ야'의 'ᄒ-'와의 유연성이 상실되고 나타난 어형이다. 마치 '딕ᄒ-'[守]가 '딕희-' 또는 '딕킈-'로 나타나고 '굴ᄒ-'[擇]가 '굴희-'로 나타나는 것과 동궤의 현상이다.

(62) ㄱ. 슬ᄒ-, 딕ᄒ-, 굴ᄒ-
     ㄴ. 슬희-, 딕희-, 굴희-

(62ㄱ)의 'ᄒ-'형들은 '슬ᄒ야, 슬ᄒ욤, 딕ᄒ야, 딕ᄒ욤, 굴ᄒ야, 굴ᄒ욤'과 같이 'ᄒ-'의 활용 양상으로 나타나지만 중세국어에서는

특이하게도 모음 어미와 결합한 활용형만 나타날 뿐 자음 어미와 결합한 활용형은 확인되지 않는 공통점이 있다. (62ㄴ)의 ‘희/히−’ 형들은 ‘j’의 양음절성에 의해 형성된 어형들인데, 모음 어미가 올 경우 ‘슬희여, 딕희여, 귤히야’ 등과 같은 활용형을 보여 ‘j’가 후행 어미에 첨가되는 특징이 있다. 그리고 ‘슬ㅎ−’를 제외하고 나머지 두 어형은 자음 어미가 올 때도 ‘딕희오, 딕희디’, ‘귤히오, 귤히디’ 등으로 활용한다. 이들은 같은 기원에서 온 것으로 쌍형어로 볼 수 있다. ‘슬ㅎ−’와 ‘슬희−’는 모음 어미하고만 결합되고 자음 어미가 오지 않는 불완전한 패러다임을 갖는 어형이다. 자음 어미가 올 경우는 ‘슳−’로 실현된다고 추정되므로 ‘슬ㅎ−’와 ‘슳−’은 교체 관계를 갖는데, 이들은 이형태 관계로 볼 수 없고 복수 기저형으로 보아야 할 것이다. ‘슬ㅎ−’에서 자음 어미일 때 ‘슳−’을 도출할 수 있는 공시적인 음운 규칙이 이 시기에 존재하지 않았고, 그 반대로 ‘슳−’에서 모음 어미가 올 때 ‘슬ㅎ−’를 도출할 수 있는 음운 규칙 역시 존재하지 않기 때문이다. 따라서 중세국어의 ‘슬ㅎ−’를 다음과 같이 기술할 수 있다.

(63) 중세국어의 ‘厭’

/슬ㅎ−/(모음 어미) ~ /슳−/(자음 어미) ≈ /슬희−/(모음 어미)

근대국어에 들면 ‘哀’의 의미를 갖던 ‘슳−’은 ‘厭’의 의미로 바뀐다. 그런데 자음 어미가 올 때 ‘厭’의 의미를 갖는 ‘슳−2’와 ‘哀’의 의미를 갖는 ‘슳−1’의 패러다임이 부분적으로 겹쳐 동음이의 관계에 놓이는 것을 확인할 수 있다. 이와 같은 양상은 화자에게 부담으로 작용하여 동음이의 관계를 해소하는 차원에서 '슳-'이 '厭'의 의미로 바뀌고 '애'는 '슬프-'라는 어형이 대신하게 된 것이다. 물론 '슳-1'은 '슬허ᄒ-'의 형식으로 19세기까지 명맥을 유지하였음을 이미 살펴보았다. 그리고 이 '슳-2'는 19세기에 'ㅅ, ㅈ, ㅊ' 아래 있었던 전설모음화에 의해 '싫-'로 재구조화를 겪은 것이다.

4.3.2. '옳-'[是]의 형성

4.3.2.1. '옳-'의 분포 양상

'올ᄒ-'는 'ᄒ-'와 같은 활용 양상을 보여준다는 점에서 '*올(-)'과 'ᄒ-'의 결합으로 처리될 수 있다.45) 그런데 '올ᄒ-'는 중세국어부터 독자적인 패러다임을 갖지 못하고 '옳-'과 상보적 분포를 보여준다. 그리고 '옳-'로의 재구조화 시기도 '많-' 등보다는 이른 시기에 완성된 것으로 보인다. 이현희(1993)은 '올ᄒ-'가 '옳-'로 재구조화된 시기를 근대국어 초기로 잡고 있다. 이러한 재구조화 양상은 중세국어부터 발단의 단초를 보이기 시작한다.

> (64) ㄱ. <u>올ᄒ야도</u> 두몰 마롤디니라(直而勿有; 내훈 1:8ㄱ)
>
> ㄴ. 비록 <u>올ᄒ야도</u> 올타 아니ᄒ야(내훈 3:34ㄱ)

---

45) 그러나 여기서 '*올'이 무엇인지 확인하는 것은 어려운 작업이다.

(64ㄱ, ㄴ)은 '올ᄒ-'와 모음 어미의 결합 양상인데, 비록 예는 적지만[46] 'ᄒ-'의 활용 양상과 마찬가지로 '올ᄒ야'로 나타난다. 이들의 성조도 '-아도'의 결합에서 '거거평거'로 성조 율동 규칙을 따르고 있다. 그러나 '옳-'과 모음 어미의 결합형으로 간주될 '*올하'는 전혀 확인되지 않는다.

(65) ㄱ. 그딋 마리 올커니와(석보상절 23:52ㄴ)

  ㄴ. 定을 得호미 올코 ᄒ다가(육조법보단경언해 중:13ㄴ)

  ㄷ. 이를 계단ᄒ야 올케 호ᄆ(번역소학 8:8ㄱ)

(66) ㄱ. 부톄 니르샤디 올타 올타(석보상절 9:22ㄱ)

  ㄴ. 뎌 말ᄊᆞ미 올티 아니케 ᄒ라(월인석보 9:36-1ㄱ)

  ㄷ. 마조믈 니버도 올토다(번역박통사 상:36ㄴ)

(65), (66)은 중세국어에 나타나는 '올ᄒ-'와 자음 어미의 결합 양상이다. (65)는 'ㄱ'-계 자음 어미의 결합 양상으로 후행자음과 축약을 거쳐 유기음화를 겪어 '올커니와'나 '올코', '올케'[47] 등으로 실현된다. 그러나 '올ᄒ-'와 'ㄱ'-계 자음 어미의 결합형인 '*올ᄒ거X', '*올ᄒ고', '*올ᄒ게' 등은 전혀 확인할 수 없다. (66)은 '옳-'과 'ㄷ'-계 자음 어미의 결합을 보인 것인데, 역시 후행 어미의 두음과

---

46) 중세국어에서 확인되는 '올ᄒ야'의 예는 《내훈》(봉좌문고본)에 나타나는 두 개 밖에 없다.

47) '옳-'과 '-긔'의 결합형인 '*올킈'는 전혀 나타나지 않는다.

축약되어 유기음화를 겪는다. '올타, 올티, 올토다'에서 이러한 양상을 확인할 수 있다.48) 그러나 역시 '올ㅎ-'와 'ㄷ'-계 자음 어미로 분석될 수 있는 '*올ㅎ더X'나 '*올ㅎ디', '*올ㅎ도다' 등은 전혀 확인할 수 없다. 결국 중세국어의 '올ㅎ-'는 모음 어미일 때, '옳-'은 자음 어미일 때만 나타나 상보적 분포를 보인다고 볼 수 있다.

(67) ㄱ. 외니 올ㅎ니 決홇 사ᄅ미 업서(월인석보 1:45ㄴ)

　　　ㄴ. 또 엇뎨 올ㅎ리오(선종영가집언해 하:89ㄱ)

　　　ㄷ. 올ㅎ며 외요미 다 업스며(월인석보 8:29ㄴ)

　　　ㄷ'. 올ㅎ며 ᄌ샹ㅎ며 슌후ㅎ더니(소학언해 6:86ㄱ)

　　　ㄹ. 이에 囑累ㅎ샤미 올ㅎ시니라(월인석보 18:13ㄴ)

　　　ㅁ. 能히 뿌미 곧 올호미어니(금강경삼가해 1:7ㄴ)

(67)은 '올ㅎ-'와 매개모음 어미, 그리고 '-오/우-'의 결합 양상을 보인 것이다. (67ㄱ)의 예는 '-ᄋ니-'의 결합인데 '올ㅎ니'로 나타난다. (67ㄴ)은 '-ᄋ리-'의 결합으로 역시 '올ㅎ리오'로 나타나고, (67ㄷ)은 '-ᄋ며'의 결합인데 '올ㅎ며'로 나타난다. (67ㄹ)은 '-ᄋ시-'의 결합인데 역시 '올ㅎ시니라'처럼 '올ㅎ'형으로 나타난다. '올ㅎ-'와 매개모음 어미의 결합에서 '올ㅎ'형으로 나타나는데 이때의 'ㅎ-'의 말음 '·'가 어간 말음인지 어미의 두음인지는 판단하기가

---

48) 중세국어에 '옳-'과 선어말어미 '-더-'의 결합형인 '올터니' 등은 확인되지 않는다. 그러나 이것은 어떠한 제약이 있었다기보다는 우연히 발견되지 않았다고 보아야 한다. 근대국어에서 '올터니' 등을 확인할 수 있기 때문이다.

쉽지 않다. 그러나 매개모음 어미의 탈락으로 보는 것이 합리적이다.[49] 흥미로운 점은 (67ㄷ')와 같이 16세기 후기 문헌에서는 동일한 환경에서 ‘올흐며’로도 나타나 표면상 ‘올ᄒ-’가 ‘올흐-’로 나타나는 것을 확인할 수 있다. 이 시기에 ‘ᄒ-’가 절대로 ‘*흐-’로 나타나지 않는다는 점을 감안하면, 이것은 ‘올ᄒ-’의 말음 ‘ᄒ-’와 동사로서의 ‘ᄒ-’를 화자들이 동일하게 인식하지 못하였음을 알 수 있다. 한편 (67ㅁ)은 ‘-오/우-’의 결합인데, 이때는 늘 ‘올호X’로 나타난다. 동일한 환경에서 ‘ᄒ-’가 ‘ᄒ욤’과 ‘홈’으로 나타나는 것에 비해 ‘올ᄒ-’는 절대로 ‘*올ᄒ욤’으로 나타나지 않는 점도 주목할 필요가 있다. 그것은 그만큼 화자들이 ‘올ᄒ-’의 말음 ‘ᄒ-’를 인식하지 못하였다는 것이다.

17·18세기 국어에도 ‘올ᄒ-’와 ‘옳-’의 상보적 분포 관계는 계속 유지된다.

 (68) ㄱ. 비록 자반ᄂᆞᆫ 거시 다 <u>올ᄒ야도</u>(가례언해 2:8ㄴ)

    ㄱ'. 비록 <u>올ᄒ야도</u> 올타 아니ᄒ야(어제내훈 3:28ㄱ)

    ㄴ. 며ᄂᆞ리 말이 <u>올ᄒ여도</u>(여사서언해 1:17ㄴ)

    ㄷ. 네 <u>올희여도</u>(여사서언해 1:19ㄱ)

(68)은 17·18세기 국어에 나타나는 ‘올ᄒ-’와 모음 어미의 결합 양상이다. (68ㄱ)은 17세기 국어에 나타나는 ‘올ᄒ야’의 유일한 예

---

49) 이에 대해서는 2.2.에서 다루었다.

이다. (68ㄱ')는 18세기의 '올ㅎ야'인데 역시 예가 거의 없다. (68ㄴ)
은 18세기의 예인데 같은 환경에서 '올ㅎ여도'로 나타나 '올ㅎ여'가
확인된다. 반면 (68ㄷ)에서는 같은 문헌에서 '올희여도'로 나타난
다.50) '올ㅎ여'와 '올희여'는 'j'의 양음절성에서 기인된 표기로 보
인다. 그러나 이 시기에 '옳-'과 모음 어미의 결합형인 '*올하'는 보
이지 않는다.

   (69) ㄱ. 네 니름도 <u>올커니와</u>(노걸대언해 상:4ㄴ)

        ㄴ. 쳥이 진실노 <u>올코</u>(천의소감언해 4:26ㄴ)

        ㄷ. <u>올케</u> 알고(전설인과곡 8ㄱ)

   (70) ㄱ. 魯肅이 <u>올타</u> ᄒ고(삼역총해 4:4ㄴ)

        ㄴ. 반ᄃ시 <u>올티</u> 아닌 거시ᄯ녀(가례언해 2:8ㄴ)

        ㄴ'. 네 <u>올치</u> 아니니라(박통사신석언해 2:53ㄴ)

   (69), (70)은 17세기와 18세기 국어에서 확인되는 '올ㅎ-'와 자음
어미의 결합 양상을 보인 것이다. (69)는 'ㄱ'-계 자음 어미의 결합
양상인데 '-거-'와 '-고', '-게'의 결합에서 각각 '·'의 탈락과 유기
음화를 겪어 표면상 '옳-'로만 나타난다. (70)은 'ㄷ'-계 자음 어미
의 결합 양상인데, 역시 (70ㄱ)의 '올타'나 (70ㄴ)의 '올티' 또는 '-
디'가 구개음화를 경험한 (70ㄴ')의 '올치'로만 나타난다. 결국 '올

---

50) '*올희야' 등도 나타날 듯하지만 전혀 확인되지 않는다.

ㅎ-'와 자음 어미의 결합형인 '*올ㅎ거니'나 '*올ㅎ더니' 등은 관찰 되지 않는다. 이 시기에도 '옳-'은 자음 어미일 때만 나타나는 양상 이 지속된다.

모음 어미에서 '옳-'이 확인되는 것은 19세기부터이다. 물론 이 시기에도 '옳-'과 모음 어미의 결합 예가 많이 나타나지 않는다.

(71) ㄱ. 올타, 올하, 올흔 是(한영자전 91)
    ㄴ. 올타, OL-HTA, OL-HEUN. 是(한불자전 57)

(71)은 이 시기에 확인되는 '옳-'과 모음 어미의 결합 양상이다. 이 시기에는 '올ㅎ야'나 '올ㅎ여' 등 이전 시기에 'ㅎ-' 말음 어간의 활용 양상을 보여주던 예는 확인되지 않는다. 그렇다고 '올하'와 같 은 예도 외국인이 펴낸 《한영자전》 이외는 확인되지 않는다.51) 비 슷한 시기에 간행된 《한불자전》에는 '옳-'과 모음 어미의 결합형이 보이지 않아서 이 시기에 '올ㅎ야'의 활용형이 존재하였는지는 확인 할 수 없다. 그러나 17, 18세기에도 '올ㅎ야'의 예가 매우 드물게 나 타나고 '많-'이나 '슳-' 등이 이 시기에 완전히 재구조화된 것을 감 안하면, 이 시기에 '올ㅎ-'는 소멸하고 새롭게 '옳-'로 완전히 재구 조화되었다고 보아도 무방하다.

51) 또 이 시기에 유성음 사이의 'ㅎ'-탈락 규칙이 왕성하였다는 점을 감안하면 '올 아'로도 나타날 것 같지만 전혀 확인되지 않는다.

(72) ㄱ. 도망ᄒ야 나아와야 <u>올커눌</u>(천로역정 상:77ㄴ)

　　ㄴ. 지극히 <u>올코</u>(태상감응편도설언해 2:55ㄱ)

　　ㄷ. 말ᄒ는 거시 <u>올켓다</u> ᄒ야(천로역정 하:53ㄱ)

(73) ㄱ. 제게 비ᄒ면 도로혀 <u>올터라</u>(천로역정 상:92ㄴ)

　　ㄴ. 엇지 <u>올치</u> 아니리요(태상감응편도설언해 3:3ㄴ)

　　ㄷ. 피ᄒ는 일이 <u>올타</u> ᄒ고(이언언해 3:13ㄱ)

(72), (73)은 19세기 국어에 나타나는 '옳-'과 자음 어미의 결합 양상을 보인 것이다. (72)에서 'ㄱ'-계 자음 어미의 결합에서 '올커늘'이나 '올코' 또는 '올켓다' 등이 확인된다. (73)은 '옳-'과 'ㄷ'-계 자음 어미의 결합 양상을 보인 것인데, '올터라'나 '올치', '올타' 등과 같이 '옳-'을 확인할 수 있다. 이것은 이전 시기와 같은 양상이다. 그러나 '*올ᄒ거늘'이나 '*올ᄒ더라' 등과 같이 '올ᄒ-'형은 확인되지 않는다. 결국 이 시기에는 모음 어미와 자음 어미의 결합에서 '옳-'만 나타난다고 할 수 있다.

(74) ㄱ. 내 동힝의 말이 <u>올으니</u>(천로역정 하:185ㄴ)

　　ㄱ'. 그더 싱각이 미우 <u>올흐니</u>(천로역정 하:122ㄴ)

　　ㄴ. 이 칙의 <u>올으리라</u>(此冊是) ᄒ더니(태상감응편도설언해 3:25ㄱ)

(74)는 이 시기에 나타나는 '옳-'과 매개모음 어미의 결합 양상이다. 이 시기에는 유성음 사이에서 'ㅎ'-탈락이 적극적으로 반영되었

다는 특징이 있다. 그리고 '올ㅎX'는 거의 찾아볼 수 없고 '올으X'로 나타난다. (74ㄱ)과 같이 '올으니'로 나타나는 것에서 '올으X'를 확인할 수 있다. 반면 (74ㄱ')와 같이 동일한 환경에서 'ㅎ'이 탈락하지 않는 형도 나타난다. (74ㄴ)에서 '올으리라'는 이 시기에 매개모음이 결합할 때 '올으'형이 대부분이었음을 확인하여 주는 예이다.

4.3.2.2. '옳-'의 공시적 기술과 변화의 방향

중세국어의 '올ㅎ-'는 모음 어미에서만 분포하고 자음 어미일 때는 '·'가 탈락하여 '옳-'로 실현된다. '올ㅎ-'와 '옳-'은 이 시기의 공시적 음운 규칙에 의해 도출될 수 있는 관계가 아니다. 그러므로 이들은 복수 기저형으로 설정될 수 있다. 중세국어의 '올ㅎ-'와 '옳-'은 다음과 같이 표시할 수 있다.

(75) 중세국어의 '是'
/올ㅎ-/(모음 어미)~/옳-/(자음 어미)

위에서와 같이 '올ㅎ-'와 '옳-'은 상보적 분포를 보이면서 복수 기저형으로 설정될 수 있다. 이러한 관계는 근대국어를 거쳐 19세기 국어에 들어서 기저 표시에 변화를 가져오게 된다. 즉, '올ㅎ-'와 모음 어미의 결합형 '올ㅎ야'가 소멸되고 '올하'나 '올아' 등으로 나타나면서 모음 어미에까지 '옳-'의 분포가 확대된다. 따라서 이 시기에는 '올ㅎ-'를 더 이상 상정할 필요가 없다. 표면형으로 실현되지 않는 이형태는 기저형이 될 수 없기 때문이다. 기저형의 추상성 문제가 발생하기 때문이다. 이상의 내용을 간단히 표로 나타내면 다음과 같다.

(76) '옳-'의 형성 과정

시기 1(중세국어)		시기 2(17세기)		시기 3(19세기)
올ᄒ-(모음 어미)	⇒	올ᄒ-(모음 어미)	⇒	소멸
옳-(자음 어미)		옳-(자음 어미)	⇒	옳-(모든 어미)

4.4. 'Xᄒ-' 어간의 재구조화 원인과 방향성

'만ᄒ-', '슬ᄒ-', '올ᄒ-' 등과 같이 기원적으로 'ᄒ-'를 후행 요소로 가지고 있던 어형들은 말음 'ㆍ'가 표면상 탈락하여 결국 '많-, 슳-(>싫-), 옳-' 등으로 재구조화 과정을 겪었다.52) 이들이 재구조화를 겪은 이유로는 두 가지 관점이 있을 수 있다. 하나는 '만ᄒ니, 올ᄒ니' 등과 같이 '으'-계 어미의 결합형을 재분석한 결과 '만ᄒ-, 올ᄒ-'를 '많-, 옳-'로 인식하게 되고, 결국 새로운 어간 '많-, 옳-' 등으로 패러다임이 단일화되어 재구조화되었다고 보는 것이다. 그러나 이러한 설명은 중세국어에 보이는 자음 어미의 결합형에서 나타나는 '만코, 올코' 등과 같은 'ㆍ'탈락형들을 효과적으로 설명하기 어렵다는 문제가 있다. 'ㆍ'탈락으로 새롭게 어간이 형성되

---

52) 물론 '아니ᄒ-'도 '않-'으로 재구조화를 겪었지만, 이는 시기적으로 후대의 일이므로 다른 어형과는 차이가 있다.

는 데에는 자음 어미에서부터 '·' 탈락이 나타나는데, 이것은 재분석에 의해 실현되었다고 보기 어렵다.

이에 비해 어간말 모음 'ᄋ'가 탈락하면서 '많-' 등이 형성되었다고 보는 견해(최명옥 1988/1998)는 이들 교체형의 시기적 순서와도 부합한다는 점에서 합리적이다. 중세국어에는 'ᄒ-'에 자음 어미가 올 경우 'ᄒ-'의 말음 '·'가 탈락하는 것이 매우 광범위하게 나타난다. 특히 '·'의 탈락은 V1과 V2의 연결에서 두 어형 가운데 하나가 'ᄒ-'일 경우에 보편적으로 나타난다. 즉, '-게'나 '-디'와 같은 부사형 어미가 오는 경우 '·'탈락이 왕성하게 일어나고, 이것이 점차 확대된 것으로 추정된다. 그러므로 'ᄒ-'를 후행 요소로 가지고 있던 '만ᄒ-, 슬ᄒ-, 올ᄒ-' 등은 자음 어미가 올 때 '·'가 탈락된 활용형을 갖게 된 것이다.

이러한 양상은 '만ᄒ고, 만ᄒ더니' 등과 같이 '만ᄒ-'와 '-고, -더-' 등의 결합형은 확인되지만, 같은 자음 어미라도 '만ᄒ게, 만ᄒ디' 등은 전혀 확인되지 않는 것과도 관련이 있다. 따라서 자음 어미가 올 때 수의적으로 일어나는 '·'탈락으로 어간의 말음이 '많-, 슳-, 옳-' 등으로 인식되고, 모음 어미 환경에까지 재분석하여 결국 재구조화된 것으로 파악된다. 그러므로 이들의 재구조화는 '·'탈락이 1차적인 원인이고, 이형태를 단일화하려는 화자의 노력으로 결국 어간말 자음군의 형태로 재구조화된 것이다.

4.5. 소결

4장에서는 현대국어의 'ㅎ'-말음 어간말 자음군 가운데 기원적으로 'ㅎ-'와 관련이 있는 어형들이 통시적으로 어간말 자음군을 갖게 되는 과정을 살펴보았다.

먼저 '많-'[多]은 중세국어에는 '만ㅎ-'와 '많-'이 존재하였다. 그러나 중세국어에서부터 '만ㅎ-'가 자음 어미 앞에서 나타나는 경우는 매우 적었고, 특히 '-게'나 '-디'의 경우에는 전혀 나타나지 않는다. 그 대신 이 환경에서 '많-'이 압도적인 양상을 보인다. 그리고 17세기에 들어서면 '많-'이 모음 어미에까지 분포가 확대되어 완전한 패러다임을 갖춘 어형으로 변화한다. 그리고 19세기에는 '많'이 모음 어미까지 분포가 확대되어 '만ㅎ-'는 소멸되었다.

'않-'[不]의 형성은 다른 'ㅎ-' 기원형보다 비교적 늦게 재구조화되었다. 그것은 '아니ㅎ-' 자체가 합성 형식이기 때문이다. 그러나 중세국어에서부터 '아니ㅎ-'와 '아닣-', '아니-' 등이 환경에 따라 수의적으로 교체되었다. 즉, '아니ㅎ-'는 모든 어미에 가능하고 가장 일반적인 교체형이지만, 자음 어미일 경우 '아닣-'으로, 그리고 모음 어미일 경우 '아녀, 아니며' 등과 같이 'ㅎ-' 전체가 탈락할 수도 있었다. 이러한 교체는 근대국어에까지 이어지는데, 근대국어에는 '안니ㅎ-'도 나타난다. 그리고 '않-'이 나타나는 것은 19세기 들어서부터이다.

　　현대국어의 ‘싫-’[厭]은 복잡한 과정을 거쳐 형성되었다. 중세국어에서 ‘염’(厭)의 의미를 갖는 어형은 ‘슬ᄒ-’와 ‘슬희-’가 존재한다. 이들은 내적 관계를 갖는 어형들이다. 그러나 ‘슬ᄒ-’와 ‘슬희-’는 모음 어미와만 결합하고, 자음 어미가 오는 경우에는 결합할 수 없는 불완전한 패러다임을 갖는 어형들이다. 중세국어의 ‘슳-1’은 ‘슬허, 슬코’ 등으로 활용하며 ‘애’(哀)의 의미를 갖는다. 이 ‘슳-1’은 17세기 들어서 의미의 변화를 가져와 ‘염’(厭)의 의미를 갖는 ‘슳-2’로 바뀌는 어형이 있는데, 이것이 19세기 국어의 ‘싫-’로 이어진다. ‘슳-1’은 19세기까지 ‘슬허ᄒ-’의 모습으로만 명맥을 유지한다. 한편 ‘염’(厭)의 의미를 갖는 ‘슬ᄒ-’는 17세기에 ‘슳-’과의 경쟁에서 밀려서 사라지고, ‘슬희-’만 19세기 국어에까지 명맥을 유지하였다.

　　중세국어의 ‘올ᄒ-’는 모음 어미에서만 분포하고 자음 어미일 때는 ‘·’의 탈락으로 ‘옳-’로 실현되었다. ‘올ᄒ-’와 ‘옳-’은 이 시기의 공시적 음운 규칙에 의해 도출될 수 있는 관계가 아니고, 복수 기저형으로 설정될 수 있는 교체형들이다. ‘올ᄒ-’와 ‘옳-’은 상보적 분포를 보이면서 복수 기저형으로 설정될 수 있는데, 이러한 관계는 근대국어를 거쳐 19세기 국어에까지 이어진다. 19세기 국어에는 ‘올하’나 ‘올아’ 등으로 나타나 모음 어미에까지 ‘옳-’의 분포가 확대된다. 이들 ‘ㅎ-’에 기원하는 어간말 자음군의 재구조화는 ‘·’ 탈락이 1차적인 원인이고 이형태를 단일화하려는 화자의 노력으로 2차적인 재구조화를 겪어 결국 어간말 자음군의 형태로 재구조화되었다.

재분석에 따른 /Xㅎ/ 말음 어간의 형성

5.1. '긏-'[斷]의 형성

5.1.1. '긏-'과 '그치-'의 분포와 공시적 기술

15세기 국어에서 '긏-'과 '그치-'는 모음 어미나 자음 어미, 매개 모음 어미 등이 자유롭게 결합될 수 있는 완전한 패러다임을 갖춘 어형이다. 그리고 '긏-'과 '그치-'는 자동사적인 용법과 타동사적인 용법을 모두 보여준다.

(1) ㄱ. 이 모미 주근 後에 <u>그처</u> 업수미 일후미 涅槃이라 ᄒ더니(此身이 死後에 斷滅호미 名爲涅槃이라 ᄒ더니; 능엄경언해 2:2ㄴ-3ㄱ)

　　ㄱ'. ᄯᅩ 阿難의 아롤 거시 아니니 이 惑을 다 <u>그처ᅀᅡ</u> 여슷 몰고미 두려우리라(友非阿難의 所知者ㅣ니 斷盡此惑ᄒ야ᅀᅡ 六湛이 乃圓ᄒ리라; 능엄경언해 4:104ㄱ)

　　ㄴ. 한 幻이 비록 다아도 <u>그쳐</u> 滅호매 드디 아니ᄒᄂ니라(원각경언해 상,2,1:49ㄱ)

ㄴ'. 道上애 僵尸롤 보샤 寢食을 <u>그쳐시니</u>(爲之廢寢膳; 용비어
천가 116)

(1)은 15세기 국어에 나타나는 '긏-'과 '그치-'의 모음 어미 결합
양상이다. (1ㄱ)의 '긏-'은 원문의 '단'(斷)에 대응하면서 자동사적
인 용법을 갖는다. (1ㄱ')의 '그처ᅀᅡ'는 원문의 '단'(斷)에 해당되는
데, 여기서의 '긏-'은 타동사적인 용법을 보인다. (1ㄴ~ㄴ')는 '그
치-'와 모음 어미의 결합 양상이다. (1ㄴ)의 '그쳐'는 자동사적인 용
법을 갖는다. 반면 (1ㄴ')의 '그쳐시니'는 원문의 '폐'(廢)에 해당하
는데, 타동사적인 용법을 갖는다. 이렇게 '긏-'과 '그치-'는 의미나
기능에서 차이를 보이지 않고 쓰였다.

(2) ㄱ. 妄이 <u>긋고</u> 眞이 나ᄐ면(능엄경언해 4:63ㄱ)

ㄴ. 佛地예 니르러ᅀᅡ 비르서 <u>긋거니와</u>(능엄경언해 8:63ㄱ)

ㄷ. 시혹 得ᄒ리 잇거니와 我롤 <u>긋게</u> 호려 흔돌(원각경언해 하,
3,1:19ㄴ)

ㄷ'. 뎌의 목수믈 <u>긋긔</u> ᄒ거든(석보상절 9:17ㄱ)

(3) ㄱ. 쁘들 <u>그치고</u> 慈悲ㅅ 힝뎌글 ᄒ야ᅀᅡ(석보상절 6:2ㄴ)

ㄴ. 種種苦口ᄒ샤 勸ᄒ야 <u>그치게</u> ᄒ시니(勸令寢息게 ᄒ시니;
육조법보단경언해 중:62ㄴ)

(2), (3)은 '긏-'과 '그치-'가 'ㄱ'-계 자음 어미와 결합한 양상을

제시한 것이다. (2ㄱ)에서 '궂-'과 '-고'의 결합이 '궂고'로 나타나는데, '궂-'의 어간 말음 'ㅊ'이 음절 말에서 'ㅅ'으로 중화되어 '굿'으로 교체되었다. (2ㄴ)은 선어말어미 '-거-'와 결합한 것인데 역시 'ㅊ'이 'ㅅ'으로 중화되어 '굿거니와'로 나타난다. (2ㄷ~ㄷ')는 각각 '-게'와 '-긔'와 결합한 것인데, '굿게'와 '굿긔'로 나타난다. (3)은 '그치-'의 예인데 (3ㄱ)에서 '-고'와 결합하여 '그치고'로 나타난다. (3ㄴ)은 '-게'와 결합한 것이다. 그러나 '-거-'와 결합한 예는 확인할 수 없다. 이것은 우연히 확인되지 않는 것으로 보이는데, 17세기에는 '그치-'와 '-거-'의 결합형이 확인된다. 한편 '그치-'는 주로 타동사적인 용법을 많이 보이는데, '-거-'는 주로 자동사와 결합되는 특징 때문에 나타나지 않는 것으로도 볼 수 있다. 그러나 '그치-'와 '-어늘'의 결합형인 '그쳐늘' 등도 확인되지 않는다는 점은 지적할 필요가 있다.

 (4) ㄱ. 第一夫人온 本性 <u>궂더시니</u>(월인석보 22:2ㄴ)

   ㄱ'. 기피 주개 고초와 <u>그치더시니</u>(내훈 2:68ㄱ)

   ㄴ. 念을 니르와다 서르 應ㅎ야 <u>굿디</u> 아니훌씨라(능엄경언해 4:16ㄱ)

   ㄴ'. 서르 니어 <u>그치디</u> 아니ㅎ야(相續不斷; 능엄경언해 9:15ㄴ)

   ㄷ. 諸有ㅅ 結을 <u>굿다</u> ㅎ시니라(선종영가집언해 하:52ㄴ)

 (4)는 '궂-'과 '그치-'가 'ㄷ'-계 자음 어미와 결합한 양상이다. (3)의 'ㄱ'-계 자음 어미와 결합한 양상과 마찬가지로 '궂-'은 음절

말음 ‘ㅊ’이 ‘ㅅ’으로 중화되어 (4ㄱ)과 같이 ‘긋더시니’나 (4ㄴ)과 같이 ‘긋디’ 등으로 나타난다. (4ㄴ)은 ‘상속’(相續)에 대한 협주문에 나타나는 내용이다. 반면 (4ㄴ')는 원문의 ‘부단’(不斷)에 대한 언해로, ‘그치-’는 별다른 교체 없이 ‘그치더시니’와 ‘그치디’로 실현된다. (4ㄷ)은 ‘니르- V-다 ㅎ-’와 같은 구조에서 하위문에 나타나는 ‘긏-’의 유일한 예인데 ‘긋다’로 나타난다. 반면 이러한 환경에서 ‘그치-’의 예는 확인되지 않는다.

(5) ㄱ. 어린 사ᄅ미 ᄒ갓 精勤苦行이 能히 生死ᄅᆯ 긋ᄂ니라(월인석보 11:120ㄴ)

ㄴ. 오직 正이ᅀᅡ 能히 그치논 젼ᄎ로(능엄경언해 8:128ㄴ)

(5)는 ‘긏-’과 ‘그치-’가 비음 어미와 결합하는 양상이다. (5ㄱ)에서 ‘긋ᄂ니라’는 ‘긏-’에 ‘-ᄂ-’가 결합한 것인데, 어간말 자음 ‘ㅊ’이 ‘ㅅ’으로 중화되어 나타난다. 그러나 이 시기에는 ‘긆ᄂX’나 ‘근ᄂX’와 같은 어형은 확인되지 않는다. 이것은 이 시기가 아직 비음동화가 완전하게 실현되지 않고 발생되는 시기였음을 보여준다. (5ㄴ)은 ‘그치-’에 ‘-ᄂ-’가 결합한 양상인데 별다른 교체를 보이지 않는다.

(6) ㄱ. 苦集은 世間法이니 苦ᄅᆯ 아라 集을 그츠니 果 몬져 ᄒ고 버거 因호미오(월인석보 13:22ㄴ)

ㄴ. 그 나ᄆᆫ 三品은 모로매 佛地라ᅀᅡ 비르서 그츠리니 비록 三果

ㅣ 能히 九品을 그츠나(其餘三品은 必須佛地라아 方斷ᄒ리
니; 능엄경언해 8:63ㄱ)

ㄷ. 우희 니ᄅ샨 緣이 <u>그츠면</u> 因이 나디 아니ᄒᄂ니라 ᄒ샤미(上
애 稱緣斷而因不生이라ᄒ샤미; 능엄경언해 4:64ㄱ)

ㄹ. 微細ᄒᆞᆫ 惑올 <u>그츠샤</u> 子細히 굴히야(능엄경언해 3:115ㄴ)

(7) ㄱ. 모딘 龍이 怒롤 <u>그치니</u>(월인천강지곡 상:37ㄴ)

ㄴ. 念을 <u>그치리니</u>(息念; 선종영가집언해 상:21ㄱ)

ㄷ. 곧 혜몰 <u>그치며</u> ᄆᅀᅮ몰 얼읧씨라(退藏密機ᄂᆞᆫ 卽息慮凝心也
ㅣ라; 능엄경언해 5:31ㄱ)

ㄹ. 한비롤 아니 <u>그치샤</u>(不止霖雨; 용비어천가 68)

(6), (7)은 '긏-'과 '그치-'에 매개모음 어미, 그리고 '-오/우-'가
결합되었을 때의 양상을 보인 것이다. (6ㄱ~ㄹ)에서 '긏-'과 매개
모음 어미가 결합할 때는 '그츠X'로 실현되어 '그츠니, 그츠리니, 그
츠며, 그츠샤' 등으로 나타난다. 그러나 '그츳X' 등으로는 절대 나타
나지 않는다. (7ㄱ~ㄹ)은 '그치-'와 매개모음 어미의 결합 양상이
다. 이때는 어미의 두음 '으'가 탈락하여 '그치니, 그치리니, 그치며,
그치샤' 등 '그치X'로 나오며, 성조로도 항상 '평거'형으로만 나타난
다. 또 '긏-'과 '그치-'에 '-오/우-'가 결합할 수 있는데, 이때는 두
가지 형태가 확인된다.

(8) ㄱ. 貪올 니ᄅ와다 범그러 <u>그추미</u> 어려볼써(월인석보 11:124ㄴ)

ㄱ'. 俱生煩惱ᄂᆞᆫ 五陰이 다ᄋᆞ매 니르러ᅀᅡ 비르서 조히 <u>그초몰</u> 得
ᄒᆞ리라(所以俱生煩惱ᄂᆞᆫ 至五陰이 盡ᄒᆞᅀᅡᄉᆞ 方得蕩絶也ㅣ니
라; 능엄경언해 1:107ㄴ)

ㄴ. 세혼 妄情을 <u>그츄미오</u>(三은 止息妄情; 원각경언해 하,3,1:104ㄱ)

ㄴ'. ᄆᆞᅀᆞ몰 가져 妄 <u>그쵸ᇝ도</u> ᄯᅩ 本性에 어긔니(將心息妄 亦乖本
性; 원각경언해 상,1,2:38ㄱ)

(8ㄱ)은 '긏-'에 '-오/우-'가 결합한 양상인데, '그추미'와 같이
'그춤'으로 나타난다. 그러나 (8ㄱ')에서는 같은 환경에서 '그초몰'
과 같이 '그촘'이 확인된다. 그러므로 '긏-'에 '-오/우-'가 결합할
때는 '그추X'와 '그초X' 모두 가능하다. 모음조화를 감안한다면 '그
추X'로 실현되어야 하지만 '그초X'도 가능하였음을 보여준다. '그
치-'도 사정은 비슷하다. (8ㄴ)에서 '그치-'와 결합한 어형이 '그츄
미오'로 나타나는 반면, (8ㄴ')에서는 같은 환경에서 '그쵸ᇝ도'와 같
이 '그쵸ᇝ'으로 실현된다. '그츔'이나 '그쵸ᇝ'은 '그치-'에 각각 '-우-'
와 '-오-'가 결합하고 'j'-활음화를 겪었다. 이렇게 본다면 '긏-'과
'그치-'는 '-오/우-'가 후행할 경우 모음조화의 지배를 받지 않는
다고 할 수 있다.

이상에서 15세기 국어에서 '긏-'과 '그치-'는 모음 어미, 자음 어
미, 매개모음 어미와 결합할 때 각각 독자적인 패러다임을 갖는 어
형이라고 할 수 있다. '긏-'은 모음 어미나 매개모음 어미가 올 때는
'/긏-/'으로, 자음 어미가 올 때는 음절 말 중화로 인하여 '/긋-/'으
로 실현된다. 반면 '그치-'는 어떠한 환경에서도 교체되지 않고 항

상 '/그치-/'로 실현된다.

(9) 15세기의 '긏-'과 '그치-'의 교체 양상

긏- : /긏-/(모음 어미)~/긋-/(자음 어미)

그치- : /그치-/(교체 없음)

'긏-'과 '그치-'의 공존 양상은 16세기 국어에서도 큰 차이가 없다. 다만, 이 시기에는 불경을 언해한 문헌이 상대적으로 적어지면서 원문에 대응하는 '긏-'과 '그치-'의 한자어에서 차이가 난다. 즉, 15세기 국어에서는 '그치-'와 '息'의 대응이 두드러지는 반면 16세기 국어에는 '息'과 대응하는 '그치-'의 예가 많지 않다. 그러나 이 시기에도 여전히 '긏-'과 '그치-'는 각각의 패러다임을 가지며 공존하였다.

(10) ㄱ. 祖師 뵈샨 句는 자최 意地예 <u>그처시든</u> 理ㅣ 心源에 낟ᄂ니라(祖師示句는 迹絕於境地어시든 理顯於心源ㅣ니라; 선가귀감 11ㄴ)

ㄱ'. 대궐 문에 니르러 <u>그첫다가</u>(至闕而止; 소학언해 4:29ㄴ)

ㄴ. 可티 아니커든 <u>그처</u> 스스로 辱디 말올디니라(不可則止ᄒ야 毋自辱焉이니라; 소학언해 2:66ㄱ)

(10)은 16세기 국어에 나타나는 '긏-'과 '그치-'가 모음 어미와 결합할 때의 실현 양상이다. (10ㄱ)에서 '그처시든'은 원문의 '絕'에

해당된다. 이때의 '긏-'은 "자취가 지경에 끊어졌거든" 정도의 의미를 가져 자동사적인 용법을 보인다. (10ㄱ')의 '그첫다가'는 '그처 이시(잇)다가'의 구성으로 원문의 '止'를 언해한 것이다. 이때에도 "대궐 문에 이르러 멈추어 있다가" 정도의 의미로 자동사적인 용법을 보인다. (10ㄴ)의 '그쳐'는 원문의 '止'에 해당하는데, "가하지 아니하거든 (고하는 것을) 그쳐" 정도의 의미를 갖는 타동사적인 용법을 보인다. 이것은 이 시기에 보이는 '그치-'와 모음 어미가 결합된 유일한 예이다.

(11) ㄱ. 令女의 아자비 글월을 올려 曹氏로 더블어 혼인을 <u>긋고</u> 구틔여 令女를 마자 도라오니라(令女叔父ㅣ 上書ᄒ야 與曹氏絶婚ᄒ고 彊迎令女歸ᄒ니라; 소학언해 6:56ㄱ)

　ㄱ'. 촛블이 업거든 <u>그치고</u> 겨집이 門의 남애 반ᄃ시 그 ᄂᆞᆽ출 ᄀᆞ리오며(無燭則止ᄒ고 女子ㅣ 出門에 必擁蔽其面ᄒ며; 소학언해 2:52ㄴ)

　ㄱ". 병이 <u>긋써시든</u>(疾止어든) 녜대로 도로 홀디니라(소학언해 2:23ㄱ)

　ㄴ. 그 空인돌 스뭇 아디 몯ᄒ면 永永히 <u>긋디</u> 몯ᄒ리라(不達其空ᄒ면 求不可斷ㅣ니라; 선가귀감 28ㄴ)

　ㄴ'. 侍墓막애 도라가더니 이리호몰 삼년을 <u>그치디</u> 아니터라(還其廬如是三年不轍; 속삼강행실도 효:21ㄱ)

　ㄴ". 녀막으로 도라 가더니 일이ᄒ믈 삼년을 <u>긋치디</u> 아니ᄒ더라(중간속삼강행실도 중,효:21ㄱ)

   (11)은 16세기 국어에 나타나는 '궂-'과 '그치-'의 자음 어미와 결합 양상이다. (11ㄱ)에서 '궂-'과 '-고'의 결합이 '궂고'로 나타나 음절 말 중화를 보인다. 그러나 이 시기에 음절 말에서 'ㅅ'과 'ㄷ'의 중화를 감안한다면 *'귿고'나 *'귿디' 정도로 실현되었을 가능성도 있지만, 이러한 예는 전혀 확인되지 않는다. (11ㄱ')는 '그치-'에 'ㄱ'-계 자음 어미가 결합한 양상인데 '그치고'로 확인된다. (11ㄱ")는 '궂-'과 '-거-'의 결합인데 '궂꺼'형으로 나타난다. 이것은 음절 말 'ㅊ'이 중화를 거쳐 미파음 [ㄷ]으로 실현되면서 후행 두음을 경음화시킨 것으로 보인다. 이 시기에는 이러한 음절 말 중화에 의한 경음화가 발생하였다고 볼 수 있다. (11ㄴ)은 '궂-'에 'ㄷ'-계 자음 어미가 결합한 것을 보인 것인데 '궂디'로 확인된다. (11ㄴ')는 《속삼강행실도》에 나타나는 '그치-'와 'ㄷ'-계 자음 어미의 결합 양상인데, 이때는 '그치디'로 나타난 반면 중간본 《속삼강행실도》에서는 '긋치디'로 실현되었다. 이것은 어중의 유기음을 중철 표기의 한 방법으로 표기한 것이다.

   (12) ㄱ. 煩惱 <u>긋ᄂᆞ니ᄂᆞ</u> 일후미 二乘ㅣ오 煩惱ᄅᆞᆯ 내디 아니ᄒᆞᄂᆞ니ᄂᆞᆫ
          일후미 大涅槃ㅣ니라(斷煩惱者ᄂᆞᆫ 名二乘ㅣ오 煩惱不生ᄋᆞᆫ
          名大涅槃ㅣ니라; 선가귀감 28ㄱ)
       ㄴ. 大臣ᄋᆞᆫ 道로ᄡᅥ 님금을 셤기다가 可티 아니커든 <u>그치ᄂᆞ니라</u>
          (大臣以道事君ᄒᆞ다가 不可則止니라; 소학언해 2:43ㄱ)

'궂-'과 '그치-'가 비음 어미와 결합할 때도 이전 시기와 크게 다르지 않다. (12ㄱ)은 '긏-'과 '-ᄂᆞ-'의 결합인데, 자음 어미가 후행할 때와 마찬가지로 중화되어 '긋ᄂᆞX'로 실현된다. 그러나 비음동화가 반영된 '근ᄂᆞX'형은 확인되지 않는다. (12ㄴ)은 '그치-'와 '-ᄂᆞ-'가 결합한 것인데, 별다른 교체를 보이지 않는다.

(13) ㄱ. 斷 그츨 단(신증유합 하:12ㄴ)

　　ㄱ'. 그 어미를 諫ᄒᆞ니 그 어미 흉히 보채욤을 격이 그치니라(소학언해 6:64ㄴ)

　　ㄴ. 一念 내디 아니호미 일후미 無明을 永永히 그추미라 ᄒᆞ시고 (선가귀감 29ㄱ)

　　ㄴ'. 殿門에 ᄂᆞ릴 제 나ᅀᆞ며 그츄믈 일뎡ᄒᆞᆫ 싸히 잇더니(번역소학 9:37ㄱ)

(13ㄱ~ㄱ')는 '긏-'과 '그치-'가 매개모음 어미와 결합하는 양상이다. 15세기 국어와 마찬가지로 '긏-'은 '-으-'가 첨가되어 '그츠X'로 실현되고 '그치-'는 교체 없이 '그치X'로 실현된다. (13ㄴ~ㄴ")는 '긏-'과 '그치-'가 '-오/우-'와 결합한 양상이다. (13ㄴ)에서와 같이 '긏-'은 '그추X'로 실현되는 반면 (13ㄴ'~ㄴ")의 '그치-'는 '그츄X' 등으로 실현된다. 그러나 이전 시기에 나타나던 '그초X'는 확인되지 않는다.

(14) 16세기의 '긏-'과 '그치-'의 교체 양상

　　긏- : /긏-/(모음 어미)~/긋-/(자음 어미)

　　그치- : /그치-/(교체 없음)

17세기에는 '긏-'과 '그치-'가 공존하지만 이전 시기와는 달리 점차 이들 사이에는 의미 분화가 명확해지고 있었다. 다음은 이 시기 '긏-'의 예이다.

(15) ㄱ. 세 치 기릐만 <u>그처</u> 사병의 담고(언해두창집요 상:9ㄱ)

ㄴ. 왼손ㄱ락글 <u>긋고</u>(동국신속삼강행실도 효,4:83ㄴ), 긔운이 쟝 춧 <u>긋게</u> 되거놀(동국신속삼강행실도 6:68ㄴ)

ㄷ. 소릭 입의 <u>긋디</u> 아니ᄒ고(가례언해 9:33ㄱ)

ㄹ. 즉제 <u>긋ᄂᄂᆞ니라</u>(언해두창집요 하:10ㄱ), 피 즉재 <u>귿ᄂ느니라</u>(언해태산집요 54ㄱ)

(15)는 '긏-'의 활용 양상으로, (15ㄱ)은 '긏-'에 모음 어미가 온 예인데 '그처'로 실현된다. 또 자음 어미가 올 경우, '긋고, 긋디' 등으로 실현된다. (15ㄹ)은 비음 어미와 결합한 모습인데 이때는 '귿-'으로도 나타난다. 이것은 음절말 자음에서 중화가 실현된 양상을 표기한 것이다. 이렇게 본다면 '긏-'은 이 시기에도 여전히 완전한 패러다임을 가진 어형으로 남았음을 알 수 있다. 그런데 이 시기에 새롭게 형성된 '귿ㅊ-'와 '쯘ㅊ-'은 '斷'의 의미를 보여 '긏-'과 차이가 없다.

(16) ㄱ. 머리터럭글 <u>귿처</u> 슈졀ᄒ야(동국심속삼강행실도 열,3:27ㄴ), 처음 몰라 <u>귿츤</u> 고대(가례언해 6:7ㄴ)

ㄴ. 기릭롤 견초와 <u>쯘처</u>(박통사언해 상:35ㄱ), 소릭 <u>쯘츤</u> 후에야 (두창경험방 32ㄱ)

(16)은 17세기 국어에 새롭게 나타난 '근ㅊ-'와 '끈ㅊ-'의 예이다. (16ㄱ)에서 '근ㅊ-'는 모음 어미가 올 경우에는 '근처'로, 매개모음 어미가 올 경우에는 '근츤' 등으로 나타난다. 그런데 '근ㅊ-'는 곧 어두 경음화를 겪어 (16ㄴ)과 같이 '끈ㅊ-'로 재구조화를 겪는다. '끈처'와 '끈츤'에서 '끈ㅊ-'를 확인할 수 있는데 '끈츤'에서는 매개모음 어미 'ㆍ'가 끼어들었음을 볼 수 있다. 그러므로 이들은 '근츠-'나 '끈츠-'로 보기보다는 '근ㅊ-'나 '끈ㅊ-' 등으로 처리하는 것이 합리적이다. 그런데 이들은 항상 모음 어미나 매개모음 어미일 경우에만 나타나고 자음 어미와 결합한 예는 확인되지 않는다. 그러므로 '끈ㅊ-' 등은 모음 어미와 매개모음 어미로 한정된 어형으로 볼 수 있다. 한편 이 시기에는 '끈ㅊ-'뿐만 아니라 같은 의미인 '긏-'도 확인된다.

(17) ㄱ. 뉴믹이 <u>끈허디면</u>(마경초집언해 상:24ㄱ), 세번 니르고 <u>끈허디는</u> 이는(마경초집언해 상:24ㄴ)

ㄴ. 비단 <u>끈타</u>(扯段子; 역어유해 하:5ㄱ)

(17)의 예는 17세기 국어에 나타나는 '긏-'의 예이다. (17ㄱ)은 모음 어미와 결합한 모습인데 '끈허'로 나타난다. (17ㄴ)은 자음 어미와 결합하여 '끈타'로 나타난다. 비록 예는 많지 않지만 이 시기 '긏-'의 존재를 확인할 수 있다. 결국 이 시기에 '긏-'은 완전한 패러다임을 보이는 어형인 반면, '근츠-, 끈츠-'는 모음 어미나 매개모음 어미일 때만 나타나는 어형으로 볼 수 있다. 그리고 '긏-'은 그 예가

많지는 않지만 이 시기에 새롭게 형성된 어형임을 알 수 있다.

이들 '긏-'과 '긇-'은 완전한 패러다임을 갖춘 어형이지만 '끈ㅊ-'는 모음 어미일 때만 나타나는 어형으로 볼 수 있다. 모음 어미일 경우 중복 분포를 보이므로 결국 이들은 쌍형어로 처리될 수 있다.

(18) 17세기의 '斷'

　　　{긏-} : /긏-/(모음 어미)~/긋-/(자음 어미) ≈

　　　{끈ㅊ-} : /끈ㅊ/(모음 어미) ≈

　　　{긇-} : /긇/(교체 없음)

18세기에는 '긏-'의 세력이 위축되고 이전 시기에 새롭게 형성된 어형, '긇-'의 세력이 확대되는 양상을 보인다.

(19) ㄱ. 天癸 <u>그처디ᄂᆞ니</u>(오륜전비언해 6:3ㄴ)

　　　ㄴ. 경계ᄅᆞᆯ <u>긋고</u>(종덕신편언해 중:5ㄴ), 제대로 <u>그츠나</u> 긋디 아

　　　　니나(오륜전비언해 6:3ㄴ)

(19)는 18세기에 보이는 '긏-'의 실현 양상인데 이 시기 역시 모음 어미일 때나 자음 어미일 때 '긏-'이 실현될 수 있다. 그러나 이 시기에는 '긏-'보다는 '긇-'의 세력이 훨씬 넓게 퍼져 있었다.

(20) ㄱ. 근심을 <u>끈흐려</u> ᄒᆞ면(삼역총해 2:4ㄴ), 머리ᄅᆞᆯ <u>끈허</u>(여사서언

　　　　해 4:19ㄴ)

ㄴ. 싱각을 <u>끈코져</u> ᄒ노라(삼역총해 1:16ㄴ), 禁ᄒ야 <u>끈케</u> ᄒ시고(어제내훈 2:61ㄱ)

ㄷ. 일뉘 <u>끈티</u> 아닌 젼에(속명의록언해 2:19ㄱ), 혼인ᄒ여 <u>끈티</u> 아니ᄒ더라(오류행실도 붕:17ㄱ)

(20)은 '끓-'의 예인데, (20ㄱ)의 '끈흐려, 끈허' 등은 매개모음 어미나 모음 어미와 결합하는 예이다. 모음 어미의 환경은 이전 시기부터 존재하던 활용형이다. (20ㄴ)과 (20ㄷ)은 자음 어미의 환경인데, '끈코져, 끈티' 등의 예는 이전 시기에는 확인되지 않던 활용형이다. 이 시기에 '끓-'은 완전한 패러다임을 갖춘 어형이면서 '斷'의 의미를 갖는 대표적 어형의 자리에 오른 것이다. 이 시기에는 이전 시기부터 보이던 '끈ᄎ-'도 여전히 나타난다.

(21) ㄱ. 肝腸이 <u>끈처디리니</u>(오류전비언해 2:29ㄱ)

ㄴ. 숨결조차 <u>끈첫도다</u>(전설인과곡 4ㄱ)

(21)은 '끈ᄎ'의 예로서 '끈처X'로 나타난다. 이 시기 역시 '끈ᄎ-'는 모음 어미일 때만 확인되고 자음 어미일 때는 실현되지 않는다. 19세기에는 '긏-'과 '끈ᄎ-'는 거의 용례가 없고 '끓-'이 주류를 이룬다. '긏-'은 새로운 어형 '끓-'에 밀려서 소멸된 것으로 보인다. 또 '끈ᄎ-'는 새로운 어형이지만 분포가 모음 어미에만 한정되었기 때문에 새롭게 나타난 어형 '끓-'과의 경쟁에서 밀려난 것으로 판단된다.

5.1.2. '긏-'과 '그치-'의 관계

중세국어에서 '긏-'은 주로 자동사로 쓰였지만 타동사적인 용법도 가지고 있고, '그치-'는 대부분 타동사로만 쓰였지만 자동사적인 용법도 보인다. 두 어형이 자동사나 타동사적인 용법을 갖는다는 점에서 통사 기능상 큰 차이가 없이 쓰였다고 할 수 있다. 또, 두 어형의 형태와 의미 기능의 유사성을 감안하면 이들은 형성 과정에서 밀접한 관련이 있을 것으로 보인다. 그런 점에서 '그치-'를 '긏-'과 접미사 '-이-'로 분석하여 이해하는 것은 온당하다. 더구나 '긏-'이 평성의 성조이고, '그치-'가 평거인 점에서 성조로도 이러한 분석에 큰 문제가 없다. 그런데 이때의 접미사 '-이-'의 성격을 어떻게 설정하느냐에 따라 두 어형의 관계를 파악하는 방법에도 차이가 있을 수 있다.

먼저 '-이-'를 사동 접미사로 보아 '그치-'를 사동사로 파악하는 방법이 있다. 이 방법은 중세국어에서 사동 접미사 '-이-'가 매우 생산적인 접미사였고, 무엇보다 '그치-'가 타동사적인 용법을 보인다는 점에서 그럴 듯한 분석이다. 그런데 '-이-'가 사동 접미사라면 '그치-' 구문은 사동문을 보여주고, 그에 따른 사동주와 사동 행위도 드러나야 할 것이다. 그러나 다음과 같은 '그치-'의 예에서는 사동문의 성격을 찾기 어렵다.

(22) 世俗앳 ᄠ디 한 젼ᄎ로 모로매 모딘 ᄠ들 <u>그치고</u> 慈悲ㅅ 힝뎌글
ᄒ야ᅀᅡ ᄒ릴쎄 沙彌라 ᄒ니라(석보상절 6:2ㄴ)

(22)는 '沙彌'에 대한 협주문의 내용이다. 위에서 '그치-'는 '뜯'[志]을 논항으로 하여 타동사적인 용법을 보인다. 만약 '그치-'가 '긏-'에 대한 사동사라면 사동의 가장 전형적인 유형인 "(…가 …에게) 어떤 일을 하도록 시키다"와 같은 의미를 보여야 한다. 그러나 위의 내용은 "속세의 뜻이 많은 까닭으로 모름지기 모진 뜻을 버리고 자비스런 행적을 해야만 하므로 사미라 하니라" 정도의 의미만 보일 뿐 적어도 사동주와 사동 행위가 명확히 드러나지 않는다. 이런 점에서 '-이-'를 온전한 사동 접미사로 보기 어렵고, 따라서 '긏-'과 '그치-'를 사동 관계에 있는 어형으로 처리할 수는 없다.

'-이-'를 온전한 사동 접미사로 보기 어렵기 때문에 논항의 수를 늘리는 '타동사화 접미사'로 보는 방법도 있다. 즉, 자동사에 타동사적인 용법을 갖게 하는 접미사로 보는 것이다.

(23) ㄱ. 無明의 根本이 永히 <u>그처</u> 覺이 몱곤 볼곤 相이 이에 精純ᄒ야(則無明之根本이 永斷ᄒ야 而覺湛明相이 於是예 精純ᄒ야; 능엄경언해 4:90ㄴ)

ㄴ. 이 사ᄅᆞ몬 善根올 永히 <u>그쳐</u> 다시 知見이 업서 三苦海예 ᄃᆞ마 三昧롤 일우디 몯ᄒ리라(是人은 永殞善根ᄒ야 無復知見ᄒ야 沉三苦海ᄒ야 不成三昧ᄒ리라; 능엄경언해 6:110ㄱ)

(23)은 《능엄경언해》에 나타나는 예이다. (23ㄱ)의 '그처'는 '긏-'의 예이고, (23ㄴ)의 '그쳐'는 '그치-'의 예이다. 이들에 선행하는 요소가 '영원히' 정도의 부사어가 왔다는 점도 같고, 성조도 평거형으

로 동일하다. 그런데 (23ㄱ)의 '긏-'은 원문의 '斷'에 해당하면서
"근본이 영원히 끊어져" 정도의 의미를 갖는 자동사적인 용법을 보
인다. (23ㄴ)의 '그치-'는 원문의 '殞'에 해당되는데 "善根을 영원히
그쳐" 정도의 의미로 타동사적인 용법을 보인다. '그치-'의 '-이-'
를 타동사화 접미사로 본다면 (23ㄱ)과 (23ㄴ)의 용법 차이를 설명
할 수 있다. 그러나 이와 같은 설명은 얼핏 타당해 보이지만 '그치-'
가 항상 타동사적인 용법만 보여주지 않는다는 것이 문제이다.

> (24) ㄱ. 알퓌 니르샤티 한 妄心에 또 <u>그쳐</u> 滅티 아니타 ᄒ시니라(前
>   에 云ᄒ샤티 於諸妄心에 亦不息滅이라 ᄒ시니라; 원각경언해
>   하,3,1:106ㄴ)
>
> ㄴ. 제 ᄆᅀᆞ믈 잇비 브려 千으로 分別ᄒ며 萬으로 혜여 念念에
>   <u>그치디</u> 아니ᄒᄂ니라(還自勞役心慮ᄒ야 千營萬計ᄒ야 念念
>   不停ᄒᄂ니라; 원각경언해 하,1,2:21ㄴ)

(24)는 《원각경언해》에 보이는 예로, (24ㄱ)의 '그치-'는 원문의
'息'에 해당하며 처격의 '-에'가 선행한다. 또, "여러 망령스런 마음
에 그쳐(머물러) 없어지지 아니하다"의 의미를 가지므로 의미로도
'그치-'를 타동사로 볼 수 없다. (24ㄴ)의 '그치-'는 원문의 '停'에
해당하는데 역시 표면상 '-에'가 선행한다. 또 "천으로 분별하며 만
으로 헤아려 생각에 그치지(머무르지) 않는다" 정도의 의미를 갖는
다는 점에서 이 역시 '그치-'가 타동사적인 용법을 갖는다고 보기
어렵다. 이렇게 '그치-'가 자동사적인 용법을 보여주는 예가 있으므

로 '그치-'를 '긏-'에 타동사화 접미사 '-이-'가 결합한 형태라고 볼 수는 없을 것이다.1) 더구나 '~이(ㄱ) 그치다'와 같은 전형적인 자동사 구문으로 보이는 다음과 같은 예는 '그치-'의 '-이-'를 타동사화 접미사로 볼 수 없게 한다.

(25) ㄱ. 비 <u>그첫ᄂᆞ냐</u> 비 개엿다(박통사언해 중:51ㄱ)
     ㄴ. 셜샤ᄂᆞᆫ 즉시 <u>그쳐쩌니</u>(두창경험방 44ㄴ)

(25ㄱ, ㄴ)은 전형적인 자동사 구문의 예이다. (25ㄱ)의 "비 그첫ᄂᆞ냐"는 현대국어의 "비가 그치다"와 같은 표현의 자동사적인 용법이다. (25ㄴ) 역시 "설사는 즉시 그쳤더니" 정도의 의미를 보이므로 (25ㄱ)의 예와 크게 다르지 않다. 비록 근대국어의 예라고 하지만 '그치-'가 보이는 자동사적인 용법은 '-이-'를 타동사화 접미사라고 볼 수 없게 한다.

'긏-'과 '그치-'가 의미나 통사 범주에서 큰 차이가 없는 점에 주목하여 '긏-'과 '그치-'의 관계를 의미나 통사 범주를 바꾸지 않는 '-이-'의 파생 관계로 보는 방법도 있다. 특히 중세국어에서 관찰되는 '빗-:빗기-[橫], 벟-:버히-[斬],2) 둗-:둘이-[走], 기들-:기들

---

1) 이들 예는 표면상 '-x에'를 논항으로 한다는 점에서 '-이-'를 논항을 늘리는 접미사로 볼 수는 있을 것이다.
2) '벟-'[斬]은 매개모음 어미일 때만 나타나고 '*버허'와 같은 모음 어미나 '버코'와 같은 자음 어미가 올 때 나타나는 어형은 확인되지 않는다는 점에서 '긏-, 그치-' 류와는 차이가 있다.

이-[待], 거슬-:거스리-[逆], 다술-:다스리-[治]' 등은 의미나 통사 범주상 큰 차이를 보이지 않으므로 '-이-'의 분석을 타당하게 한다. 이들 관계는 피동이나 사동으로 해석될 가능성도 적기 때문에 이들을 특별히 의미나 통사 범주를 바꾸지 않는 '-이-'의 파생(이현희 1987)으로 볼 수도 있다. 현재로서는 가장 타당한 설명 방법이지만 여기에는 약간의 보충 설명이 필요하다.

　중세국어의 '긏-'과 '그치-'는 의미 차이가 전혀 없지는 않다. 15세기 국어에서3) '긏-'과 '그치-'에 대응하는 한자어 가운데 빈도수가 높은 것은 '斷, 絶, 息, 止' 등이다. 이 가운데 '斷'은 '긏-'으로, '息'은 '그치-'로 대부분 언해되었다. 그리고 '絶'은 '긏-'과 '그치-'로도 언해되었지만 '긏-'으로 언해된 예가 훨씬 많다. 반대로 '止'는 '긏-'이나 '그치-'가 가능하지만 '그치-'로 언해된 경우가 많다.

(26) ㄱ. 쏘 阿難이 아롫 거시 아니니 이 惑을 다 <u>그처</u>ᅀᅡ 여슷 몰고미
　　　두려우리라(又 非阿難이 所知者ㅣ니 斷盡此惑ᄒ야ᅀᅡ 六湛이
　　　乃圓ᄒ리라; 능엄경언해 4:104ㄱ)

　　ㄴ. 이젠 生相ㅅ 꾸미 다ᄋ며 無明ㅅ ᄇᆞᄅ미 <u>그처</u> ᄆᆞᅀᆞᆷ 바ᄅ래
　　　믌겨리 그처 물가 常住ᄒ니라(今生相夢盡 無明風息 心海浪
　　　歇湛然常住; 원각경언해 하,1,2:37ㄴ)

　　ㄷ. 가ᄉᆞ미 알파 飮食 몯ᄒ며 잇다감 發ᄒ며 잇다감 <u>그처</u> 發ᄒ면

3) 간경도감에서 간행한 문헌은 특히 원문 확인이 쉽다는 점에서 적극 이용할 수 있다.

죽ᄂ닐 고티ᄂ니(心腹絞痛 不能飮食 時發時止 發則欲死; 구
급방언해 상:13ㄱ)

ㄹ. 修行 처엄에 모로매 欲愛를 이울워 <u>그처</u> 心性이 虛明케 혼
後에ᅀᅡ 能히 法流에 드러(修行之初애 必枯絶欲愛ᄒ야 使心
性이 虛明然後에ᅀᅡ 能入法流ᄒ야; 능엄경언해 8:21ㄱ)

(26ㄱ~ㄹ)은 '긏-'의 양상을 보인 것이다. (26ㄱ)의 '그처ᅀᅡ'의
'긏-'은 '斷'에 해당하는데, 위의 내용은 "惑(번뇌)을 다 버려야" 정
도로 해석되어 '버리다' 또는 '없애다' 정도의 의미로 쓰였다. 중세
국어에서 원문의 '斷'은 언해문에서는 거의 '긏-'으로 나타나고 '그
치-'로 나타나는 예는 매우 드물다.4) (26ㄴ)은 '그치-'의 예로 원문
의 '息'에 해당한다. 위의 내용은 '無明(밝지 않은)의 바람이 그쳐(멎
어)' 정도의 의미를 갖는데, 여기서는 '그치-'가 자동사로 쓰였다.
그런데 (26ㄴ)처럼 원문의 '息'이 '긏-'으로 언해된 예는 매우 드물
다.5) (26ㄷ)의 '긏-'은 원문의 '止'에 대응하고, 여기서 '긏-'은 자
동사적인 용법을 보인다. (26ㄹ)에 나타나는 '긏-'은 원문의 '絶'에
해당되는데, 합성동사의 후행 요소로 쓰였다.

(27) ㄱ. 둘흔 觀이니 止ㅅ 여희요ᄆ 무ᅀᅢᄆ 쉬우며 뜨들 <u>그쳐</u> 永히
미조차 잡디 아니호미니(二ᄂᆞᆫ 觀이니 止離者ᄂᆞᆫ 休心息義ᄒ

---

4) 특히 간경도감에서 간행한 문헌의 경우 '斷'은 '긏-'으로 '息'은 '그치-'로 언해
되는 양상이 두드러진다.

5) 간경도감에서 간행한 문헌 가운데 '息'이 '긏-'으로 언해된 예는 이것이 유일하다.

　　야 永不追攀이니; 원각경언해 상,2,1:46ㄱ)

ㄴ. 서르 니어 <u>그치디</u> 아니ᄒ야 ᄇ리는 道ᄅᆞᆯ 두려이 다아 身心이
　　다 滅ᄒ며(相續不斷ᄒ야 圓窮捨道ᄒ야 身心이 俱滅ᄒ야;
　　능엄경언해 9:15ㄴ)

ㄷ. 邪호 갓ᄀᆞᆫ 業輪온 오직 正이ᅀᅡ 能히 <u>그치논</u> 젼ᄎ로 如來ᄅᆞᆯ
　　맛나디 몯ᄒᄉᆞ오니 어엿부미로다(邪倒業輪온 唯正이ᅀᅡ 能止故
　　로 不遇如來ᄒᄉᆞ오니 爲可憐愍이로다; 능엄경언해 8:128ㄴ)

ㄹ. 淸淨ᄒ야 ᄒ욤 업수ᄆ로 웃ᄃ블 사ᄆ니 仁을 <u>그치며</u> 義ᄅᆞᆯ ᄇ
　　려 百姓이 孝道ᄒ며 仁慈호매 도라가게 호미니이다(淸淨無爲
　　로 僞本ᄒ니 若絶仁棄義ᄒ야 民復孝慈ㅣ 是也ㅣ니이다; 내
　　훈언해 2,하:49ㄴ—50ㄱ)

(27ㄱ～ㄹ)은 중세국어 '그치-'의 예이다. (27ㄱ)에서 원문의 '休
心息義'를 "ᄆᄉᆞᄆᆞᆯ 쉬우며 ᄠᄠᆞᆯ 그쳐"로 언해하여 '息'이 '그쳐'로
언해되었음을 볼 수 있다. 중세국어에 '息'은 '그치-'로 언해하는 것
이 가장 일반적이었다. (27ㄴ)에서는 원문의 '相續不斷'을 "서르 니
어 그치디 아니ᄒ야"로 언해하였는데, 여기서 '斷'은 '그치-'로 언해
되었다. 중세국어에 '斷'이 대부분 '긏-'으로 언해되었다는 점을 감
안하면, '긏디' 정도로 나타나야 한다. (27ㄷ)의 '그치논'은 원문의
'止'에 대한 언해이다. "오직 정으로써만이 능히 그칠 수 있는 까닭
으로" 정도의 의미를 가져 '그치-'가 자동사적인 용법을 보인다. (27
ㄹ)의 '그치며'는 원문의 '絶'에 해당하는 것으로서 "仁을 그치고"
정도의 의미를 가져 타동사적인 용법을 보인다.

결국 중세국어, 특히 간경도감에서 간행한 문헌에서 '긏-'이나 '그치-'에 해당하는 한자어는 '斷, 絶, 止, 息' 등이 있는데, 이들은 서로 '긏-'이나 '그치-'로 나타날 수 있다. 그러나 '斷'은 거의 모든 예에서 '긏-'으로 나타나는 반면 '息'은 대부분 '그치-'로 나타난다. 그리고 '絶'은 '긏-'이나 '그치-'로 나타나지만 '긏-'으로 언해되는 예가 많다. 반면 '止'는 '긏-'과 '그치-'로 나타날 수 있지만 '그치-'로 나타나는 경향이 강하다. 이것을 간단하게 표로 나타내면 다음과 같다.

(28) 중세국어의 '긏-'과 '그치-'의 한자어 대응 양상

	긏-	그치-
斷	●	×
絶	◎	○
止	○	◎
息	×	●

● 빈도수가 매우 높음; × 빈도수가 매우 낮음; ○ 예가 있음; ◎ 비교적 예가 많음

위의 표에서와 같이 '긏-'과 '그치-'에 대응하는 한자어는 '斷, 絶, 止, 息' 등이지만, '斷'은 '긏-'으로 언해되는 경향이 강하고 '絶'이나 '止'도 '긏-'으로 언해되는 것이 가능하다. 반면 '息'은 '긏-'으로 언해되는 경우가 거의 없다. 이와 달리 '息'은 '그치-'와 대응하는 경우가 대부분이고, '止, 絶'도 '그치-'로 언해가 가능하다. 그러나 '斷'이 '그치-'로 언해되는 경우는 거의 없다. 이런 점에서 '긏-'

의 가장 대표적인 의미는 '斷'이고, '그치-'의 대표적인 의미는 '息'
이라고 보아도 무방하다. 이 중간에 위치하는 것이 '絕'과 '止'인데,
'絕'은 '긏-'에 좀 더 가깝고, '止'는 '그치-'에 좀 더 가깝다고 할 수
있다. 그러므로 '斷'과 '息'의 의미 차이가 곧 '긏-'과 '그치-'의 미묘
한 의미 차이라고 볼 수 있다.

'斷'과 '息'은 사전적 의미는 비슷하지만 '斷'은 '단절'의 의미가
강하고 '息'은 '정지'의 의미가 강하다. 곧 이들은 연속성에서 차이
가 있다.6) '斷'의 현재 상태는 사건이나 사물의 전과 후가 단절되어
연속의 가능성이 없는 상태이다. 이에 반해 '息'의 현재 상태는 사건
이나 사물의 전후가 정지되었을 뿐 연속의 가능성을 배제하지 않고
가능성이 열려 있는 상태다.

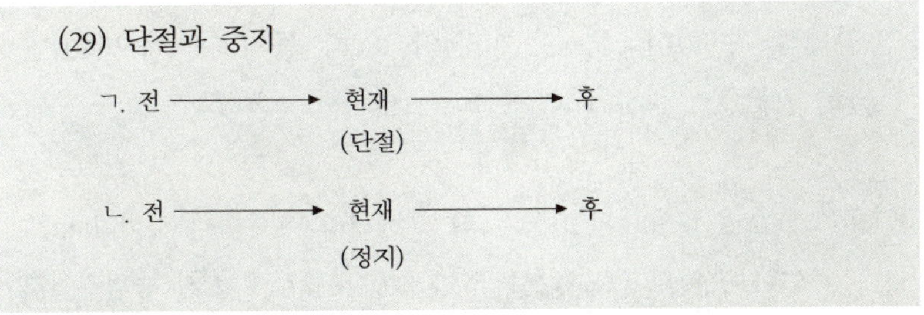

6) 《중문대사전》(中文大辭典)에서는 '단'(斷)의 대표적인 의미를 '단절'(斷絕)과
  '할절'(割截)로 제시하고 있다. '절'(絕)은 '절단'(絕斷)과 '절지'(絕止)의 의미를
  갖는다. '식'(息)은 '휴지'(休止)의 의미를 갖는다. 그리고 '지'(止)는 '정지'(靜止)
  의 의미를 갖는다. 이렇게 본다면 '단'과 '절'은 현대국어의 '끊다'의 의미에, '식'과
  '지'는 '그치다'의 의미에 더 가깝다고 할 수 있다.

(29ㄱ, ㄴ)에서와 같이 사건이나 사물의 전후에서 중간 단계인 '현재'는 어떤 형식으로든 '중지' 또는 '정지'된 상태다. 그러나 (29ㄱ)에서는 그 중지가 지속적인 것이어서 사건이나 사물이 단절된 양상을 갖는다. 반면 (29ㄴ)은 그 중지가 일시적인 것이어서 사건이나 사물이 정지된 것이다. 이것은 정지된 사건이나 사물이 다시 재개될 가능성도 있음을 의미한다. 중세국어에서 (29ㄱ)의 의미에 해당하는 것이 '긏-'이고, (29ㄴ)에 해당하는 것이 '그치-'다. 그런 점에서 '긏-'은 현대국어의 '끊다'에 더 가깝고 '그치-'는 '그치다'에 더 가깝다. 그러나 중세국어에서는 대응하는 한자어가 편중되지 않는다는 점에서 의미가 명확히 구분되지 않았고, 아직 의미 분화가 일어났다고 할 수 없다.

'긏-'과 '그치-'의 의미 차이는 수식하는 부사어에서도 정도 차이를 파악해 볼 수 있다. '긏-'은 '다'[皆], '永히' 등의 수식을 받는 반면, '그치-'는 '쏘' 등의 부사가 수식한다.

(30) ㄱ. 法을 請ᄒᆞᅀᆞ와 惑障ᄋᆞᆯ 다 <u>그처</u> 果願 일우믈 ᄇᆞ라니라(重請後法ᄒᆞᅀᆞ와 庶盡斷惑障ᄒᆞ야 成就果願也ᄒᆞ니라; 능엄경언해 3:115ㄴ)

　　ㄱ'. 이 ᄠᅳ드로 제 알오 ᄂᆞ믈 알외야 妄元을 永히 <u>그처</u> 正果애 ᄀᆞ즈기 가게 ᄒᆞ시니라(令以此義로 自覺覺他ᄒᆞ야 永斷妄元ᄒᆞ야 齊歸正果也ㅣ시니라; 능엄경언해 10:89ㄱ)

　　ㄴ. 한 妄心에 쏘 <u>그처</u> 滅티 아니ᄒᆞ며(於諸妄心에 亦不息滅ᄒᆞ며; 원각경언해 하,1,2:49ㄴ)

ㄴ'. 내 이제 내 ᄆᅀᆞᆷ애 한 念을 永히 <u>그쳐</u>(我今自心에 永息諸念
ᄒᆞ야; 원각경언해 하,3,1:104ㄱ)

(30ㄱ)에서 '그처'는 선행하는 부사어 '다'의 수식을 받는다. 이때
'다'는 원문의 '庶盡'에 해당하는 것으로 성조상 상성을 보인다. 중
세국어에는 'ᄀᆞᆾ-'이 '다'의 수식을 받는 예가 다수 보이지만 '그치-'
는 '다'의 수식을 받는 예가 없다. (30ㄴ)은 '그치-'의 예로 선행하
는 부사어 'ᄯᅩ'의 수식을 받는다. 반면 'ᄯᅩ'가 'ᄀᆞᆾ-'을 수식하는 용례
는 찾아볼 수 없다. '다'는 '모조리'의 의미를 보이면서 정도상 '극단'
을 보인다. 반면 'ᄯᅩ'는 강조를 나타내기는 하지만 '반복'의 의미를
갖는다. 그러므로 '다'와 호응을 이루는 'ᄀᆞᆾ-'이 'ᄯᅩ'와 호응을 이루
는 '그치-'보다 의미 강도[7]가 세다고 볼 수 있다. 한편, (30ㄱ')와
(30ㄴ')에서는 'ᄀᆞᆾ-'과 '그치-'가 각각 '永히'와 호응을 이루고 있다.
'永히'는 두 동사의 관계에서는 중립적인 위치를 차지한다고 볼 수
있다.

'ᄀᆞᆾ-'과 '그치-'는 합성 형식을 이루는 데서도 차이를 보인다.
[V1-어 V2]의 형식에서 V1에 'ᄀᆞᆾ-'이 나타나는 예는 다수 관찰되는
반면 '그치-'는 많지 않다.

(31) ㄱ. 理 봀저긔 我人 업슨둘 아라ᅀᅡ 我心을 <u>그처</u> 브리며 慧觀ᄋᆞᆯ
證ᄒᆞ야 아라(월인석보 11:122ㄴ)

---

7) 여기서의 의미 강도는 사건이나 사물의 '단절'이나 '중지' 정도를 말한다.

ㄴ. 觀世音菩薩ㅅ 일훔 일ᄏᆞᄅᆞ면 다 <u>그처 ᄒᆞ야디여</u> 즉재 解脫을 得ᄒᆞ며(稱觀世音菩薩名者ㅣ면 皆悉斷壞ᄒᆞ야 卽得解脫ᄒᆞ며; 법화경언해 7:56ㄴ)

ㄴ'. 觀世音菩薩ㅅ 일후믈 일ᄏᆞᄅᆞ면 다 <u>그처디여</u> 즉자히 버서나리어며(석보상절 21:5ㄴ)

ㄷ. 자최를 <u>그처 갈ᄊᆡ</u> 닐오디 飛오 빗 자최 서르 니슬ᄊᆡ 닐오디 流ㅣ라(絶迹而去ᄒᆞᆯ시 曰飛오 光迹이 相連ᄒᆞᆯ시 曰流ㅣ라; 능엄경언해 2:87ㄱ)

(31ㄱ~ㄴ')에서 '긏-'은 V_2에 여러 동사가 와서 합성 형식을 이룰 수 있다. (31ㄱ)에서는 '그처 ᄇᆞ리-'가 확인된다. 이러한 예문은 'ᄇᆞ리-'가 없이 '긏-'만으로도 가능한 구성이다. (31ㄴ)과 (31ㄴ')는 동일한 저경을 언해한 것이다. 원문의 '斷壞'를 (31ㄴ)에서는 '그처 ᄒᆞ야디여'로 언해한 반면, (31ㄴ')에서는 '그처디여'로 언해하였다. 그러나 '그치-'는 이러한 합성 형식의 구성이 많지 않다. (31ㄷ)에서와 같이 '그처 가-'와 같은 구성이 보일 뿐이다.

결국 '긏-'과 '그치-'는 '긏-'에 접사 '-이-'가 결합되어 '그치-'가 형성되었는데, 이때 '-이-'는 사동 접미사가 아닌 어기의 의미와 통사 범주를 바꾸지 않는 접미사로 보는 것이 합리적이다. 다만 이들에게는 약간의 의미 차이가 존재하여, '긏-'은 '斷, 絶', '그치-'는 '息, 止'에 가깝다. 그러므로 '긏-'은 '그치-'에 비해 단절의 정도가 더 심해 연속성이 결여되어 있고, '그치-'는 상대적으로 단절의 정도가 약해 연속의 가능성이 열려 있다고 할 수 있다. 그러나 이 시기

에는 그 의미 분화가 명확히 이루어지지 않아 서로 섞여 쓰였다고
할 수 있다.

5.1.3. '긏-'의 재구조화와 '싫-'의 형성

'긏-'과 '그치-'는 17세기 국어에 들어서면 형태상의 변화를 맞게
되는데, 표면상 '긏-'과 '그치-'에 'ㄴ'이 첨가된 '근ㅊ-'나 '근치-'
형이 나타난다.

> (32) ㄱ. 쏘 손ᄀ락글 근처 뼈 나오니 효험티 몯ᄒ거놀(又斷指以進不
>   效; 동국신속삼강행실도 열,2:79ㄴ)
>   ㄴ. 머리터럭글 근처 슈졀ᄒ야 지아븨 싱시 옫과 관디과 막대와
>   신을 베프고(斷髮守節設生時衣冠杖履; 동국신속삼강행실도
>   열, 3:27ㄴ)

(32)는 이전 시기에 보이지 않던 새로운 어형 '근ㅊ-'[8]의 예이다.
(32ㄱ)의 '근처'는 원문의 '斷'을 언해한 것으로 "손가락을 끊어" 정
도의 의미를 보인다. 중세국어라면 '그처'로 나타나야 할 자리이다.
(32ㄴ)의 '근처'도 원문의 '斷'을 언해한 것인데, "머리털을 끊어(잘
라)" 정도의 의미를 갖는다. 역시 이전 시기의 예라면 '그처'로 나타
나야 할 것이다. 물론 같은 환경에서 '긏-'으로 나타나는 예도 많다.

---

8) '근츠-'로도 분석될 가능성이 있지만 편의상 '근ㅊ-'으로 표시한다.

(33) ㄱ. 남진이 병 들거눌 손가락을 <u>그처</u> 약긔 빠 받줍고(夫病斷指和
　　　藥以進; 동국신속삼강행실도 열,2:63ㄴ)
　　ㄴ. 몸이 몯도록 소늘 ᄒᆞ여 머리늘 <u>그처</u> 밍셰ᄒᆞ고(終身行素斷髮
　　　爲誓; 동국신속삼강행실도 열,2:19ㄴ)

　(33)은 '긏-'의 예로서 모두 원문의 '斷'에 해당된다. (33ㄱ, ㄴ)의 '그처'는 모두 '끊다'의 의미를 갖는데 "손가락을 끊어", "머리를 끊어(잘라)" 정도로 옮길 수 있다. (32ㄱ, ㄴ)과 (33ㄱ, ㄴ)은 원문의 한자나 의미도 같은데, 단지 이에 대응하는 어형이 '근ᄎ-'9)와 '긏-'이라는 차이가 있다. 그리고 '근처'보다는 '그처'의 예가 훨씬 많다는 점도 지적할 수 있다.10) 이렇게 특정 문헌에 '긏-'과 '근ᄎ-'가 공존하는 까닭은 무엇이고, 이전 시기에 보이지 않던 'ㄴ'이 첨가된 이유는 무엇인가.

　《동국신속삼강행실도》는 각 권을 지방에서 분권하여 간행한 것이다.11) 그렇다면 '긏-'과 '근ᄎ-'가 이 시기의 방언형을 반영하였

---

9) '근처'는 '근츠-'와 '근ᄎ-'의 두 어형으로 분석될 수 있다. '근츠-'에 모음 어미가 올 경우 어간말 모음 '으'의 탈락이 있을 수 있고, '근ᄎ-'에 모음 어미가 직접 결합될 수 있기 때문이다. 다만 '근ᄎ-'로 볼 경우, 어간말 자음군으로 'ᆬ'을 상정해야 하는 부담이 있지만, 국어사에서 'ㄴ-'계 어간말 자음군이 존재하는 것을 비추어 볼 때 불가능한 형태소 구조는 아닐 것이다. 그러므로 이 책에서는 편의상 '근처'를 '근ᄎ-'으로 분석하고 대표형으로 삼기로 한다.

10)《동국신속삼강행실도》에서 '그처'의 예는 30여 회가 넘는 반면 '근처'는 8회 확인된다.

11) 그러나 실제로 어느 권이 어느 지방에서 간행되었는가 하는 구체적인 정보는 현재 알려지지 않는다. 그리고 각 권 간행에 참여한 구체적인 인물도 알기 어렵다.

을 가능성도 있다. '궂-'은 이전 시기부터 존재하던 중앙 방언형이고, '근ㅊ-'는 중앙 방언형이 아니라 다른 지역의 방언형으로 보는 것이다. 그러나 (32ㄱ)과 (33ㄱ)은 《동국신속삼강행실도》 같은 권에서 두 어형이 보인다는 점에서 이러한 추정을 어렵게 한다.

'궂-'과 '근ㅊ-'와 관련하여 주목할 점은 이전 시기의 '그치-'에 해당되는 어형이 '근치-'로 나타나는 예가 드물다는 것이다.

> (34) 입에 머기기눌 <u>근치디</u> 말며 언치롤 등 우희 미고(口不住食ㅎ며 氈雁눌 背上搭之ㅎ고; 마경초집언해 하:32ㄴ)

예문 (34)에서 '근치디'는 '근치-'의 유일한 예이다. '근치-'는 원문의 '住'에 해당한다. 이 예문은 "입에 먹이기를 그치지 말며" 정도의 의미를 가지며, 이전 시기의 '그치-'에 해당한다. 그런데 '근치-'는 모음 어미와 결합한 '*근쳐'는 전혀 관찰되지 않고, 이 환경에서는 늘 '그쳐'로만 나타난다. 그리고 자음 어미의 결합형도 위의 '근치디'만 확인된다.

> (35) ㄱ. 나죵내 봉양 몯혼 일이 흔홉다 ㅎ고 드듸여 음식 <u>그쳐</u> 스믈 나홀 마내 주그니라(동국신속삼강행실도 열,2:26ㄴ)
>   ㄴ. 주그매 슬허 셜워ㅎ몰 법에 넘게 ㅎ야 입의 죽믈 <u>그쳔</u> 디 둘이 남더라(동국신속삼강행실도 열,2:75ㄴ)

(35)는 '그치-'에 모음 어미가 결합한 양상이다. (35ㄱ)에서 '그

쳐'는 원문의 '絶'에 해당하며, "음식을 그쳐(끊어)" 정도의 의미를 갖는다. (35ㄴ)의 '그쳔'도 원문의 '絶'에 해당하며 "입에 죽 물 그친 지 달이 넘더라" 정도의 의미를 갖는다. '긏-'이 이 환경에서 수의적인 교체형 '긎-'가 나타나는 반면 '그치-'는 '그치-'로만 나타나 주목할 만하다. 더욱이 'ㄴ'-첨가가 이루어진 '긎-' 형이 처음 등장하는 《동국신속삼강행실도》와 그 이후의 문헌에서는 '*근치-'의 예를 전혀 확인할 수 없다. 따라서 위에 제시된 (35)의 '근치-'는 '근츠-'에 이끌려 나타난 표기로, 잠시 나타났다 사라진 어형일 수 있다.

'긏-'과 '그치-' 가운데 '긏-'에 'ㄴ'이 첨가된 것은 그동안 'ᄀᆞ초-'[藏]가 16세기에 '근초-', 그리고 뒤이어 '곱초-'가 된다든지, '더디-'[投]가 구개음화에 의해 '더지-'가 된 뒤에 '던지-'로 변화하는 것과 같이 첨가 자음의 발달로 이해되었다(이기문 1972). 하지만 '긏-'과 '그치-'가 서로 통사 의미상 관련이 있는 어형이므로 'ㄴ'-첨가는 두 어형에 모두 실현될 가능성이 있었지만 '긏-'에만 'ㄴ'-첨가가 실현된 것은 또 다른 이유가 있을 것으로 판단된다.

그런데 '긏-'과 '그치-'의 활용 패러다임을 고려할 때 모음 어미가 뒤에 오면 두 어형 사이의 의미 변별에 지장을 초래할 가능성이 있다.

(36) ㄱ. 긏- : 그처, 그츠니, 긋고, 긋더니

    ㄴ. 그치- : 그쳐, 그치니, 그치고, 그치더니

(36ㄱ, ㄴ)은 '궂-'과 '그치-'의 패러다임 가운데 모음 어미, 매개 모음 어미, 자음 어미의 결합 양상을 보인 것이다. 이 가운데 모음 어미가 올 경우는 '그처'와 '그쳐'로 실현되는데, '처'와 '쳐'는 중세국어에서는 변별되었지만 'ㅊ'이 구개음으로 실현되면 의미 변별에 심각한 문제가 생긴다. 즉, 중세국어 시기에는 'ㅈ, ㅊ'가 구개음이 아니고 치음 [ts], [tsʰ]이므로(허웅 1964, 이기문 1964/1972), '자, 저 조, 주'와 '쟈, 져, 죠, 쥬'는 서로 대립되었다. 그리하여 '저'[自]와 '져'[筋] 등이 대립 관계를 이룬다. 그러나 'ㅈ, ㅊ'가 음성적으로 구개음으로 실현되면 '저:져'의 대립 관계에 문제가 생길 수 있다.12) 이와 마찬가지로 대립을 이루던 두 활용형 '그처'와 '그쳐'가 'ㅈ, ㅊ'의 구개음화로 대립 관계가 상실되면 동음충돌을 일으킬 수 있다. 이럴 경우 화자는 동음충돌 해소를 위해 여러 노력을 기울인다. 그 결과 16세기부터 있었던 모음과 'ㅈ, ㅊ' 사이에 'ㄴ'을 첨가시키는 음운 변화가 있었으므로, '그처'와 '그쳐'의 경우에도 'ㄴ'-첨가를 통해 동음충돌을 해소하였던 것으로 판단된다.13)

그런데 이렇게 보았을 때의 문제는 이 시기에 'ㅈ'의 구개음화가 가능했는가 하는 점이다. 'ㅈ, ㅊ'의 구개음화와 관련이 있는 'ㄷ-구개음화'는 대체로 17, 18세기 교체기에 발생하였다는 것이 일반적인

---

12) 물론 음성적으로는 구분하지 못하고 음운적으로는 구분이 가능하였다고 하더라도 둘 사이에 혼란이 오는 것은 필연의 사실이다.

13) 음운 변화 때문에 특정 활용형에서 동음충돌이 생기고, 이것을 해소하기 위하여 어간이 재구조화를 겪게 되는 예는 '욿->웃-'이 있다(김완진 1973).

견해이다. 그러나 'ㄷ-구개음화'는 이기문(1972)에서 밝힌 바와 같이 'ㅈ, ㅊ'가 치음에서 구개음으로 음변화가 선행되어야 한다. 이것은 'ㄷ-구개음화'가 발생하기 이전부터 'ㅈ, ㅊ'의 구개음화가 이미 완성되었거나 적어도 진행되었다고 가정할 수 있다. 그리고 이명규(2000)에 따르면 'ㅈ, ㅊ' 등 치음에 후행하는 'j'계 이중모음의 혼기는 1460년대 이후, 즉《능엄경언해》다음 문헌에서부터 시작된다고 한다.14) 이러한 혼란은 16세기와 17세기에 들면 더욱 확대되고, 특히 'ㄷ-'구개음화는 16세기 중엽부터 시작된다고 하였다. 이러한 사정을 감안하면 17세기 초에는 'ㅈ, ㅊ'가 치음에서 구개음으로의 변화가 완성되었거나 적어도 진행 중이었다고 할 수 있다. 그러므로 '끊다'의 의미를 갖는 '궂-'과 '그치다'의 의미를 갖는 '그치-'에 모음 어미가 올 때 부분적인 동음충돌을 겪게 되고, 이 동음충돌을 해소하기 위해 'ㄴ'-첨가15)를 겪었다는 추정은 가능해 보인다.

또 '근ㅊ-'의 출현 환경이 모음 어미에 한정된다는 사실도 동음

---

14) '조개'와 '죠개', '전치'와 '젼치', '몬저'와 '몬져' 등에서 이러한 혼기를 확인할 수 있다(이명규 2000:57~58).

15) 'ㄴ'-첨가의 대표적인 어형은 '긏초->근초-'인데 동사의 어휘 내부에서 이루어진 것으로 보인다. 물론 '더디->더지->던지-'도 존재하지만 이 어형은 근대국어 후기에나 'ㄴ'-첨가를 확인할 수 있다. 또 '혼자'[獨]에 해당하는 중세국어 어형 'ㅎᄫᆞᅀᅡ', 'ᄒᆞ온자>혼자' 등에서도 'ㄴ'-첨가를 확인할 수 있지만 'ㅎᄫᆞᅀᅡ'의 내적 구성이 'ᄒᆞᄫᆞᆯ+ᅀᅡ'라는 점에서 기원적으로 형태소 경계에서도 'ㄴ'-첨가가 이루어진 것으로 보인다. 17세기 문헌에서 확인되는 "이믜 영장호매 무덤을 문치며 우니"(旣粧撫塚哀號; 동국신속삼강행실도 열,2:18ㄴ)의 '문치며'는 이전 시기의 어형이 '문지-'[撫]인데, '문치-'로 나타난 것은 형태소 내부의 'ㄴ'-첨가는 모음과 'ㅊ' 사이에서 이루어졌을 가능성을 암시한다는 점에서 흥미롭다.

충돌 해소의 일환으로 '근ㅊ-'가 나타났다는 논의를 뒷받침할 수 있다. 17세기 국어에서 '궂-'의 활용형 '근처'의 예는 총 9회에 해당한다.16) 그렇지만 자음 어미의 결합형으로 예상되는 '근츠고, 긋고, 근쪼, 근고' 등의 용례는 전혀 확인되지 않고, 이 환경에서는 '긋고'로만 나타난다.17) 그러므로 '근ㅊ-'는 모음 어미(매개모음 어미)에만 국한되어 나타난다고 할 수 있다. 모음 어미나 매개모음 어미에만 국한되어 나타나므로 '근ㅊ-'는 '궂-'과 중복 분포를 이루는 쌍형어로 처리될 수 있다. '근ㅊ-'는 17세기부터 일부 문헌에서 어두 경음화를 겪어 '끈ㅊ-'로 실현된다.

(37) ㄱ. 그저 흔 쏨 기리롤 견초와 끈처(박통사언해 상:35ㄱ)

　　　ㄴ. 네 肝腸이 끈처디리니 뎌 뛔에는 내게 간셥디 아닌 일이라
　　　　　(오륜전비언해 2:29ㄱ)

　　　ㄷ. 간댱을 끈츰애 간댱이 끈처 끈츨 간댱이 업쏘다(오륜전비언
　　　　　해 4:33ㄱ)

　　　ㄹ. 그 목을 남게 둘고 스스로 느려디니 목이 끈처 죽으니라(오
　　　　　륜행실도 츙:8ㄱ)

　(37)은 '끈ㅊ-'의 예로, 17세기 국어에서부터 나타난다. 그리고 (37ㄴ～ㄹ)과 같이 18세기 국어에까지 이어지는데, 역시 모음 어미

---

16) 《동국신속삼강행실도》에 8회, 《마경초집언해》에 "믹은 누로면 근처디디 아니ᄒ
　며"(마경초집언해 상:19ㄱ) 등에 1회 나타난다.
17) 매개모음 어미의 결합형도 확인된다. "關中 처음 몰라 근츤 고대 加ᄒ야"(가례
　언해 6:7ㄴ)가 그 예이다.

나 매개모음 어미에 한정하여 나타난다. '쯘ㅊ-'는 '근ㅊ-'에 어두 경음화를 경험한 것인데, '근ㅊ-'가 갖는 격렬한 동작성(이기문 1972)과 관련이 있을 것이다.

'긏-, 근ㅊ(쯘ㅊ)-'와 관련하여 17세기 후기에는 또 다른 형태인 어간말 자음군 'ㄶ'을 가진 '쯞-'이 나타난다.

(38) ㄱ. 뇨믹이 <u>쯘허디면</u> 장부 패졀홈이오(마경초집언해 상:24ㄱ)

ㄱ'. 오근골이 샹ㅎ고 <u>쯘허딘</u> 드리놀 건너다가(마경초집언해 상:78ㄱ)

ㄴ. 비단 <u>쯘타</u>(扯段子; 역어유해 하:5ㄱ)

ㄴ'. 命을 <u>쯘타</u>(斷送了; 역어유해 하:52ㄴ)

(38)은 17세기 말에 새롭게 등장한 '쯞-'의 예이다. (38ㄱ~ㄱ')에서 '쯘허디면, 쯘허딘'의 예는 '쯞-'에 '-어 디-'가 결합된 형식이다. 이것은 '쯞-'에 모음 어미가 결합된 것으로 처리할 수 있다. (38ㄴ~ㄴ')는 '쯞-'에 자음 어미가 온 모습인데, 후행 어미가 유기음화를 겪어 '쯘타'의 모습으로 나타난다. 그런데 이때의 '쯞-'은 '斷, 絶'과 대응하면서 현대국어 '끊다'의 의미를 갖고 '그치다'의 의미는 보이지 않는다.

새롭게 나타난 어형 '쯞-'은 그 형성 과정이 명확하지 않다. '쯞-'의 형성에 대해 남광우(1977)은 '쯘ㅊ-'에서 음운 변화로 '쯞-'이 형성되었다고 보았다. 그러나 'ㅊ>ㅎ'의 변화는 국어 음운사에서 좀처럼 찾아보기 어렵고 변화의 이유도 모호하기 때문에 수긍하기 어렵다. 이에 대해 곽충구(1980)은 혼효(blending)나 재분석에 따른 것으로 추정하였다. '끈ㅊ-'와 '끈치-'의 혼효로 '끈ㅊ-'가 생겨나고, 모음으로 시작하는 어미의 결합에서 나타나는 '끈ㅊ-'를 '긇ㅈ-+-어'로 재분석하여 '긇-'이 생겼다고 하였다. '혼효'에 따른 것은 혼효의 구성이 맞지 않는다는 점에서 수긍하기 어렵지만, 재분석에 따른 재구조화는 주목할 만하다. 여기서 재분석은 '끈처'를 '긇ㅈ-+-어' 정도로 분석하여 새로운 어간형 '긇-'이 형성되었다고 이해하는 것이다. 'ㄴㅊ>ㄴㅎ'을 자생적인 음운 변화에 따른 변화로 보기 어렵다는 점에서 재분석에 따른 재구조화는 그럴 듯한 가정이다. 그러나 '끈처'를 '긇ㅈ-'와 '-어'로 분석할 수 있는가 하는 점은 여전히 의심스럽다. 더욱이 '긇ㅈ-'와 같은 삼중자음군을 화자가 인식할 수 있었느냐 하는 것은 이 시기에 삼중자음이 없다는 점에서 재고할 필요가 있다. 다만 이 책에서도 별다른 대안이 없기 때문에 잠정적으로 '긇-'의 형성은 음운 변화에 따른 것이 아니라 화자의 재분석에 따른 것으로 본다.

5.2. '듧-'[穿]의 형성

5.2.1. '듧-'의 공시적 기술과 변화의 방향

중세국어에서 '穿'의 의미를 갖는 동사로는 '들ᄫ-'가 대표적이었다. '들ᄫ-'[18)는 '엷-[薄], 썲-[澁], 볿-[踏], 섏-[恨], 긇-[立], 숣-

---

18) 이하 인쇄의 편의상 꼭 구분할 필요가 있는 경우를 제외하고 'ㅸ'을 'ㅂ'으로 표기한다.

[謂]' 등과 같이 '령'을 어간말 자음군으로 가지고 있었다. 이 어형은 'ㅸ'이 소멸하기 전에는 '듧고, 들버, 들ㅸ면' 정도로 활용하였을 것으로 보이지만 'ㅸ'이 소멸되지 않았던 시기의 용례는 보이지 않고 'ㅸ>w'의 변화가 완료된 뒤의 모습만 보이기 때문에 '듧고, 들워' 등과 같이 '듧-'과 '들우-'의 교체를 보이는 예만 확인된다.

> (39) ㄱ. 能히 보몰 뼈 그츓딘댄 들워 뎌근 구무 밍ㄱ로매(능엄경언해 2:43ㄴ), 구무 들워(구급방언해 상:48ㄴ), 짜히 다 들워디옛더라 (번역소학 10:22ㄴ), 고디 다 들워디니라(소학언해 6:121ㄱ)
>
> ㄴ. 구룸 들온디(穿雲; 남명집언해 하:27ㄱ), 穿 들올 쳔(신증유합 하:46ㄴ)
>
> ㄴ' 穿鑿온 들울시니(원각경언해 상1,2:66ㄱ)
>
> ㄷ. 구무 듧고(법화경언해 6:154ㄴ), 듧디 아니ᄒ면(번역박통사 상:14ㄱ)
>
> ㄹ. 하눌 듧눈(번역박통사 상:42ㄱ)

(39)는 중세국어에 나타나는 '듧-'의 예이다. (39ㄱ)은 모음 어미의 결합 양상으로 '들워'로 실현된다. (39ㄴ)은 '-오/우-'가 올 경우, 또는 관형형 어미가 올 경우 '들오-'로 나타나지만 (39ㄴ')와 같이 '들우-'도 가능함을 보여준다. '들오-'와 '들우-'의 출현 환경은 일정하지 않다. 그런데 '듧-'과 매개모음 어미가 결합된 예는 문증되지 않는다.19) (39ㄷ)은 자음 어미의 결합 양상으로 이때는 '듧고, 듧디' 등으로 나타난다. 어간말 자음군 C₁C₂ 가운데 'ㄹ'이 선행 자음

C_1일 경우에는 모음 사이에 3자음이 올 수 있었음을 보여준다. (39ㄹ)은 비음 어미와 결합하여 '듧는'으로 나타나 역시 자음군 단순화가 실현되지 않는다. '듧-'의 성조는 유동적 상성을 보인다. '듧-'은 모음 어미가 올 경우에는 (39ㄱ)과 같이 평성으로 실현되고, 자음 어미가 올 경우에는 (39ㄷ)과 같이 상성으로 실현된다. 따라서 '듧-'은 /듧-/~/들우-/의 교체를 보이고 성조 또한 '평성'과 '상거'의 교체를 보인다.

그런데 중세국어에는 '듧-'뿐 아니라 어두 음절 모음에 차이가 있는 '듦-'과 '둛-'도 존재하고, 어두 자음에 차이를 보이는 'ㄸ' 어두 자음군을 가진 '뜛-'도 존재하여 복잡한 양상을 보인다.

> (40) ㄱ. 귀 둘온 되즁이(穿耳胡僧; 남명집언해 하:11ㄱ), 穿 둘올 쳔(훈
> 몽자회 하:9ㄱ)[20]
>
> ㄴ. 누니 둛게 ㅂ라오믈(眼穿; 중간두시언해 5:5ㄱ)

> (41) ㄱ. 기동 둘온 된 버리 ㅼ룰 흘렛고(柱穿蜂溜蜜; 두시언해 14:9ㄴ)
> ㄴ. 기동 들온 된 버리 뿌룰 흘렛고(중간두시언해 14:9ㄴ)

> (42) ㄱ. 굼글 뜛고(구급간이방 2:13ㄴ)

---

19) 만약 확인된다면 '들우며, 들우니' 정도로 실현되었을 것이다.

20) 도쿄대학교도서관본에서도 "둘올 쳔"으로 나타나 《훈몽자회》류에는 '둘오-'형이 일반적이었음을 보여준다. 따라서 《신증유합》에 보이는 '들오-'와는 차이가 있다.

　　ㄴ. 굼글 <u>뜰워</u>(두시언해 9:32ㄴ)
　　ㄴ'. 굼글 <u>뜰워</u>(중간두시언해 9:32ㄴ)

　(40)은 '듧-'의 예로서, (40ㄱ)과 같이 '-오/우-'가 올 경우 '둘오-'로, 그리고 자음 어미가 올 경우에는 근대국어의 예이지만 (40ㄴ)과 같이 '듧-'으로 실현된다.21) 비록 중세국어의 예 가운데에는 자음 어미의 결합형이 확인되지 않지만 이 어형은 /둘오-/～/듧-/의 교체를 보이면서 성조도 유동적 상성의 양상을 보일 것으로 추정된다. 그런 점에서 '듧-'과는 기원적으로 모음교체 관계에 있는 어형으로 볼 수 있다.

　한편, 제1음절 모음이 '우'로 나타나는 '둘오-'도 확인된다. (41)은《두시언해》(1481)의 예로, 초간본에서는 (41ㄱ)과 같이 원문의 '穿'이 '둘온 딘'으로 언해되었으나 중간본에서는 (41ㄴ)과 같이 '들온 딘'으로 언해되어 '둘오-'와 '들오-'의 대응을 보인다. 초간본에 보이는 '둘오-'는 중세국어의 다른 문헌에서 확인되지 않는 어형이지만 단순한 오기로 보기 어렵다. 무엇보다도 근대국어의 문헌에 '둛-'이 확인되는데, 이것은 '듧-'에서 어두 음절 모음이 '으>우'의 변화를 겪었다고 보기보다는, 위의《두시언해》에 보이는 '둛-'이 근대국어에 세력을 확장하였다고 보는 것이 합리적이기 때문이다. 그러므로 중세국어 시기에 '듧-'과 평행하게 '둛-'도 존재한 것으로

---

21) '듧-'에 모음 어미가 올 경우 '*둘와' 정도로 실현되었을 것으로 추정되지만 문증되지 않는다.

볼 수 있다.

이 '듧-'이 어떻게 출현하였는가를 밝히는 것은 쉽지 않다. 다만 '즈숨'[隔]과 '주숨', '그위'[官]와 '구위' '구을-'과 '구울-', '어듭-'[暗]과 '어둡-' 등과 같이 이 시기에는 어두나 비어두에서 '으'와 '우'의 대응을 이루는 예들이 존재하였다는 점에서 '듧-'과 '듧-'의 공존도 동일한 것으로 이해할 수 있다.

(42)는 어두 자음군을 가지고 있는 '뚧-'의 예이다. (42ㄱ)과 같이 자음 어미가 올 경우에는 '뚧고'로 실현되고 모음 어미가 올 경우에는 (42ㄴ)과 같이 '뚤워'로 실현된다. (42ㄴ')의 중간본에서도 역시 '뚤워'로 실현된 것을 볼 수 있다. 이들은 성조상으로 자음 어미일 때의 실현형 '뚧고'가 '상거', 모음 어미일 경우 '뚤워'가 '평거'로 실현되어 유동적 상성을 보인다는 점에서 '듧-'과 같다.22)

이렇게 본다면 '穿'의 의미를 갖는 가장 대표적인 어형은 '듧-'으로 볼 수 있고, '으:ᄋ' 대응을 보이는 모음교체형으로 '듧-'이 존재하며, 그리고 또 다른 모음 대응형인 '듧-'이 존재한 것으로 볼 수 있다. 또한 '듧-'과 어두 자음에서 차이를 보이는 '뚧-'도 존재하는데, 이들은 자음 어미가 올 경우에는 어간 말음이 'ㄼ'으로, 모음 어미가 올 경우에는 '들우-, 둘오-, 둘우-, 뚤우-' 등으로 실현되어 성조도 유동적 상성의 모습을 보인다는 점에서 동일한 기원에서 유

---

22) '뚧-'의 기원이나 'ㅃ'의 음가가 무엇이냐에 대해 밝히는 것은 쉽지 않다. 단지 이 책에서는 어두 자음이 대응을 이루는 쌍형어 정도로 보기로 한다. 이에 대한 자세한 논의는 이 책의 범위를 벗어나기 때문에 더 이상 논의하지 않는다.

래하였을 것으로 추정할 수 있다.

(43) 중세국어의 '穿'

　　ㄱ. /듧-/~/들우-/　　　ㄴ. /둛-/~/돌오-/

　　ㄷ. /듧-/~/둘우-/　　　ㄹ. /뜳-/~/뜰우-/

(43)에서와 같이 중세국어의 '穿'의 의미로는 네 가지 형태가 나타나는데, 그 가운데 가장 빈도수가 높은 대표적인 어형은 '듧-'이다. 그리고 '둛-'은 중세국어에만 잠시 보일 뿐 근대국어 이후에는 확인되지 않는 것으로 보아 이른 시기에 소멸되었음을 볼 수 있다. 반면 '듧-'과 '둛-'의 공존은 근대국어 초기에까지 계속된다.

(44) ㄱ. 구무 이실 디롤 보와 뻘어 <u>듧고</u>(刺穿; 언해태산집요 69ㄴ),

　　　구글 <u>듧고</u>(화포식언해 16ㄴ)

　　ㄴ. 구모 <u>들워</u>(가례언해 1:45ㄴ)

(45) ㄱ. 구멍을 <u>둛고</u>(언해두창집요 상:8ㄴ), 꿈글 <u>둛고</u>(화포식언해 9ㄱ)

　　ㄴ. 손 녀허 <u>둘워</u>(언해태산집요 42ㄱ)

(44)와 (45)는 근대국어 시기에 보이는 '듧-'과 '둛-'의 예이다. (44ㄱ)에서 '듧고'는 '듧-'과 자음 어미의 결합이고 (44ㄴ)의 '들워'는 모음 어미가 올 경우의 활용형이다. 그러나 이와 평행하게 (45ㄱ)에서는 '둛고'로 나타나는 예도 있다. 그리고 (45ㄴ)에서는 '둘

워’도 존재한다. ‘듧–’은 중세국어에 나타나는 일반적인 어형이고, ‘듧–’은 《두시언해》에 나타났던 예이다. 이전 시기에는 ‘듧–’의 예가 하나밖에 없었지만 이 시기에는 더욱 많은 예가 확인된다. 그러나 이들 ‘듧–’과 ‘듧–’은 17세기 초반의 문헌에서만 확인된다. 근대국어 시기에는 ‘뚧–’이 대표적인 어형으로 발달하는데, 이 어형은 ‘듧–’이 어두 경음화를 경험한 것으로 보인다. 반면 이전 시기에 빈도수가 높았던 ‘듧–’은 어두 경음화를 겪은 ‘뚧–’의 예가 있지만 매우 드물다는 점에서 근대국어 시기에 ‘뚧–’에 밀려 소멸되었음을 보여준다.23) 그리고 ‘듧–’에 어두 경음화를 경험한 ‘*뚧–’ 등은 확인되지 않는다.

> (46) ㄱ. 橛木을 <u>뚤워</u>(화포식언해 12ㄴ), 꿈글 <u>뚤워</u>(화포식언해 19ㄴ)
> ㄴ. 굼글 <u>뚧고</u>(오륜전비언해 1:21ㄴ)
> ㄴ'. 남글 <u>뚧디</u> 아니면(박통사신석언해 1:16ㄱ)
> ㄷ. 쏘와 <u>뚧는</u>(어제자성편언해 31ㄱ), 하늘 <u>뚧는</u> 송곳(박통사신
> 석언해 1:41ㄱ)

(46)은 근대국어의 ‘뚧–’의 예이다. (46ㄱ)은 모음 어미와 결합한 양상으로 ‘뚤워’로 실현된다. (46ㄴ)은 자음 어미와 결합한 양상으로 ‘뚧고’로 나타난다. (46ㄷ)은 비음 어미와 결합한 양상인데 ‘뚧는’으로 실현되었다. 이와 같은 양상은 ‘듧–’의 활용 양상과 같은 것으

---

23) ‘뚧–’의 예로는 ‘뚧다’(鑽開; 몽어유해 하:13ㄱ) 정도밖에 확인되지 않는다.

로 어두 자음에만 변화가 있었음을 보여준다. 어두 경음화에 따른 '듧-'은 '뚧-'이나 '뚤-'로도 나타난다.

> (47) ㄱ. 구무 뚤워(가례언해 7:32ㄴ), 金剛鑽 옥 뚤는 것(역어유해 하:2
>   ㄱ), 鑽開 뚧다(역어유해보 45ㄱ)
>   ㄴ. 굼글 ᄲᅳ럿ᄂᆞ니라(화포식언해 9ㄴ)

(47ㄱ)에서 '뚧-'은 '뚤워, 뚧다, 뚤는' 등으로 활용하는데, 이것은 '듧-'과 같은 것으로 단지 표기상의 차이로 해석된다.24) (47ㄴ)은 어두 자음이 'ᄡᄯ'으로 실현된 예이다. 이 역시 어두 자음군으로 해석해서는 곤란하고 'ᄯ'의 이표기로 보는 것이 합리적이다. 'ᄠ, ᄡᄯ'이 표기상 혼란을 보이기 때문이다. 특히 (47ㄱ)의 '뚤워'와 (47ㄴ)의 'ᄲᅳ럿ᄂᆞ니라'를 비교하면 같은 문헌에서 'ᄯ'과 'ᄡᄯ'이 쓰였음을 알 수 있다. 그러므로 'ᄠ' 및 'ᄡᄯ'형은 'ᄯ'과 마찬가지로 어두 경음화를 반영한 표기라고 할 수 있으며, 결국 근대국어 '穿'의 의미를 갖는 어형은 '듧-'이 대표적이라고 볼 수 있다.

'듧-'은 19세기에 들면 '듫-'로 재구조화를 겪는다. 어간말 자음군 가운데 두 번째 자음이 'ㅎ'으로 변화되어 나타난다.

> (48) ㄱ. 바람벽을 뚤코(태상감응편도설언해 4:24ㄱ), 담벼락을 뚤키는
>   (관성제군명성경언해 17ㄴ), 뚤타 穿(국한회어 87), 길노 뚤치

---

24) '뚧-'을 이전 시기에 있었던 '뚧-'의 변화로 보기보다는 '듧-'의 어두 경음화에
  대한 이표기로 보는 것이 합리적이다.

못홀 쟈여든(이언언해 4:10ㄴ)
ㄴ. 구멍들을 <u>뚤어</u>(독립신문 6,4:18)

(48)은 19세기 국어에 보이는 '뚫-'의 예이다. (48ㄱ)에서와 같이 자음 어미가 올 경우 '뚤코, 뚤키, 뚤타' 등과 같이 후행 어미의 두음이 유기음화 과정을 겪는다. 이전 시기에는 이 환경에서 (48ㄴ)에서와 같이 '뜳고, 뜳디'로 실현되었는데, 이 시기에는 축약을 통해 유기음화가 실현되었다. 이것은 어간말 자음이 'ㄹㅎ'이라는 점을 보여 주는 예이다. 그러나 모음 어미가 올 경우에는 '뚤허'와 같은 예는 보이지 않는다. 이 시기에는 유성음 사이에서 'ㅎ'이 탈락하는 규칙이 있었기 때문이다. 그러므로 19세기에 '뚫-'이 확고하게 자리 잡았다고 볼 수 있다. 그러므로 '뚫-'의 교체 관계는 다음과 같은 과정을 겪어 왔다고 할 수 있다.

(49) ㄱ. /듧-/ ~ /들우/ ≈ /듧-/ ~ /둘우-/
ㄴ. /뜳-/ ~ /뚤우-/
ㄷ. /뚫-/ ∽ /뚤-/

(49ㄱ)은 중세국어의 양상으로 이 시기에는 '듧-'이 대표적이었지만 어두 음절의 모음에 변화를 입은 '듧-'형이 새롭게 나타난 것이다. 이때 '듧-'과 '들우-'는 'ㅸ>w'에 의해 새롭게 생겨난 교체 관계로, 이들은 복수 기저형으로 볼 수 있다. 그리고 '듧-'과 '듧-'은 각각 독자적인 패러다임을 가진 쌍형어로 처리된다. '듧-'은 근대국

어에 들어서 세력이 약화되어 소멸하고 새로운 어형 '듧-'은 어두 경음화를 거쳐 '뚧-'으로 변화된다. '뚧-' 역시 이전의 교체 관계를 유지하여 '뚧-'은 자음 어미일 때, 그리고 모음 어미일 때는 '뚤우-'로 실현되고 이들은 복수 기저형으로 설명될 수 있다. (49ㄷ)은 19세기의 예로서, 이 시기에는 자음 어미일 때는 '뚫-'로 그리고 모음 어미일 때는 '뚤-'로 실현되는데, 유성음 사이의 'ㅎ'-탈락은 이 시기의 공시적인 음운 규칙으로 설명될 수 있기 때문에 이들은 음운론적으로 교체된 이형태로 볼 수 있다.

결국 '듧-'이 '뚫-'로 재구조화된 과정은 중세국어의 여러 형태들로부터 몇 단계의 재구조화를 거친 뒤 완성되었다고 볼 수 있다. 이것을 간단히 표로 나타내면 다음과 같다.

(50) '뚫-'의 형성 과정

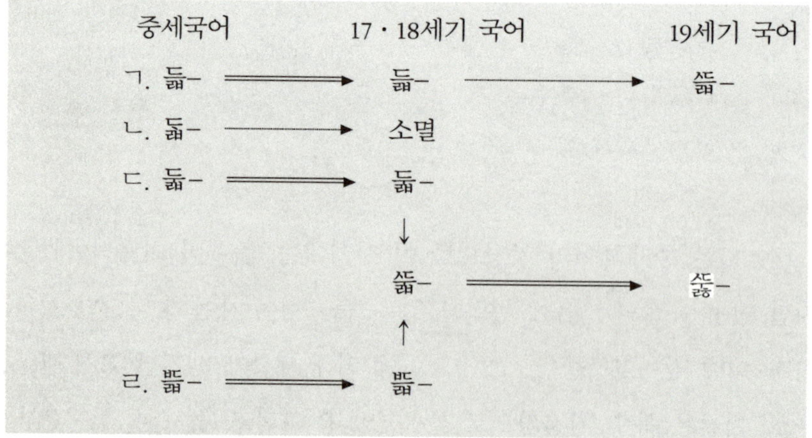

5.2.2. '듧-'의 재구조화 과정과 원인

'穿'에 대응하는 중세국어의 어형으로 '듧-', '듧-', '듧-'이 있었고, 여기에 어두 자음군이 있는 '뚧-'도 있었다. 이 가운데 '듧-'이 어두 경음화를 거쳐 '뚧-'이 된 뒤에 19세기 국어에 이르러 '뚫-'로 재구조화를 겪었다. '듧-'이 '뚧-'으로 재구조화된 것은 독자적인 음운 변화에 따른 것으로 처리될 수 있지만, '뚧-'이 '뚫-'로 변화된 이유는 쉽게 설명하기 어렵다.[25] 곽충구(1980)은 '뚧->뚫-'의 변화를 음운 변화의 측면에서 다루었다.[26] 그러나 이러한 변화를 음운 변화로 보기는 어려울 듯하다.

(51) ㄱ. 뚧고, 뚤우니, 뚤워

ㄴ. 뚤코, 뚤으(흐)니, 뚤어(허)

(51ㄱ)은 '뚧-'의 활용형으로, 자음 어미일 때는 '뚧-'로 모음 어미일 때는 '뚤우-'로 실현된다. (51ㄴ)은 19세기의 예로 '뚫-'이 자

---

25) 김현(2003:78~79)에서는 현대국어의 '穿'의 방언형인 '뚜르-'나 '뚤루-'는 '듧고, 들우면, 들워'⇒ '듧고, 드루면, 드뤄' ⇒ '듧고, 들루면, 들뤄'와 같이 'ㄹㅇ>ㄹ', 'ㄹㅇ>ㄹㄹ'의 변화를 겪은 것으로 설명하고 있으나, 이는 실제 문헌의 예를 고려하지 않고 추정한 것이다.

26) 곽충구(1980:61)는 /β/가 음성 표면에 나타날 수 있는 환경에 제거되면서 그 음성적 가치를 실현시킬 다른 방도를 찾는 과정에서 /β/와 자연부류를 이루고 있는 /h/가 선택되어 '뚫-'로 재구조화되었다고 하였다. 그러나 곽충구(1980:61)가 제시한 [-lingual] 자질 설정의 타당성 여부를 떠나 유독 '뚧-'만이 '뚫-'로 재구조화되는 과정을 이러한 음운 변화로 다루었다는 것을 받아들이기 어렵다.

음 어미일 때는 유기음화를 겪고, 모음 어미나 매개모음 어미일 때
는 'ㅎ'이 탈락한다. 'ㅎ'-탈락은 이 시기의 공시적인 음운 규칙으로
설정될 수 있으므로 '뚤-'은 '뚫-'의 이형태로 볼 수 있다. 그런데
음운 변화의 대상은 기저형이 아니라 표면형이라는 점을 상기한다
면 '뚧-'이 음운 변화로 '뚫-'로 변했다고 설명할 수는 없다. 이들의
활용형 '뚧고'와 '뚤코', '뚧워'와 '뚤어'의 대응에서 자음 어미일 때
는 'ㅂ'이 'ㅎ'으로 대치되었는가 하면, '뚧워'와 '뚤어'에서는 'w'가
'ㅎ'으로 대치되어 서로 다른 음운 변화가 일어났다고 보아야 한다.
그러므로 음운 변화가 아닌 다른 차원의 접근이 필요하다. 그리고
'ㄼ > ㅀ'의 변화는 국어사에서 쉽게 확인되지 않고, 그 이유도 설명
되지 않는다는 점에서 수긍할 수 없다.

그런데 17세기 국어에서 '뚧-'은 '뚧-~뚤우-'의 교체 관계를 보
이는 일반적인 활용형이 있는가 하면, 이 환경에서 'w'가 탈락되는
활용형도 보인다.

> (52) ㄱ. 굼기 쑤러뎌실디라도(두창경험방 47ㄱ), 구모 뿌러(가례언해
> 7:33ㄴ), 굼글 쑤러(종덕신편언해 상:21ㄴ), 破透了 쑤러지다
> (몽어유해 상:44ㄱ)
>
> ㄴ. 穿透 쎄뚤러 나오다(몽어유해보 21ㄱ), 鑽營 뚤러 쳥ᄒ다(몽
> 어유해보 29ㄱ)

(52ㄱ)은 17, 18세기 국어의 예이다. 이들이 '뚧-'의 활용형이라
면 '뚤워'로 실현되어야 하지만 이 환경에서 'w'가 탈락하여 '쑤러,

뿌러' 등으로 나타난 것이다. (52ㄴ)의 '째쓸러'나 '쓸러'는 '쓸워'에
서 'w'가 탈락하여 '쑤러'가 된 뒤에 다시 '쓸러'가 된 것을 표기한
예이다.27) 그러므로 적어도 17세기 국어에서는 'w' 탈락이 실현되
었던 것으로 추정된다. 그런데 'w' 탈락은 'ㅸ>w'의 변화 이후에 어
간모음 '우'에 의해 'w'가 탈락한 것으로 원순성 자질에 따른 이화작
용의 일종으로 'w'가 탈락한 것일 수 있고(최전승 1975), 'ㅸ>w' 이후
에 '둘워, 둘우면' 등이 '두뤄, 두루면'으로 실현되었을 경우 '뤄'와
같은 음절 구조는 국어에서 자연스럽지 않으므로 'w'가 탈락한 것으
로 볼 수 있다.

또, 17세기 국어에는 어간말 자음군의 단순화도 일어났다.

(53) ㄱ. 남글 쓸디 아니면(박통사언해 상:14ㄱ)

　　　ㄴ. 金剛鑽 옥 뚤는 것(역어유해 하:2ㄱ), 하늘 뚤는 송곳(박통사

　　　　　언해 상:38ㄱ)

(53ㄱ)의 '쓸디'는 '쓿-'에 자음 어미가 결합한 것으로 이전 시기
라면 '쓿디'가 되어야 하나 어간말 자음군 C_1C_2에서 C_2가 탈락한 형
태이다. (53ㄴ)의 '뚤는'은 '뚧-'에 비음 어미가 결합된 예인데, (8
ㄷ)과 같이 '뚧는' 정도가 될 것으로 기대하지만 자음군 가운데에서
C_2에 해당하는 'ㅂ'이 탈락하였다. 이 시기에 자음 어미나 비음 어미

---

27) '쓸러'는 현대국어 방언형인 '뚤르-'에 연결되는데, 이는 중세국어의 '다르-'[異]
　　의 활용형 '달아'가 '다라'를 거쳐 '달라'로 실현되는 경우와 같다.

가 올 경우 자음군 단순화가 실현되는 것을 볼 수 있다.

그러면 19세기 국어에서 '슓-'이 형성된 이유는 무엇인가? 무엇보다 이 시기는 유성음 사이의 'ㅎ' 탈락이 왕성하던 시기였다. 그런데 자음군 단순화와 'w' 탈락을 겪은 '쓿-'은 그 활용형에 변화를 가져온다.

(54) ㄱ. 쓿고, 쓿워, 쓿우면
⇓
ㄴ. 쓿- : 쓿고, 쑤러, 쑤르면

(54ㄱ)이 '쓿-'의 활용형이라면 (54ㄴ)은 자음군 단순화와 'w' 탈락을 겪은 뒤의 활용 양상이다. 모음 어미나 매개모음 어미가 올 경우, '쑤러, 쑤르면'은 이 시기에 왕성하였던 'ㅎ' 탈락의 결과 언중들의 재분석으로 본래 'ㅎ'이 어간 말음으로 존재하였고, 유성음 사이에서 탈락한 것으로 해석하였다. 그리하여 자음 어미가 올 때 '쑬코'나 '쑬티'와 같은 활용형이 나타나고, 이 때문에 패러다임의 변화를 가져왔다. 모음 어미나 매개모음 어미가 올 경우의 '쑬허, 쑬흐면' 등의 예가 확인되지 않고 자음 어미와 결합형인 '쑬코, 쑬치' 등만 확인된다는 점은 이러한 사실을 뒷받침한다.

5.3. 소결

이 장에서는 'ㅎ'-말음 자음군 가운데 '긇-'과 '뚫-'의 형성 과정에 대해 살펴보았다. 이들 재구조화에서 드러난 공통점은 음운 변화가 원인이 되어 화자가 형태소 경계를 이전과 달리 인식하게 되고, 결국 새로운 어형으로 재분석되었다는 점이다.

먼저 '끊-'의 경우, 중세국어에서 '긏-'과 '그치-'가 '귿ㅊ-'을 거쳐 '긇-'으로 재구조화되는 과정을 살펴보았다. 그를 위해 중세국어에서 '긏-'과 '그치-'의 관계를 고찰하였는데, '그치-'는 '긏-'에 어기의 의미와 통사 범주를 바꾸지 않는 '-이-'가 결합된 것으로 보았다. 다만 여기에는 약간의 의미 차가 있어, '긏-'은 '단절'의 양상이 강하고 '그치-'는 '정지'의 양상이 강하여 이미 중세국어에서부터 '긏-'은 현대국어의 '끊다'에 '그치-'는 현대국어의 '그치다'에 가까운 것으로 보았다.

17세기 초기에는 새롭게 '귿ㅊ-'가 나타나는데, 이는 '긏-'과 '그치-'에 모음 어미가 올 때의 활용형 '그처'와 '그쳐'가 구개음화로 동음충돌을 겪게 되고, 이를 해소하기 위해 16세기부터 있었던 'ㄴ' 첨가가 이루어졌다고 보았다. 17세기 후기에는 '긇-'이 출현하는데, 이는 기존의 논의를 받아들여 '귿처'를 '긇ㅈ-'로 재분석하는 과정에서 나타난 어형으로 보았다.

그러나 이러한 논의가 성립되려면, 17세기 국어에서 '긏-'과 '그치-'의 의미 차가 커서 화자가 언어생활에 곤란을 느낄 정도로 심각하였을 경우에 좀 더 그럴 듯한 가설이 될 것이다. 그러나 이 책에서는 이 시기에 이들의 의미 차가 어느 정도인지는 깊이 있게 고찰하지 못하였다. 또 이 시기에 구개음화가 어느 정도로 확산되었는지, 그것이 음성적인 차원이었는지 음운적인 차원이었는지도 구체적으로 규명하지 못하였다.

'뚫-'의 중세국어 어형은 '듧-'이 대표적이다. 그러나 이 밖에도 '돏-', '듧-', '뛻-' 등이 존재하는데, 이들은 어간말 자음군 '럐'을 가졌던 것으로 보이지만 'ㅸ'은 보이지 않는다. 이 가운데 '돏-', '듧-' 등은 17세기 국어에서 소멸하였다. 그리고 '듧-, 뛻-'은 근대국어에서 '뚧-'으로 이어지는데, 이 '뚧-'이 19세기에 '뚫-'로 재구조화되었다.

'뚧-'이 '뚫-'로 재구조화를 겪은 이유는, '쑤러, 쑤르면' 등과 같이 'w' 탈락을 겪은 어형을 19세기 국어에 왕성하였던 'ㅎ' 탈락의 결과 화자의 재분석으로 본래 'ㅎ'이 어간 말음으로 존재하였고 유성음 사이에서 탈락한 것으로 해석한 것이다. 그리하여 자음 어미가 올 때 '뚤코'나 '뚤티'와 같은 활용형이 나타나고, 이것으로 패러다임의 변화가 왔다고 할 수 있다. 자음 어미에까지 'ᄚ'으로 바뀐 것은 자음군 단순화가 이루어진 뒤에 완성되었다.

결 론

이 책은 소멸과 형성의 관점에서 'ㅎ'-말음 어간의 재구조화 과정을 고찰하는 데 목적이 있었다. 국어의 'ㅎ'-말음 어간은 체언의 경우 어간 말음 'ㅎ'이 소멸되면서 좀 더 단순한 어간 말음을 갖게 되었다. 반면 용언의 경우에는 본래 'ㅎ' 말음이 아니었던 어형들이 음변화나 화자의 적극적인 개입으로 'ㅎ'-말음 어간으로 새롭게 형성된 것이다. 이들 'ㅎ'-말음 어간의 재구조화 동인과 과정을 살펴보는 것이 이 책의 주된 관심사였다. 이것을 위해 구체적으로 다음의 세 가지 유형에 논의의 초점을 맞추었다.

1. 'ㅎ'-말음 체언이 'ㅎ'을 상실하여 재구조화를 겪게 된 과정과 동인은 무엇인가?
2. 본래 말음이 'ㅎ-'에 기원하는 '만ㅎ-, 아니ㅎ-, 슳ㅎ-, 올

ㅎ-' 등이 각각 '많-, 않-, 싫-, 옳-' 등으로 재구조화를 겪
게 된 과정과 동인은 무엇인가? 그리고 이들의 재구조화 과
정에서 드러나는 공통점과 차이점은 무엇인가?

3. 본래 'ㅎ'-어간말 자음군이 아니었던 중세국어의 '긏-, 듧-'
이 '싫-, 뚫-'로 재구조화된 과정과 동인은 무엇인가? 그리
고 이들의 재구조화 과정에서 중요한 음운론적 과정은 무엇
인가?

'ㅎ'-말음 체언은 'ㅎ'을 어간 말음으로 가지고 있었지만 통시적
으로 'ㅎ'을 상실하였고, 'ㄶ, ㅀ'어간말 자음군들은 'ㅎ'이 어간 말음
이 아니었지만 통시적으로 'ㅎ'을 갖게 되는 과정을 거쳤다. 이들 재
구조화의 동인과 과정 등이 이 책의 주된 관심사였다.

2장에서는 재구조화의 개념, 패러다임의 성격, 그리고 형성 과정에
서 나타나는 재구조화의 유형과 재구조화의 결과로 나타나는 어휘부
등재 양상, 재구조화의 단계성 등을 살펴보았다. 재구조화를 기존의
논의에서 사용한 '어간 형태소의 기저형의 변화'로 보고, 재구조화
여부를 판단하는 데에는 패러다임이 중요하다는 것을 살펴보았다.
그리고 국어 음운론 연구에서는 패러다임을 모두 고려할 필요가 없
이, 자음 어미와 모음 어미, 그리고 매개모음 어미로 나누어 재구조화
의 여부를 판단하되, 이러한 범주로 묶었을 때 언어 변화의 단초를
간과할 수 있음을 보았다. 재구조화의 유형은 기존의 논의를 토대로
크게 음운론적 요인에 따른 재구조화와 비음운론적인 요인에 따른

재구조화로 나눌 수 있다. 재구조화의 어휘부 등재 양상은 단일한 기저형으로 변할 수도 있지만 복수의 기저형으로 변할 수도 있다. 재구조화의 단계성에 대한 논의는 '공존-일반화'라는 과정을 거쳐 재구조화가 점진적으로 이루어지는 것을 살펴보았고, 공존의 구체적인 모습으로 쌍형어와 복수 기저형 등의 유형이 있음을 보았다.

3장에서는 'ㅎ'-말음 체언 소멸 과정에서 드러나는 재구조화를 살펴보았다. 이를 위해 'ㅎ'-말음 체언의 형태소 구조나 음운 과정 등을 통해 'ㅎ'-말음 용언과 큰 차이가 없음을 보았다. 그러므로 '하놇'의 기저 표시를 다음과 같이 하였다.

{하놇} : /하놇/(모음 어미, 자음 어미)∞/하늘/(휴지)

위의 예에서 중세국어의 {하놇}은 /하놇/과 /하늘/이 교체한다. 그런데 기존의 논의에서는 /하늘/의 출현 환경을 '휴지'와 '비음 어미'로 보아 복잡한 기술이 되었지만, 이 책에서는 '만, 마다, 만뎡' 등을 분포의 편재성이나 잠재적 휴지가 있는 것으로 보아 비음 어미 앞에서 'ㅎ'-탈락이 오히려 통시적인 현상일 가능성을 제기하였다. 그리고 'ㅎ'-말음 체언에 휴지가 올 때 실현되는 'ㅎ'-탈락의 공시적 규칙을 상정하였는데, 'ㅎ'이 탈락하는 이유를 'ㅎ'의 '소리가 얕은'(聲淺) 성질에서 찾았다. '성천'은 'ㅎ'이 후두음이 아니고 늘 후행음에 동화되어 나타나 결국은 확산이나 전수되는 특징을 갖는데, 휴지가 이 환경에서 확산이나 전수될 환경이 없으므로 탈락하는 것으로 보았다.

‘ㅎ’-말음 체언과 관련된 음운 현상으로는 유기음화 현상과 ‘ㅎ’-탈락 현상, ‘ㄹ’-탈락과 유음화 현상을 살펴보았다. 유기음화 현상은 활용이나 곡용에서 모두 나타나는 것으로, 이를 이 시기의 공시적인 현상으로 간주하였다. 그리고 합성어 형성 때에는 두 명사 사이의 경계를 단어 경계로 보았고, 유기음화가 실현되지 않는 것이 좀 더 고형이라고 보았다. 또, ‘수퉑’과 같은 합성어는 긴밀 합성어로, ‘수둙’과 같은 합성어는 이완 합성어로 처리하였다. 흔히 보조조사로 인정되는 ‘브터’나 ‘드려’ 등도 ‘ㅎ’-말음 체언이 앞에 올 경우 유기음화가 일어나지 않는데, 이들은 아직 완전히 문법화되지 않았고, 두 어형 사이에는 단어 경계가 개재한 것으로 보았다.

중세국어에서 ‘ㅎ’-말음 체언이 보여주는 ‘ㅎ’-탈락에는 두 가지 양상이 있다. 하나는 모음 어미일 때 ‘하ᄂ리’와 같은 유형이 있고, ‘ㄱ’-계 자음 어미 앞에서 ‘하ᄂᆞᆯ와’로 나타나는 ‘ㅎ’-탈락(또는 약화)이 있다. 이 가운데 모음 어미일 때 실현되는 ‘ㅎ’-탈락을 기존의 논의에서는 유성음 사이의 ‘ㅎ’-탈락으로 보았지만, 이 책에서는 음운론적 차원이 아닌 형태론적인 차원으로 이해하였다. ‘ㅎ’-말음 체언 가운데 ‘ㄹ’-선행 어형은 설음이나 치음 등이 올 때 수의적으로 ‘두섏’과 같이 ‘ㄹ’이 탈락할 수 있음을 보여주고, ‘ㄴ’이 뒤에 올 경우에는 ‘갈롤’[ᄭ]과 같이 유음화가 수의적으로 적용될 수 있다.

‘ㅎ’-말음 체언의 재구조화와 관련하여 ‘ㅎ’-말음 체언은 일시에 재구조화된 것이 아니고 ‘ㅎ’에 선행하는 음이 무엇이냐에 따라 달리 재구조화 과정을 겪었음을 살펴보았다. 이 가운데에서 ‘ㄹ’-선행 어형이 가장 먼저 재구조화를 겪었고, 'ㄴ'-선행 어형과 '모음선행 어형' 순으로 재구조화를 겪었음을 보았다. 또, 뒤에 오는 어미에 따라서도 재구조화 과정에 차이가 있는데, 자음 어미, 매개모음 어미, 모음 어미 순으로 'ㅎ'이 탈락함을 알 수 있다.

'ㅎ'-말음 체언의 재구조화 원인은 'ㅎ'-탈락, 즉, 음운 변화에 따라 이루어진 것으로 볼 수 없다. 음운 변화가 적용되는 대상이 기저형이 아닌 표면형이라는 점을 감안하면 이들 변화를 음운 변화에 따른 것으로 볼 수 없다. 자음 어미의 결합형 '하늘콰, 길콰' 등이 '하늘와'와 '길와'의 곡용형으로 변할 수는 없고, '하늘과'와 '길과'로 실현되어야 할 것이다. 또 '하늘로, 길로'는 'ㅎ'-탈락이 아니라 표면상 'ㅎ-' 탈락이 적용된 것으로 보아야 하는데, 'ㅎ'-탈락만 적용된 다른 곡용형과는 차이가 있다는 점에서 역시 음운 변화에 따른 것으로 볼 수 없다. 이들의 재구조화는 패러다임 속의 교체형을 단일화시켜 기억 부담량을 줄이고자 하는 화자의 의지에서 비롯된 것으로 보아야 한다. 즉, '하늟'의 경우 /하늘/이라는 교체형에 이끌려 결국 '하늘'의 출현 환경이 아닌 '하늟'의 교체 환경에까지 교체형 /하늘/이 확대된 것이다.

4장에서는 현대국어의 'ㅎ'-말음 어간말 자음군 가운데 기원적으로 'ㅎ-'와 관련이 있는 어형들이 통시적으로 어간말 자음군을 갖게 되는 과정을 살펴보았다.

먼저 '많-'[多]은 중세국어에는 '만ㅎ-'와 '많-'이 있었다. 그러나 중세국어에서부터 '만ㅎ-'가 자음 어미 앞에 나타나는 경우가 매우 드물고, 특히 '-게'나 '-디'의 경우에는 전혀 나타나지 않는다. 그 대신 이 환경에서 '많-'이 압도적으로 많이 보인다. 그리고 17세기에 들어서면 '많-'이 모음 어미에까지 분포가 확대되어 완전한 패러다임을 갖춘 어형으로 변화한다. 그리고 19세기에는 '만ᄒ-'가 모음 어미에까지 '많-'에 넘겨주고 소멸한다.

'않-'[不]의 형성은 다른 'ᄒ-' 기원형보다 비교적 늦게 재구조화되었다. 그것은 '아니ᄒ-' 자체가 합성 형식이기 때문이다. 그러나 중세국어에서부터 '아니ᄒ-'와 '아닣-', '아니-' 등이 환경에 따라 수의적으로 교체하였다. 즉, '아니ᄒ-'는 모든 어미에 가능하고 가장 일반적인 교체형이지만 자음 어미일 경우 /아닣-/으로, 그리고 모음 어미일 경우 '아녀, 아니며' 등과 같이 'ᄒ-' 전체가 탈락할 수도 있었다. 이러한 교체는 근대국어에까지 이어지는데, 근대국어에는 '안니ᄒ-'도 나타난다. 그리고 '않-'이 나타나는 것은 19세기 들어서부터이다.

현대국어의 '싫-'[厭]은 복잡한 과정을 거쳐 형성되었다. 중세국어에서 '厭'의 의미를 갖는 어형은 '슳ᄒ-'와 '슬희-'가 있다. 이들은 'j'의 양음절성에 의하여 형성된 쌍형 관계의 어형이다. 그러나 '슳ᄒ-'와 '슬희-'는 모음 어미와만 결합될 수 있었고, 자음 어미가 올 때는 나타날 수 없는 불완전한 패러다임의 어형들이다. 중세국어의 '슳-1'은 '슬허, 슬코' 등으로 활용하며 '哀'의 의미를 갖는다. 이 '슳-1'은 17세기 들어서 의미에 변화를 가져와 '厭'의 의미를 갖게 되는 '슳-2'로 바뀌는데, 이것이 19세기 국어에 '싫-'로 이어진다.

'슳-1'은 '슬허ㅎ-'의 모습으로만 19세기까지 명맥을 유지한다. 한편 '厭'의 의미를 갖는 '슬ㅎ-'는 17세기에 '슳-'과 경쟁에서 밀려 사라지고, '슬희-'만 19세기 국어에까지 명맥을 유지하였다.

중세국어의 '올ㅎ-'는 모음 어미에서만 분포하고 자음 어미일 때는 'ㆍ' 탈락으로 '옳-'로 실현되었다. '올ㅎ-'와 '옳-'은 이 시기의 공시적 음운 규칙에 따라 도출될 수 있는 관계가 아니고, 복수 기저형으로 설정될 수 있는 교체형들이다. '올ㅎ-'와 '옳-'은 상보적 분포를 보이면서 복수 기저형으로 설정될 수 있는데, 이러한 관계는 근대국어를 거쳐 19세기 국어에까지 이어진다. 19세기 국어에는 '올하', 또는 '올아' 등으로 나타나 모음 어미에까지 '옳-'의 분포가 확대된다. 이들 'ㅎ-'에 기원하는 어간말 자음군의 재구조화는 'ㆍ'탈락이 1차적인 원인이 되고, 이형태를 단일화하려는 화자의 노력에 의해 2차적인 재구조화를 겪어 결국 어간말 자음군의 형태로 재구조화된 것이다.

5장에서는 '끊-'[斷]과 '뚫-'[穿] 등의 재구조화 과정과 이유 등에 대해 살펴보았다.

'끊-'에 해당하는 15세기 어형은 '긏-'과 '그치-'다. 이들은 어기의 의미와 통사 범주를 바꾸지 않는 접미사 '-이'에 의한 파생 관계를 갖는다. 이들의 분포 양상은 "긏- : /긏-/(모음 어미)~/긋-/(자음 어미)", "그치- : /그치-/(교체 없음)" 등으로 볼 수 있다. 그러나 17·18세기 국어에는 '끈ㅊ-'와 '긇-'이 새롭게 형성되었는데 이들은 쌍형어 관계를 갖는다. 이들은 "{끈ㅊ-} : /끈ㅊ/(모음 어미) ≈

{슳-} : /슳/(교체 없음)” 등으로 나타낼 수 있다. 이러한 쌍형 관계는 19세기 들어 ‘슳-’으로 통합되면서 단일 어형으로 바뀌게 된다.

중세국어에서 ‘긏-’과 ‘그치-’는 이미 의미 차이가 있었다. ‘긏-’은 ‘斷, 絶’, ‘그치-’는 ‘息, 止’에 가깝다. 그러므로 ‘긏-’은 ‘그치-’에 비해 ‘단절’의 정도가 더 심해 연속성이 결여되어 있고, ‘그치-’는 상대적으로 ‘단절’의 정도가 약해 연속의 가능성이 열려 있다고 하겠다. 그러나 이 시기에는 그 의미 분화가 명확히 이루어지지 않아 서로 혼동되어 사용되었다고 할 수 있다.

17세기 초기에 새롭게 ‘근츠-’가 나타나는데, 이는 ‘긏-’과 ‘그치-’에 모음 어미가 올 때의 활용형 ‘그처’와 ‘그쳐’가 구개음화로 동음충돌을 겪게 되고, 이를 해소하기 위해 16세기부터 있었던 ‘ㄴ’-첨가가 이루어진 것으로 보았다. 17세기 후기에는 ‘슳-’이 출현하는데, 이는 기존의 논의를 받아들여 ‘끈처’를 ‘슳ㅈ-’로 재분석하는 과정에서 나타난 어형으로 보았다.

‘뚫-’의 중세국어 어형은 ‘듧-’이 대표적이다. 그러나 이와 형태상 유사한 어형이 존재하여 중세국어에는 쌍형 관계를 이룬다. 그리고 17, 18세기 국어에는 어두 경음화를 겪으면서 형태가 바뀐다. 중세국어에 /듧-~들우-/, /듧-~돌오-/, /듧-~둘우-/, /뿳-~뜰우-/ 등이 존재하는데, 이 가운데 ‘듧-’, ‘듧-’ 등은 17세기 국어에서 소멸하였다. 그리고 ‘듧-, 뿳-’은 근대국어에 ‘뚧-’으로 이어지고 19세기에 ‘뚫-’로 재구조화되었다.

‘뚧-’이 ‘뚫-’로 재구조화를 겪은 이유는, ‘쑤러, 쑤르면’ 등과 같이 'w' 탈락을 겪은 어형을 19세기 국어에 왕성하였던 'ㅎ'-탈락 결과 화자의 재분석으로 본래 'ㅎ'이 어간 말음으로 존재하였고 유성음 사이에서 탈락한 것으로 해석한 것이다. 그리하여 자음 어미가 올 때 '쁠코'나 '쁠티'와 같은 활용형이 나타나고, 이 때문에 패러다임의 변화를 가져온 것이다. 자음 어미에까지 'ㅀ'으로 바뀐 것은 자음군 단순화가 이루어진 뒤에 완성되었다.

참고문헌

강신항(1990), 《훈민정음연구》(증보판), 성균관대학교출판부.

강창석(1982), 〈현대국어의 형태소 분석과 음운현상—활용, 곡용에서의 '으~∅'를 중심으로〉, 《국어연구》 50, 국어연구회.

강창석(1984), 〈국어의 음절구조와 음운현상〉, 《국어학》 13, 국어학회.

강창석(1985), 〈활용과 곡용에서의 형태론과 음운론—음운 현상에 대한 비음운론적 제약의 극복을 위하여〉, 《울산어문논집》 2, 울산어문학회.

곽충구(1980), 〈십팔세기 국어의 음운론적 연구〉, 《국어연구》 43, 국어연구회.

곽충구(1984), 〈체언어간말 설단자음의 마찰음화에 대하여〉, 《국어국문학》 91, 국어국문학회.

곽충구(1994ㄱ), 《함북 육진방언의 음운론》, 태학사.

곽충구(1994ㄴ), 〈계합 내에서의 단일화에 의한 어간 재구조화〉, 《국어학 연구》(남천박갑수선생화갑기념논문집), 태학사.

곽충구(2000), 〈함북방언의 비자동적 교체 어간과 그 단일화 방향〉, 《21세기 국어학의 과제》, 월인.

곽충구(2001), 〈구개음화 규칙의 발생과 그 확산〉, 《진단학보》 92, 진단학회.

구본관(1997), 〈의미와 통사범주를 바꾸지 않는 접미사류에 대하여—15세기 국어 파생접미사를 중심으로〉, 《국어학》 29, 국어학회.

구본관(1998), 《15세기 국어 파생법에 대한 연구》, 태학사.
구본관(2000), 〈'ㄹ'말음 어기 합성 명사의 형태론〉, 《형태론》 2-1, 박이정.
구본관(2004), 〈중세국어 'Xㅎ-+-이' 부사 형성〉, 《국어국문학》 136, 국어국문학회.
김경아(1991), 〈중세국어 후음에 대한 일고찰〉, 《국어학의 새로운 인식과 전개》
        (김완진선생회갑기념논총), 민음사.
김경아(1998), 〈용언어간 말음 'ㅎ'의 교체에 대하여〉, 《언어》 23-1, 한국언어학회.
김경아(2000), 《국어의 음운표시와 음운과정》, 태학사.
김규남(1991), 〈전북 방언의 ㅂ불규칙 활용과 재구조화〉, 《어학》 18, 전북대학교.
김동언(1989), 〈17세기 국어의 형태음운 연구〉, 고려대학교 대학원 박사학위논문.
김동언(1998), 《텬로력뎡과 개화기 국어》, 한국문화사.
김민수(1952), 〈ㅎ조사 연구〉, 《국어국문학》 1, 국어국문학회.
김봉국(2002), 〈강원도 남부지역 방언의 음운론〉, 서울대학교 대학원 박사학위논문.
김봉국(2003), 〈복수 기저형의 유형(1)―형성 요인의 관점에서〉, 《진단학보》 95,
        진단학회.
김봉국(2004), 〈복수 기저형의 설정과 그 타당성 검토〉, 《어학연구》 39-3, 서울대
        학교 어학연구소.
김성규(1988), 〈비자동적 교체의 공시적 기술〉, 《관악어문연구》 13, 관악어문연구회.
김성규(1989), 〈활용에 있어서의 화석형〉, 《주시경학보》 3, 주시경연구소.
김성규(1994), 〈중세국어의 성조 변화에 대한 연구〉, 서울대학교 대학원 박사학위
        논문.
김성규(1995), 〈'사ᄅ다'류의 파생어〉, 《한일어학논총》(남학이종철선생회갑기념),
        국학자료원.
김성규(1996), 〈'드틀'과 '듣글'의 공존〉, 《이기문교수정년퇴임기념논총》, 신구문
        화사.
김성규(1997), 〈두시언해의 음운론적 특징〉, 《두시와 두시언해》(인문연구실 학술
        세미나 자료집), 한국정신문화연구원.
김성규(1998ㄱ), 〈중세국어의 쌍형어에 대한 연구〉, 《전농어문연구》 10, 서울시립
        대학교.
김성규(1998ㄴ), 〈중세국어 2음절 용언 어간의 성조 유형〉, 《국어학》 32, 국어학회.
김성규(1999), 〈중세국어 합성어의 성조〉, 《언어의 역사》(성백인교수정년퇴임기

넘논문집), 태학사.

김성규(2000), 〈불규칙 활용에 대한 몇 가지 논의〉, 《형태론》 2-1.

김영배(1963), 〈ㆆ음고—특히 ㆆ특수명사를 중심으로〉, 동국대학교 대학원 석사학위논문.

김옥화(2000), 〈전북방언 '-어X'계 어미의 재구조화〉, 《국어학》 36, 국어학회.

김완진(1970/1971), 〈이른 시기에 있어서의 한중 언어 접촉의 일반에 대하여〉, 《어학연구》 6-1, 서울대학교 어학연구소; 김완진(1971)에 재수록.

김완진(1971), 《국어음운체계의 연구》, 일조각.

김완진(1972ㄱ), 〈형태론적 현안의 음운론적 극복을 위하여〉, 《동아문화》 11, 서울대학교 동아문화연구소.

김완진(1972ㄴ/1996), 〈다시 β>w를 찾아서〉, 《어학연구》 8-1, 서울대학교 어학연구소; 김완진(1996)에 재수록.

김완진(1973), 〈국어 어휘 마멸의 연구〉, 《진단학보》 35, 진단학회.

김완진(1973/1977), 《중세국어 성조의 연구》, 탑출판사.

김완진(1975), 〈음운론적 유인에 의한 형태소증가에 대하여〉, 《국어학》 3, 국어학회.

김완진(1996) 《음운과 문자》, 신구문화사.

김유범(2001), 〈15세기 국어 문법형태소의 형태론과 음운론〉, 고려대학교 대학원 박사학위논문.

김유섭(2002), 〈국어 어간말 자음군의 형성과 변화에 대한 연구〉, 서강대학교 대학원 석사학위논문.

김윤학(1987), 〈ㆆ끝소리 자리 바꾸기와 센소리에 대하여〉, 《한글》 196, 한글학회.

김정숙(1986), 〈ㆆ 말음 연구〉, 고려대학교 대학원 석사학위논문.

김중진(1996), 〈중세국어 유음표기 연구—'ㅭ'과 'ㄹㆁ' 표기를 중심으로〉, 《한국언어문학》 37, 한국언어문학회.

김지숙(2004), 〈후기 중세국어 'ㅎ'의 탈락과 축약에 관하여—'걷ㅎ다'를 중심으로〉, 《한민족어문학》 45, 한민족어문학회.

김 현(1997), 〈15세기 국어 자음연쇄에 대한 연구〉, 《국어연구》 145, 국어연구회.

김 현(2001), 〈활용형의 재분석에 의한 용언 어간 재구조화〉, 《국어학》 37, 국어학회.

김 현(2002), 〈활용형의 재분석에 의한 재구조화와 불명추론〉, 《어학연구》, 38-3, 서울대학교 어학연구소.

김 현(2003), 〈활용상에 보이는 형태음운론적 변화의 요인과 유형〉, 서울대학교 대학원 박사학위논문.

김형규(1955), 《국어사(국어사 급 국어학사)》, 백영사.

김형규(1955ㄴ), 〈국어에 나타난 사회성〉, 《한글》 108호, 한글학회.

김형규(1962), 《증보 국어사연구》, 일조각.

김형규(1963), 〈ㅎ말음 체언고〉, 《아세아연구》 1.

김형중(1988), 〈어간 말음 'ㅎ'의 통시적 연구―용언을 중심으로〉, 숭실대학교 대학원 석사학위논문.

김형찬(1992), 〈국어 ㅎ음의 연구사적 고찰―음가와 표기를 중심으로〉, 수원대학교 교육대학원 석사학위논문.

남광우(1957), 〈ㅎ곡용(첨용, declension)어고〉, 《중앙대논문집》 2.

도수희(1965), 〈"대용언"에 대하여〉, 《어문연구》 5; 도수희(1987)에 재수록.

도수희(1987), 《국어대용언의 연구》, 탑출판사.

박기영(1995), 〈국어 유음에 대한 통시적 고찰〉, 《국어연구》 131, 국어연구회.

박병채(1994), 《새로 고친 고려가요의 어석 연구》, 국학자료원.

박종희(1987), 〈ㅎ말음 체언의 통시적 연구〉, 《원광대논문집》 21-1.

박창원(1986), 〈음운교체와 재어휘화〉, 《어문논집》 2, 경남대학교 국어국문학과.

박창원(1990), 〈음운 규칙의 통시적 변화〉, 《강신항교수회갑기념국어학논문집》, 태학사.

박창원(1991), 〈음운 규칙의 변화와 공시성〉, 《국어학의 새로운 인식과 전개》, 민음사.

배영환(2002), 〈후기 중세국어 쌍형어에 대하여〉, 《개신어문연구》 19, 개신어문연구회.

배영환(2004), 〈평준화(leveling)에 의한 어간 재구조화―'ㅎ'-종성 체언을 중심으로〉, 2004년 국어학회 여름학술대회 발표문.

배주채(1989), 〈음절말자음과 어간말자음의 음운론〉, 《국어연구》 91, 국어연구회.

배주채(1991), 〈유추변화는 문법변화인가〉, 《주시경학보》 7, 주시경연구소.

배주채(1995), 〈'그러다'류의 활용과 사전적 처리에 대하여〉, 한일어학논총(남학 이종철선생회갑기념논총), 국학자료원.

배주채(2001), 〈지정사 활용의 형태음운론〉, 《국어학》 37, 국어학회.

송기중(1985), 〈《몽어유해》 연구〉, 《역사언어학》(김방한선생회갑기념논문집), 전예원.

송철의(1987), 〈십오세기 국어의 표기법에 대한 음운론적 고찰〉, 《국어학》 16, 국어학회.

송철의(1991), 〈국어 음운론에 있어서 체언과 용언〉, 《국어학의 새로운 인식과 전개》, 민음사.

송철의(1992), 《국어의 파생어형성 연구》, 국어학총서 18, 태학사.

송철의(1995), 〈곡용과 활용의 불규칙에 대하여〉, 《진단학보》 80, 진단학회.

송철의(2001ㄱ), 〈국어의 형태론적 특질〉, 《배달말》 28, 배달말학회.

송철의(2001ㄴ), 〈재구조화〉, 《방언학 사전》, 태학사.

송철의 외(2004), 《역주 증수무원록언해》, 서울대학교출판부.

송하균(1995), 〈국어 /h/의 동화현상에 대한 고찰〉, 《서강어문》 11, 서강어문학회.

신승용(2000), 〈음운변화의 원인과 과정에 대한 통시적 연구〉, 서강대학교 대학원 박사학위논문.

신연희(1990), 〈19세기 전기 국어의 표기법과 음운 변동에 관한 연구〉, 건국대학교 대학원 석사학위논문.

신지영·차재은(2000), 〈공명 자음 뒤에 위치한 /ㅎ/〉, 《21세기 국어학의 과제》, 월인.

신춘자(1980), 《백련초해》, 동국문화사.

안병희(1959), 〈중세국어의 부정어 '아니'에 대하여〉, 《국어국문학》 20; 안병희(1992ㄱ)에 재수록.

안병희(1959/1978), 《십오세기 국어의 활용어간에 대한 형태론적 연구》, 탑출판사.

안병희(1992ㄱ), 《국어사 연구》, 문학과지성사.

안병희(1992ㄴ), 《국어사 자료 연구》, 문학과지성사.

안병희(1999), 〈왕실자료의 한글필사본에 대한 국어학적 검토〉, 《장서각》 창간호, 한국정신문화연구원.

안병희·이광호(1990), 《중세국어문법론》, 학연사.

양명희(1998), 《현대국어 대용어에 대한 연구》, 태학사.

양주동(1943), 《고가연구》, 박문출판사.

양주동(1947), 《여요전주》(정보판), 을유문화사.

오종갑(1979), 〈'ㅎ'의 음운사적 고찰〉, 《한국언어문학》 17, 한국언어문학회.

유동석(1987), 〈십오세기 국어계사의 형태교체에 대하여〉, 《우해이병선박사화갑
　　　기념논총》, 논총간행위원회.

유창돈(1974), 《이조국어사연구》, 선명문화사.

유창돈(1975), 《어휘사 연구》, 이우출판사.

유필재(2001), 〈서울지역어의 음운론적 연구〉, 서울대학교 대학원 박사학위논문.

윤만근(1982), 〈동사 "하"의 통시적 고찰을 통해본 그 성격과 동사 "하"의 기저구
　　　조〉, 《언어학》 5, 한국언어학회.

이관식(1986), 〈ㅎ(h)음의 생성 시기연구—원시국어에서의 존재를 중심으로〉, 경
　　　희대학교 대학원 석사학위논문.

이광정(1983), 〈'ㅎ'말음고〉, 《관대논문집》 11, 관동대학교.

이광호(1977/2001), 〈'ㅣ'모음화의 음운론적 해석〉, 《어문학》 36; 이광호(2001)에
　　　재수록.

이광호(1985/2001), 〈동사어간 '하–'의 음운 현상〉, 《어문학논총》 4; 이광호(2001)
　　　에 재수록.

이광호(1993), 〈중세국어의 '사이시옷' 문제와 그 해석 방안〉, 《국어사 자료와 국어
　　　학의 연구》(안병희선생회갑기념논총), 문학과지성사.

이광호(1995), 〈후음 'ㅇ'과 중세국어 분철 표기의 신해석〉, 《국어사와 차자표기》
　　　(소곡남풍현선생회갑기념논총), 태학사.

이광호(2001), 《국어문법의 이해》(1,2), 태학사.

이광호(2004), 《근대국어문법론》, 태학사.

이기문(1962), 〈중세국어의 특수 어간 교체에 대하여〉, 《진단학보》 23, 진단학회.

이기문(1972), 《개정 국어사 개설》, 탑출판사.

이기문(1977), 《국어음운사연구》, 국어학총서 3, 탑출판사.

이기문(1978), 《십육세기 국어의 연구》, 탑출판사.

이명규(2000), 《중세 및 근대 국어의 구개음화》, 한국문화사.

이문규(1999), 〈음소 'ㅎ'과 유기음화〉, 《언어과학연구》 16, 언어과학회.

이미향(1997), 〈18세기 국어의 음운론적 고찰—〈염불보권문〉과 〈지장경언해〉의
　　　지방판을 대상으로〉, 경북대학교 대학원 석사학위논문.

이병근(1975/1979), 〈음운 규칙과 비음운론적 제약〉, 《국어학》 3, 국어학회; 이병

근(1979)에 재수록.

이병근(1978/1979), 〈국어의 장모음화와 보상성〉, 《국어학》 6, 국어학회; 이병근
      (1979)에 재수록.

이병근(1979), 《음운 현상에 있어서의 제약》, 탑출판사.

이병근(1981), 〈유음 탈락의 음운론과 형태론〉, 《한글》 173·174, 한글학회.

이병근·최명옥(1997), 《국어음운론》, 한국방송대학교출판부.

이익섭(1963), 〈15세기 국어의 표기법 연구〉, 《국어연구》 10, 국어연구회.

이익섭(1965), 〈국어 복합명사의 IC 분석〉, 《국어국문학》 30, 국어국문학회.

이익섭(1972), 〈강릉방언의 형태음소론적 고찰〉, 《진단학보》 33, 진단학회.

이익섭(1990), 〈근대 국어문헌의 표기 체계—중철 표기를 중심으로〉, 《한국문화》
      11, 서울대학교 한국문화연구소.

이익섭(1991), 《국어표기법 연구》, 서울대학교출판부.

이지영(2004), 〈부정부사 '안'과 부정서술어 '않-'의 형성〉, 《어문연구》 32-3, 한
      국어문연구회.

이진호(1997), 〈국어 어간말 자음군과 관련 현상에 대한 통시음운론〉, 《국어연구》
      147, 국어연구회.

이진호(2002ㄱ), 〈음운교체 양상의 변화와 공시론적 기술〉, 서울대학교 대학원 박
      사학위논문.

이진호(2002ㄴ), 〈화석화된 활용형에 대하여〉, 《국어국문학》 130, 국어국문학회.

이진호(2003), 〈국어 ㅎ-말음 어간의 음운론〉, 《국어국문학》 133, 국어국문학회.

이진호(2004), 〈음운론적 시각에서 본 중세국어 합성어의 긴밀성〉, 《진단학보》 95,
      진단학회.

이진호(2005), 《국어 음운론 강의》, 삼경문화사.

이태영(1988), 《국어 동사의 문법화 연구》, 한신문화사.

이태영(2000), 〈'느뭃, 느ᄆᆞ새'의 어휘사 연구〉, 《국어학》 36, 국어학회.

이혁화(2002), 〈교체에 대하여〉, 《형태론》 4-1, 박이정.

이현희(1985), 〈'ᄒᆞ다' 어사의 성격에 대하여—누러ᄒᆞ다류와 엇더ᄒᆞ다류를 중심으
      로〉, 《한신논문집》 2, 한신대학교.

이현희(1986), 〈중세국어의 용언어간말 '-ᄒᆞ-'의 성격에 대하여〉, 《국어학신연
      구》(약천김민수교수화갑기념논총), 탑출판사.

이현희(1991), 〈중세국어의 합성어와 음운론적인 정보〉, 《석정이승욱선생회갑기념논총》, 태학사.

이현희(1994ㄱ), 《중세국어 구문 연구》, 신구문화사.

이현희(1994ㄴ), 〈19세기 국어의 문법사적 고찰〉, 《한국문화》 15, 서울대학교 한국문화연구소.

이현희(1994ㄷ), 〈계사 '(-)이-'에 대한 통시적 고찰〉, 《주시경학보》 13, 탑출판사.

이호영(1996), 《국어음성학》, 태학사.

이희승(1932), 〈'ㆆ'바침 문제〉, 《한글》 8, 조선어학회.

임석규(2002), 〈패러다임을 바탕으로 한 곡용어간의 재구조화〉, 《형태론》 4-2, 박이정.

임석규(2004), 〈재분석에 의한 재구조화와 활용 패러다임〉, 《형태론》 6-1, 박이정.

임용기(1987), 〈'ㄹ'에 관련된 몇 가지 문제〉, 《말》 12.

전형대·박경신(1991), 《역주 병자일기》, 예전사.

정계순(1986), 〈오륜전비언해의 국어학적 연구〉, 경남대학교 대학원 석사학위논문.

정 광(1986), 〈'하-' 동사활용의 음운론적 해석—'하-'의 기저음운표시와 'ㅎ야〉하여, 해'의 변천을 중심으로〉, 《국어학신연구》(약천김민수교수화갑기념논총), 탑출판사.

정승철(1995), 《제주도 방언의 통시 음운론》, 태학사.

정승철(1996), 〈제주도 방언 'ㅎ'말음 용언 어간의 통시론〉, 《이기문교수정년퇴임기념논총》, 신구문화사.

정연찬(1980), 〈경남방언 음운의 몇 가지 문제—특히 고성·통영 지방을 중심으로〉, 《방언》 4, 한국정신문화연구원.

정연찬(1983), 〈근대국어 음운론의 몇 가지 문제〉, 《동양학》 11, 단국대학교 동양학연구소.

정영인(1986), 〈십칠세기 국어의 표기체계와 음운 현상〉, 전북대학교 대학원 석사학위논문.

정윤자(1990), 〈근대국어의 활용어간에 대한 형태음소론적 연구〉, 단국대학교 대학원 석사학위논문.

정인호(1997), 〈ㅂ-불규칙 용언 어간의 변화에 대하여〉, 《애산학보》 20, 애산학회.

조항범(1996), 《국어 친족어휘의 통시적 연구》, 태학사.

조항범(1998), 《주해 순천김씨묘출토간찰》, 태학사.

최명옥(1980), 《경북 동해안 방언연구》, 영남대학교 민족문화연구소.

최명옥(1982), 《월성지역어의 음운론》, 영남대학교출판부.

최명옥(1985/1998), 〈변칙동사의 음운 현상에 대하여-p-, s-, t-변칙동사를 중심으로〉, 《국어학》 14, 국어학회; 최명옥(1998)에 재수록.

최명옥(1988/1998), 〈변칙동사의 음운 현상에 대하여 — -li-, lə-, ε(jə)-, h-변칙동사를 중심으로〉, 《어학연구》 24-1, 서울대학교 어학연구소.

최명옥(1991/1998), 〈어미의 재구조화에 대하여〉, 《국어학의 새로운 인식과 전개》(김완진선생회갑기념논총), 민음사; 최명옥(1998)에 재수록.

최명옥(1993/1998), 〈어간의 재구조화와 교체형의 단일화 방향〉, 《성곡논총》 24; 최명옥(1998)에 재수록.

최명옥(1998), 《국어음운론과 자료》, 태학사.

최명옥(2004), 《국어음운론》, 태학사.

최전승(1975), 〈중세국어에서의 이화작용에 의한 원순성 자질의 소실에 대하여〉, 《국어연구》 33, 국어연구회.

최학근(1965), 〈어간말 자음군 'ᄚ'의 'ᄒ'의 원음에 대하여〉, 《국어국문학》 30, 국어국문학회.

한영균(1985), 〈음운변화와 어휘부의 재구조화—순경음 'ᄫ'의 경우〉, 《관악어문연구》 10.

허남렬(1991), 〈국어의 자음군에 대한 연구〉, 경남대학교 대학원 석사학위논문.

허 웅(1975), 《우리 옛말본》, 샘문화사.

허 웅(1976), 《개고신판 국어음운학》, 정음사.

허철구(1998), 〈국어의 합성동사 형성과 어기분리〉, 서강대학교 대학원 박사학위논문.

현용준(1957), 〈'ᄒ' 삽요음에 대하여—제주방언을 중심한 하나의 시고〉, 《제주문화》 1.

홍윤표(1987), 〈근대국어의 어간말 자음군 표기에 대하여〉, 《국어학》 16, 국어학회.

홍윤표(1998), 〈《삼강행실도》의 서지 및 국어사적 의의〉, 《진단학보》 85, 진단학회.

홍윤표(1994), 《근대국어연구(Ⅰ)》, 태학사.

황문환(2001ㄱ), 〈'의심컷다'와 '의심접다'〉, 《형태론》 3-1, 박이정.

황문환(2001ㄴ), 〈근대 문헌의 'ㅅ' 분철 표기에 대하여〉, 《국어연구의 이론과 실제》, 태학사.

황문환(2002), 〈현대국어 관형사의 어휘사적 고찰〉, 《한국문화》 29, 서울대학교 한국문화연구소.

황문환(2003), 〈한글 표기법〉, 《한국의 문자와 문자 연구》, 집문당.

황선엽(1998), 〈중세국어 '슬갑다'에 대한 고찰〉, 《한국문화》 21, 서울대학교 한국문화연구소.

小倉進平(1924), 《南部朝鮮の方言》, 朝鮮史學會, 京城.

志部昭平(1990), 《諺解三綱行實圖研究―本文·校註·飜譯·開題篇》, 汲古書院.

Anttila, R.(1972), *An Introduction to Historical and Comparative Linguistics*, Macmillan Publishing Co..

Arnason, K.(1980), *Quantity in historical phonology*, Cambridge University Press.

Bloomfield, L.(1935), *Language*, London: George Allen & Unwin.

Bybee, Joan L.(1985), *Morphology: A study of the relation between meaning and form*, Amsterdam/Philadelphia: JOHN BENJAMINS PUBLISHING COMPANY; 이성하·구현정 옮김, 《형태론》, 한국문화사.

Bynon, T.(1977), *Historical Linguistics*, Cambridge University Press; 최전승 옮김, 《역사언어학》, 1992, 한신문화사.

Dresher(2000), "Analogical Levelling of Vowel Length in West Germanic", A. Lahiri(ed.), *Analogy, Levelling, Markedness*, Mouton de Gruyter.

Hock, H. H.(1991), *Principles of Historical Linguistics*(Second revised and updated edition), Mouton de Gruyter.

Hopper, P. J. & Traugott, E. C.(1993), *Grammarticalization*, Cambridge University Press; 김은일 외 옮김, 《문법화》, 한신문화사, 1999.

Jeffers, R. J. & Lehiste, I.(1979), *Principles and Methods for Historical Linguistics*, MIT Press.

King, R. D.(1969), *Historical Linguistics and Generative Grammar*, Englewood Cliffs, New Jersey: Prentice-Hall.

Ladefoged, P.(1975), *A Course in Phonetics*, Harcourt Brace Javanovich, Inc..

Lass, R.(1984), *Phonology*, Cambridge University Press.

Lyons, J.(1971), *Introduction to Theoretical Linguistics*, Cambridge University Press.

McMahon, A.(1994), *Understanding Language Change*, Cambridge University Press.

Spencer, A.(1996), *Phonology*, Oxford: Backwell Publishers Ltd.; 김경란 옮김, 《음운론》, 한신문화사, 1999.

찾아보기

1. 내용 찾아보기

2. 형태 찾아보기